2022年
中国工业发展报告

中国信息通信研究院 主编

人民邮电出版社
北京

图书在版编目（CIP）数据

2022年中国工业发展报告 / 中国信息通信研究院主编. -- 北京 : 人民邮电出版社, 2023.11
ISBN 978-7-115-61611-1

Ⅰ. ①2… Ⅱ. ①中… Ⅲ. ①工业发展－研究报告－中国－2022 Ⅳ. ①F424

中国国家版本馆CIP数据核字(2023)第062727号

内容提要

2022年，我国工业经济保持中高速增长，制造业规模实力显著提升，产业结构优化升级，创新驱动成果丰硕，区域发展更加协调，能源转型持续推进，开放合作步伐加快。本报告全面总结2022年我国工业发展取得的成就、发展特征的转变、工业规律、发展战略和区域布局，建议工业经济向质量效益型转变，加快孕育新动能，维护生产平稳运行，增强工业经济发展后劲。并结合工业经济发展情况，研判2023年我国工业长期向好的基本面不会改变，工业经济将持续运行在合理区间。本报告适合工业领域政府部门、行业管理部门、相关企业及研究人员参考学习。

◆ 主　　编　中国信息通信研究院
责任编辑　张　迪
责任印制　马振武
◆ 人民邮电出版社出版发行　　北京市丰台区成寿寺路11号
邮编　100164　　电子邮件　315@ptpress.com.cn
网址　https://www.ptpress.com.cn
固安县铭成印刷有限公司印刷
◆ 开本：787×1092　1/16
印张：19　　2023年11月第1版
字数：310千字　　2023年11月河北第1次印刷

定价：198.00元

读者服务热线：(010)81055493　印装质量热线：(010)81055316
反盗版热线：(010)81055315
广告经营许可证：京东市监广登字20170147号

本书主要编写单位

主编单位:

中国信息通信研究院

参与编写单位:（排名不分先后）

中国石油和化学工业联合会
中国钢铁工业协会
中国有色金属工业协会
中国建筑材料联合会
中国汽车工业协会
中国机械工业联合会
中国纺织工业联合会
中国医药企业管理协会
中国电子信息行业联合会

本书主要编写人员

主　　编：余晓晖

副 主 编：敖　立

编 写 组：朱　敏　巩天啸　李媛恒　王　慧　文彩霞　李泽琳
裴　宇　赵天缨　周晓亚　张成功　宋一丹　刘泳呈
卜　越　杨培泽　王玮东　谢聪敏　范　敏　贺　静
李海洋　赵国伟　高璟卉　李明怡　赵武壮　刘世佳
刘　杨　李晓佳　牛爽欣　李　杰　杨　茜　王学恭
张　红　余　倩　裴高鑫

前　言

2022年是党的二十大胜利召开之年，是实施“十四五”规划的关键之年。面对国内外环境变化带来的新风险与新挑战，我国高效统筹疫情防控和经济发展，及时出台落实扎实稳住经济一揽子政策措施，助推重点产业链供应链堵点卡点加速打通，工业生产承压迅速恢复，下滑态势得到及时扭转，总体上呈现恢复回稳的增长态势，表现出强大韧性。2022年我国全部工业增加值突破40万亿元，占GDP比重达到33.2%，对国民经济发展的贡献支撑作用持续攀升，工业在宏观经济大盘中的“压舱石”作用进一步显现。制造业发展量质齐升，规模已连续13年位居世界首位，新动能带动作用凸显，传统产业改造升级，产业结构持续优化，高质量发展持续推进，新型工业化步伐显著加快。与此同时，当前工业经济稳增长基础仍不牢固，国内外不确定性因素进一步强化，长短期因素交织扰动产业链韧性、企业生产经营压力增加以及内外部需求不足等问题仍存。

2023年，在全球经济下行调整、大国科技竞争进一步加剧的大背景下，我国工业经济也将迎来宏观政策加速释放、区域合作步伐加快的机遇期。综合内外部挑战和机遇，我国工业经济增长将呈现稳中向好态势，经济运行处于合理区间，支撑国民经济健康平稳发展。下一步需继续巩固工业稳增长成效，建议继续保持政策力度，统筹推进稳预期、强保障、扩需求、优环境与提能效工作。

《中国工业发展报告》已经连续出版发布10年，全面、深入地刻画了我国工业运行的特征，并对工业发展面临的形势、挑战与发展趋势进行研判。2022年中国信息通信研究院进一步研究完善中国工业经济监测预警与区域经济监测体系，以工业运行数据为基础，对党的十九大时期以及2022年工业发展全景进行了分析，对2023年工业发展形势进行了预判，希望为政府、行业、企业决策提供参考。

县域是国家治理的基本单元，主要包括县（市）和市辖区两类，县（市）是连接城市与农村的桥梁，是信息化和工业化深度融合、工业化和城镇化良性互动、城镇化和农业现代化相互协调的交汇点，县（市）经济逐步成为稳定经济大盘的支柱；市辖区则主要是城市经济的空间载体，在工业布局、产业关联、管理模式和要素供给等方面与县（市）都有所差异。县域工业是中国信息通信研究院多年来重点研究关注的领域，本报告专题篇中针对两类主体，深入贯彻落实“三新一高”要求，结合各自特点，分别进行了工业竞争力评价分析，发布了2022年“工业百强县（市）”榜单，旨在挖掘工业百强县（市）、百强区工业发展的典型经验，发挥示范带动作用。

编　者

2023年9月

目　录

综合篇

第一章　党的十九大以来我国工业发展情况 3

一、规模实力显著提升 3
二、产业结构优化升级 3
三、创新驱动成果丰硕 4
四、区域发展更加协调 6
五、开放合作步伐加快 6

第二章　2022 年我国工业发展全景 8

一、内外环境复杂严峻，工业生产承压恢复 8
二、企业盈利仍然偏弱，利润分配格局改善 12
三、工业出口有力支撑，开放合作步伐加快 16
四、产业结构优化调整，新兴产业发展强劲 18
五、创新研发活力增强，科技成果竞相涌现 19
六、数字赋能纵深推进，智能融合成效显著 20
七、区域发展协调稳定，产业集聚水平提升 20
八、专精特新培育加速，着力推进补链强基 22

第三章　我国工业发展主要面临的问题与挑战 24

一、长短期因素交织扰动产业链韧性 24
二、中小型企业经营压力持续增加 24
三、内外部双向需求拉动均显乏力 25
四、区域产业协作发展水平需提高 25

第四章　2023 年工业发展前景展望 27

一、工业发展面临的形势 27
二、2023 年中国工业发展趋势预判 29

第五章　政策建议 33

一、稳预期，保持工业稳定增长 33
二、强保障，增强内生发展动力 33
三、扩需求，拓展企业市场空间 34
四、优环境，激发市场主体活力 35
五、提能效，推进产业转型升级 35

行 业 篇

第六章　石油和化工行业 2021—2022 年发展回顾与形势展望 39

一、党的十九大以来行业发展成就 39
二、2021—2022 年行业发展回顾 41
三、2023 年行业发展形势展望 44
四、当前和下一步行业发展需要关注的重点任务 45

第七章　钢铁行业 2021—2022 年发展回顾与形势展望 50

一、党的十九大以来行业发展成就 50
二、2022 年钢铁行业发展回顾 55
三、2023 年行业发展形势展望 64
四、当前和下一步行业发展需要关注的重点任务 65

第八章　有色金属工业 2021—2022 年发展回顾及形势展望 69

一、党的十九大以来行业发展成就 69
二、2021—2022 年行业发展回顾 71
三、当前行业发展需要关注的问题 73
四、2023 年行业发展形势展望 75
五、下一步行业发展需要关注的重点任务 77

第九章　建筑材料行业 2021—2022 年发展回顾与形势展望 78

一、党的十九大以来行业发展成就 78
二、2021—2022 年行业发展回顾 79
三、当前行业发展需要关注的问题 85
四、当前和下一步行业发展需要关注的重点任务 86

第十章　机械行业 2022 年发展回顾及形势展望 90

一、2022 年行业发展回顾 90
二、行业发展中的亮点 95
三、当前行业发展需要关注的问题 97
四、2023 年行业发展形势展望 98

第十一章　汽车行业 2021—2022 年发展回顾与形势展望 100

一、党的十九大以来行业发展成就 100
二、2021—2022 年行业发展回顾 102
三、2023 年行业发展形势展望 107
四、当前行业发展需要关注的问题 109
五、当前和下一步行业发展的建议 110

第十二章　纺织行业 2021—2022 年发展回顾与形势展望 115

一、党的十九大以来行业发展成就 115
二、2021—2022 年行业发展回顾 118
三、当前行业发展需要关注的问题 121
四、2023 年纺织行业发展形势展望 122
五、当前和下一步行业发展需要关注的重点任务 123

第十三章　医药行业 2021—2022 年发展回顾与形势展望 125

一、党的十九大以来行业发展成就 125
二、2021—2022 年行业发展回顾 126
三、当前行业发展需要关注的问题 132
四、2023 年行业发展形势展望 133
五、当前和下一步行业发展需要关注的重点任务 134

第十四章　电子信息行业 2021—2022 年发展回顾与形势展望 135

一、党的十九大以来行业发展成就 135
二、2021—2022 年行业发展回顾 136
三、当前行业发展需要关注的问题 140
四、2023 年行业发展形势展望 141
五、当前和下一步行业发展需要关注的重点任务 142

专 题 篇

第十五章　中国工业园区低碳转型现状、趋势和对策研究......151

一、我国工业园区低碳转型现状......151
二、我国工业园区低碳转型典型经验......153
三、我国工业园区低碳转型趋势......157
四、我国工业园区低碳转型对策建议......158

第十六章　中国制造业集群竞争力提升研究......161

一、制造业集群新内涵......161
二、我国制造业集群发展现状......163
三、先进制造业集群国际对标分析......166
四、我国制造业集群竞争力提升对策......171

第十七章　2022 年中国工业百强县（市）、百强区发展图景......173

一、县（市）工业迈入高质量发展新时代......173
二、2022 年中国工业百强县（市）发展图景......176
三、促进县（市）工业高质量发展对策建议......186
四、2022 年中国工业百强区发展图景......188
五、促进市辖区工业高质量发展建议......195

第十八章　城市制造业高质量发展评价研究......205

一、开展城市制造业高质量发展评价的时代背景和重要意义......205
二、城市制造业高质量发展评价指标体系基本框架......207
三、2022 年城市制造业高质量发展特征......211
四、推进城市制造业高质量发展的路径展望......221

附录

党的十九大以来政策索引......225

综 合 篇

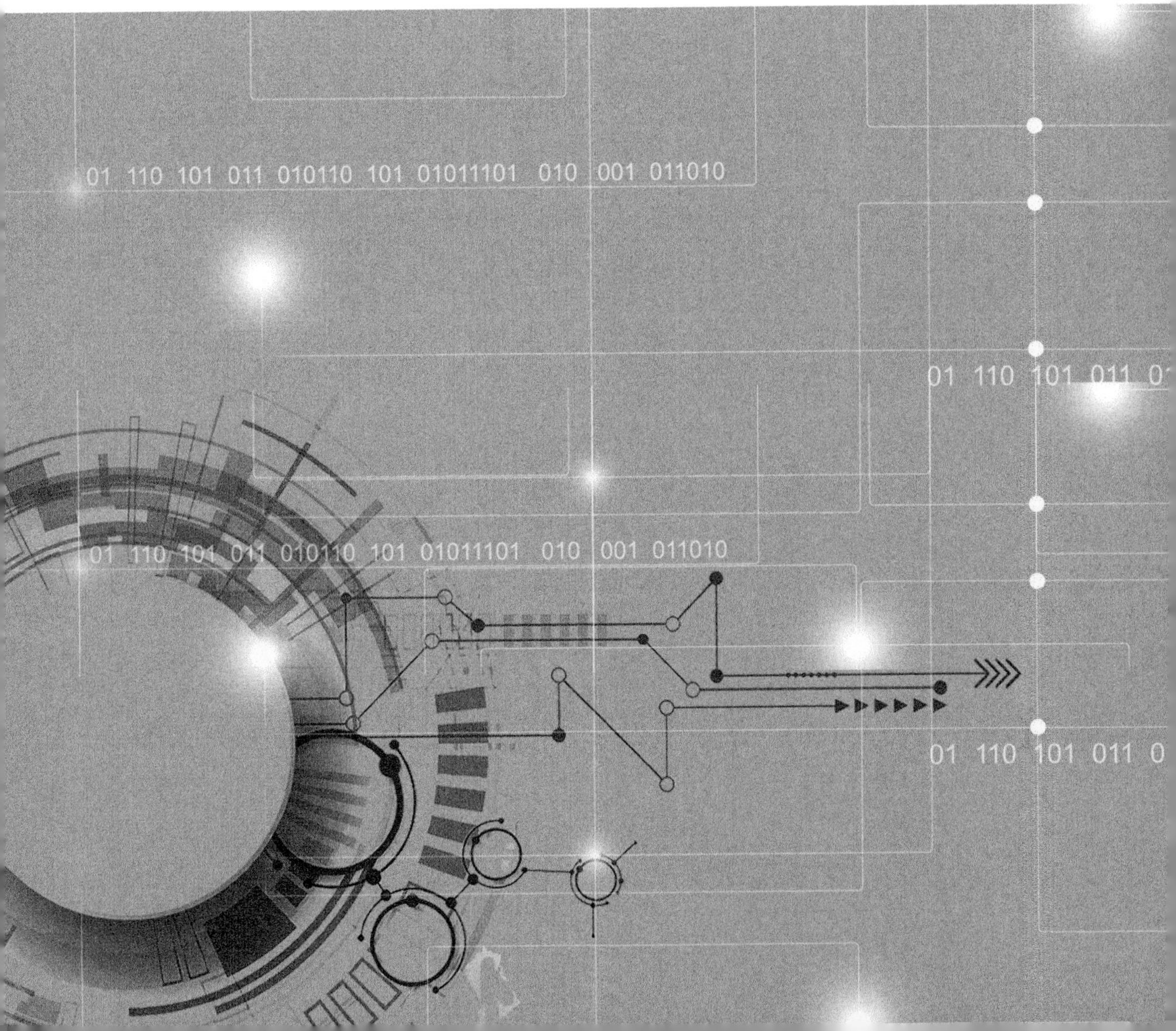
01 110 101 011 010110 101 01011101 010 001 011010
01 110 101 011 010110 101 01011101 010 001 011010

第一章　党的十九大以来我国工业发展情况

党的十九大以来，我国积极构建新的发展格局，经济走上高质量发展之路，经济实力实现历史性跃升，我国的国际影响力、感召力和塑造力显著提升。工业经济保持中高速增长，制造业规模显著提升，转型发展成效显著，生产模式深刻变革，创新驱动发展成果丰硕，供给侧改革深入推进，制造业综合实力、创新力和竞争力迈上新台阶。

一、规模实力显著提升

制造业规模实力显著提升。2022 年，我国制造业增加值达到 33.5 万亿元，占 GDP 比重的 27.7%，规模以上工业增加值增长 3.6%。我国制造业增加值占全球比重从 2017 年的 26.1%提升至 2021 年的 30.3%，已经连续 13 年世界第一。随着先进制造业快速发展，一批具有全球竞争力的产业集群加快形成，45 个国家先进制造业集群产值超 20 万亿元，先进制造业集群日益成为产业创新的发源地、优质企业的集聚地、重大创新项目的承载地和区域经济发展的新高地。供给体系质量不断提升。2022 年，共有 65 家制造业企业进入世界 500 强。我国制造业在全球的竞争优势日益突出，具备完备的产业体系、完整产业链条、一批具有规模优势的先进制造业集群、畅通的物流供应链、日趋优化提升的生产技术、高素质熟练技术产业工人群体、相对完善的产业政策与相关基础设施环境。我国制造业增长在全球工业经济增长中的驱动作用进一步增强，在世界 500 多种主要工业产品中，我国有四成以上产品的产量位居世界第一，制造业产品的出口产值持续占据全球第一的位置，我国保持全球货物贸易第一大国的地位，货物出口总额在 2022 年达到 24 万亿元，制造业中间品贸易在全球占比已达到 20%左右。

二、产业结构优化升级

党的十九大以来，我国工业结构持续优化，产业升级步伐加快，内生动

力显著提升。传统产业转型升级步伐加快，我国通过开展淘汰落后产能专项行动、制造业数字化转型行动、实施智能制造工程、绿色制造工程等一系列举措，推进制造业向智能化、绿色化、高端化迈进。高技术制造业投资领跑，2022 年，我国高技术制造业投资增长 22.2%，高于全部固定资产投资增速 17.1 个百分点，2017 年以来，高技术制造业投资增速持续高于全部固定资产投资增速 8.5 个百分点。“5G+工业互联网”应用广度不断拓展，已建成 700 余个数字化车间和数字工厂，培育 6000 余家系统解决方案供应商，融合发展进一步加速，企业降本增效发展得到有效助力，工业和信息化部《工业互联网创新发展行动计划（2021—2023 年）》中提出 5 个方面、11 项重点行动和十大重点工程，着力解决工业互联网发展中的深层次难点、痛点问题，壮大产业生态。

经济新增长点不断涌现，新动能支撑能力显著提升。2022 年，我国高技术制造业增加值占规模以上工业增加值的比重为 15.5%，比 2017 年提升 2.8 个百分点。重点领域快速发展，新动能持续成长。与 2021 年相比，充电桩、光伏电池和风力发电机组等新能源产品的产量分别增长 80.3%、47.8%和 45.5%。与 2017 年相比，新能源汽车产量增长近 12 倍，工业机器人产量增长近 2.4 倍。

龙头企业竞争力不断增强。2022 年世界 500 强榜单中，中国的上榜企业有 145 家，比 2017 年增加了 30 家。国家电网、中国石油和中国石化位列全球前 5 名；中国 500 强企业中营业收入规模在 1000 亿元以上的企业数量增加至 244 家，其中，12 家企业的营业收入突破了 1 万亿元大关。行业领军型企业的国际竞争力和市场影响力进一步加强，华为、小米、比亚迪等创新巨头企业均入围世界企业 500 强，其中，华为 2022 年在全球市场上的份额位居全球第二；2022 年，小米在消费电子行业的市场占有率达 12.8%，市场份额继续占据全球第三的位置；比亚迪作为新能源行业的领军企业，2022 年全球新能源汽车销量第一。根据福布斯中国发布，2022 年，中国独角兽企业的数量已达 368 家，比 2017 年增加 204 家，总数仅次于美国，位列全球第二。

三、创新驱动成果丰硕

党的十九大以来，我国创新研发活力不断提升，工业研发投入强度持续增加，创新综合能力不断增强，重点领域创新成果丰硕。2021年，我国规模以上工业企业研究与开发（Research and Development，R&D）经费达到1.75万亿元，是2017年R&D经费支出的1.46倍，年均增长速度达到9.9%，呈现增速高、体量大的态势；研发投入强度从2017年的2.12%提高到2021年的2.44%，居发展中国家首位。专利数量大幅提升，2021年，我国规模以上工业企业专利申请数、有效发明专利数分别达到140.4万件、169.2万件，分别比2017增长71.8%和81.2%。规模以上企业研发投入及科技创新情况见表1-1。

表1-1　规模以上企业研发投入及科技创新情况

指标	2017年	2018年	2019年	2020年	2021年
科技进步贡献率	57.8%	58.7%	59.5%	60.2%	60%以上
规模以上有研发活动企业数/万家	10.2	10.4	12.9	14.7	16.9
规模以上有研发活动企业所占比重	27.4%	28.0%	34.2%	36.7%	38.3%
规模以上企业研发人员一年全时当量/万人	273.6	298.1	315.2	346.0	382.7
规模以上企业R&D经费支出/亿元	12013.0	12954.8	13971.1	15271.3	17514.2
规模以上企业R&D经费支出占主营业务收入百分比	1.1%	1.23%	1.32%	1.41%	1.37%
规模以上企业专利申请数/万件	81.7	95.7	106.0	124.4	140.4
规模以上企业有效发明专利数/万件	93.4	109.4	121.8	144.8	169.2
技术市场成交额/亿元	13424.2	17697.4	22398.4	28251.5	37294.3

数据来源：历年《中国科技统计年鉴》。

工业企业创新研发态势强劲。2021年，专精特新“小巨人”企业平均研发强度达10.3%，570余家工业企业进入全球研发投入2500强，企业主体创新研发水平大幅提高。计算机、通信和其他电子设备制造业、电气机械和器材制造业、汽车制造业、通用设备制造业和专用设备制造业5个行业2021年R&D经费投入超过千亿元，占全部规模以上工业企业R&D经费投入的比重已经超过50%。

重大技术装备、通用和专用装备领域、新一代信息技术、新材料和生物医药领域取得一系列标志性成果。2022年12月，全球首架C919正式交付中国东方航空，标志着国产大飞机迈出市场运营的“第一步”，也意味着中国民航运输市场首次拥有中国自主研发的喷气式干线飞机。载人航天、火星探测等领域实现重大突破。2022 年 7 月发射的“济南一号”量子微纳卫星，使我国在世界上首次实现基于微纳卫星和小型化地面站之间的实时星地量子密钥分发，为构建低成本、实用化的天地一体化量子保密通信网络奠定基础。此外，祝融号巡视雷达揭秘火星乌托邦平原浅表分层结构。

四、区域发展更加协调

党的十九大以来，我国经济朝着更加高质量的方向发展，区域协调机制不断完善，经济增长动力不断开拓，为实现共同富裕的最终目标创造了有利条件。

四大板块联动发展。党的十九大以来，我国立足新发展格局，贯彻新发展理念，因地制宜地促进四大板块协调联动发展，实现资源要素在更大范围的优化配置，促进产业结构的优化升级，形成沿海内陆各具优势的产业布局，增强我国工业发展的综合竞争力。具体来看，东部地区工业发展韧性强、动力足，2017—2022 年工业增加值占比始终高于 52%，经济增长“压舱石”的作用明显；西部地区 2017—2022 年工业增加值占比由 18.0%逐渐提升至 20.0%，支撑作用不断凸显；中部地区制造基础雄厚，现代化经济体系基本建成，核心城市已成为承载东部产业转移的核心承载地，装备制造业、生物医药产业等及高技术产业发展拉动作用明显，产业结构不断优化。

城市群对全国工业增长带动作用不断增强，逐步形成多极化、辐射带动力强的区域增长极。2022 年，京津冀、长三角三省一市、粤港澳大湾区、成渝双城经济圈工业增加值分别达到 25114.4 亿元、102051.4 亿元、47723 亿元和 24688.2 亿元，总量达到全国工业增加值的 50.04%，充分发挥全国工业发展动力源的重要作用。

五、开放合作步伐加快

面对百年未有之大变局，我国坚定不移扩大对外开放，加快构建开放型经济格局，同世界各国共享发展机遇，支持开放型世界经济的建立，共建“一带一路”步伐不断走深走实，建立了深受国际欢迎的合作平台，已成为140 多个国家和地区的主要贸易伙伴，推动《区域全面经济伙伴关系协定》（Regional Comprehensive Economic Partnership，RCEP）的生效落地，给国际经贸合作带来新机遇。

进出口规模登上新台阶。2022年，我国货物贸易进出口总值42.07万亿元，比2017年增长51.4%。外资利用规模稳步提升，我国实际使用外资金额达到12326.8亿元，同比增速达到6.3%，比2017年增长40.5%。外商投资环境优化成效明显。具体来看，我国2022年高技术产业实际使用外资金额同比增长28.3%，其中制造业实际使用外资金额3237亿元，同比增长46.1%，外资使用结构优化态势明显。2013—2022年，中国与共建国家进出口总额累计达到19.1万亿美元，年均增长6.4%；与共建国家双向投资累计超过3800亿美元，其中中国对外直接投资超过2400亿美元。2022年，我国与“一带一路”沿线国家贸易进出口达到13.83万亿元，比2017年增长87.7%。产业链供应链互补性增强，中间产品出口与原材料进口均有明显提升。2022年，我国对“一带一路”沿线国家出口中间产品4.44万亿元，比2021年增长23.9%，占同期我国对沿线国家出口总值的56.3%；其中，纺织品、电子元件、基本有机化学品和汽车零配件出口分别增长14.5%、21.1%、31.3%和24.6%。同期，我国对沿线国家进口能源产品、农产品稳定增长，分别进口2.46万亿元和3704.1亿元，增速分别为58.8%和13.4%。

（作者：中国信息通信研究院　李泽琳　刘泳呈）

第二章　2022 年我国工业发展全景[1]

2022 年，工业经济稳定增长的压力明显增加，我国牢牢把握“疫情要防住、经济要稳住、发展要安全”的总体要求，高效统筹疫情防控和经济社会发展任务，扎实稳住经济社会发展一揽子政策措施落地见效，工业经济恢复回稳，重点行业运行稳健，表现出超强的韧性，为稳定我国宏观经济大盘提供了坚实的支撑。

一、内外环境复杂严峻，工业生产承压恢复

稳住经济一揽子政策措施巩固恢复基础，工业经济增长韧性显现，生产快速恢复。2022 年，在发达经济体货币政策紧缩和自然灾害等外部影响下，我国大宗商品价格、能源供应等方面受到连锁冲击，供应链风险加剧。面对一系列不利因素影响，我国密集出台多轮稳增长政策，不断加快修复生产能力，制造业支撑作用进一步凸显。2022 年，我国制造业增加值同比增长 3.0%，与 GDP 增速基本持平，制造业增加值占 GDP 比重达到 27.7%，比 2021 年提高 0.3 个百分点；我国规模以上工业增加值累计增长 3.6%，比 2021 年下降 6 个百分点。**从月度增速变化来看，**4 月工业生产增速出现明显回落，随着全国建立实施“白名单”制度，打通重点产业链供应链的堵点和卡点，物流保通保畅扎实推进，重点行业加快向好，5 月工业顶住压力实现正增长，并在进入 6 月后进一步加速，9 月工业增加值增速回升至 6.3%，12 月增速回落至 1.3%。**分三大门类来看，**制造业增加值同比增速在 4 月跌至-4.6%后，在 5 月恢复正增长，9 月制造业增加值同比增速达到 6.4%后逐月回落，2022 年全年制造业增加值增速为 3%；能源、原材料保供稳价等政策效果明显，采矿业增加值同比增长 7.3%，电力、热力、燃气及水生产和供应业同比增长 5.0%。2020—2022 年工业增加值月度同比增速如图 2-1 所示。2020—2022

1 本章数据来源于工业和信息化部、商务部、国家统计局公开数据。

年分行业工业增加值同比增速如图 2-2 所示。

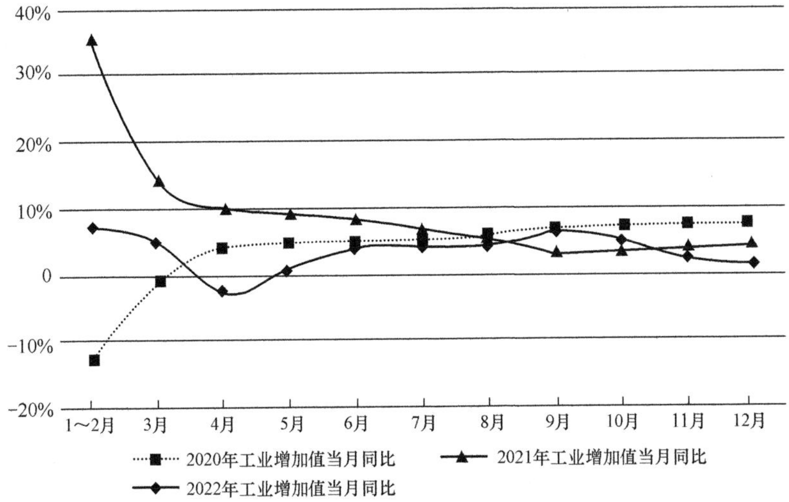

数据来源：国家统计局。

图 2-1　2020—2022 年工业增加值月度同比增速

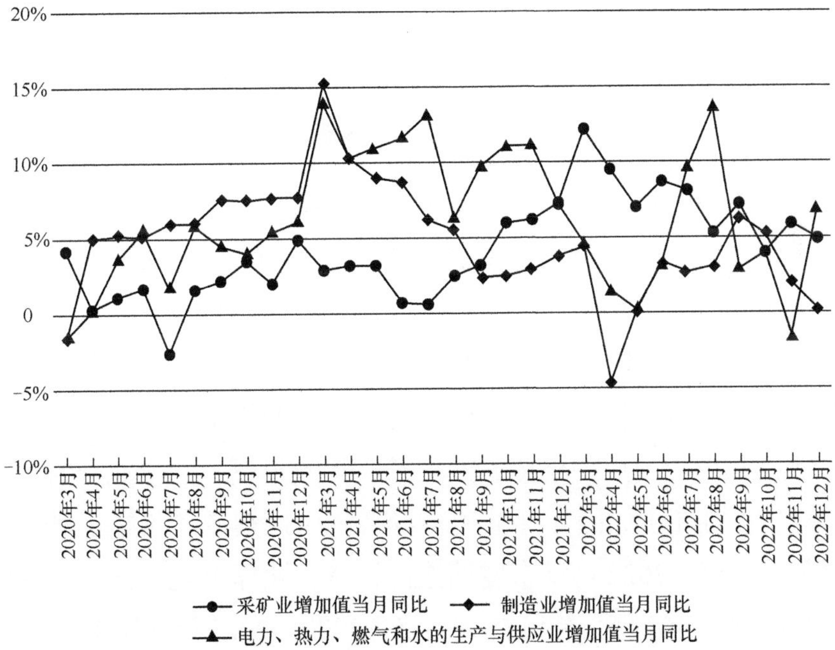

数据来源：国家统计局。

图 2-2　2020—2022 年分行业工业增加值同比增速

重点工业产品生产波动式下行。2022 年年初以来，供应链冲击直接影响重点工业产品的生产，增长面由 1～2 月的最高点 54.8%下探至 4 月的 27.4%，9 月重点工业产品增长面迅速回升至 52.7%。尽管进入第四季度后持续降低，但在工业增长恢复回稳的态势下，重点工业产品增长面仍持续保持在 30%以上。2020—2022 年工业重点工业品增长面如图 2-3 所示。

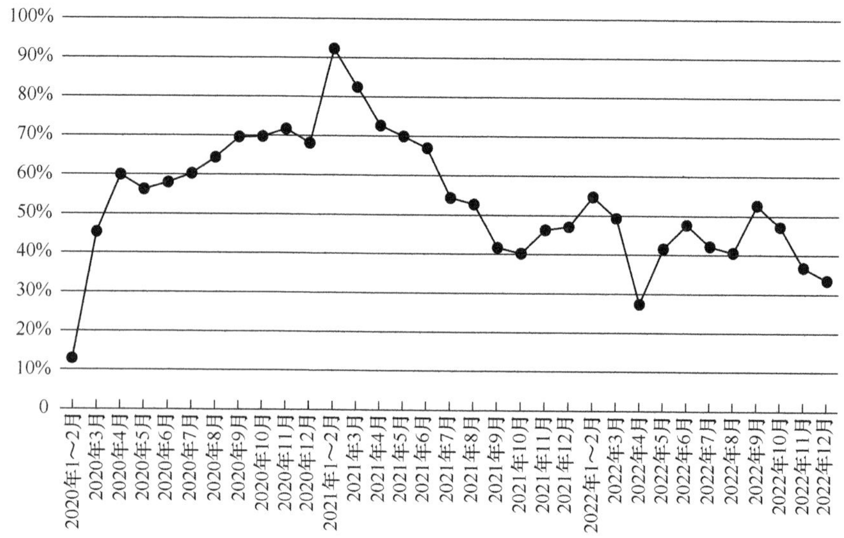

数据来源：国家统计局。

图 2-3　2020—2022 年工业重点工业品增长面

工业投资支撑作用凸显，新动能带动作用强。2022 年，工业投资保持两位数以上的高增长水平，全年工业投资累计增速为 10.3%，高于全国固定资产投资 5.2 个百分点；制造业投资增长 9.1%，维持高速增长；高技术制造业投资同比增长 22.2%，高于制造业投资增速 13.1 个百分点，与新能源相关的电气机械及器材制造业投资增速攀升至 43.6%，汽车制造业投资增速为 20.3%；新动能成为带动制造业投资的重要支撑，推动扩大有效投资。分行业来看，石油、煤炭等原材料生产加工业，因受外部冲击导致的供应短缺和价格上涨，相关行业投资增速总体上升，2022 年年末增速边际回落。计算机电子设备、专用设备制造等行业在出口的拉动下，持续扩大生产。2020—2022 年固定资产投资累计增速如图 2-4 所示。2021—2022 年主要行业固定资产投资累计增速如图 2-5 所示。

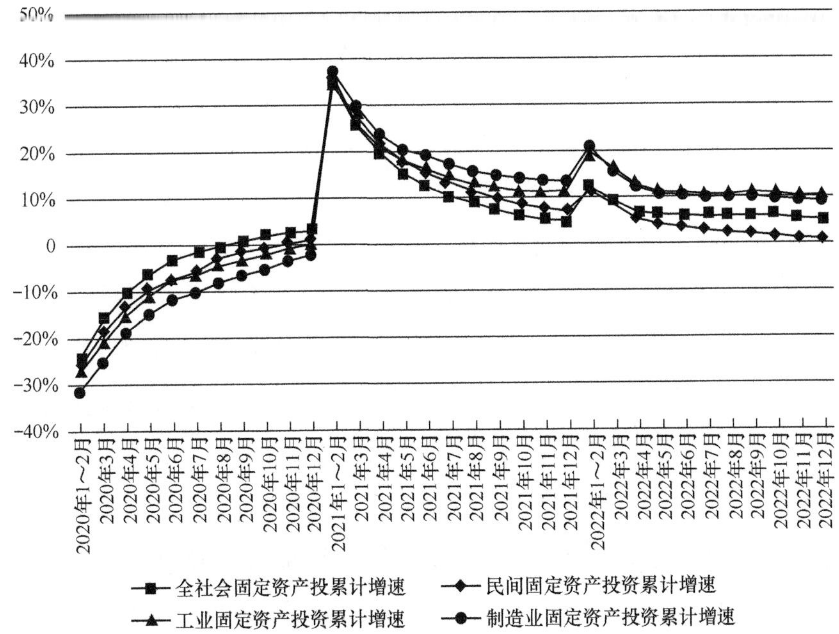

数据来源：国家统计局。

图 2-4　2020—2022 年固定资产投资累计增速

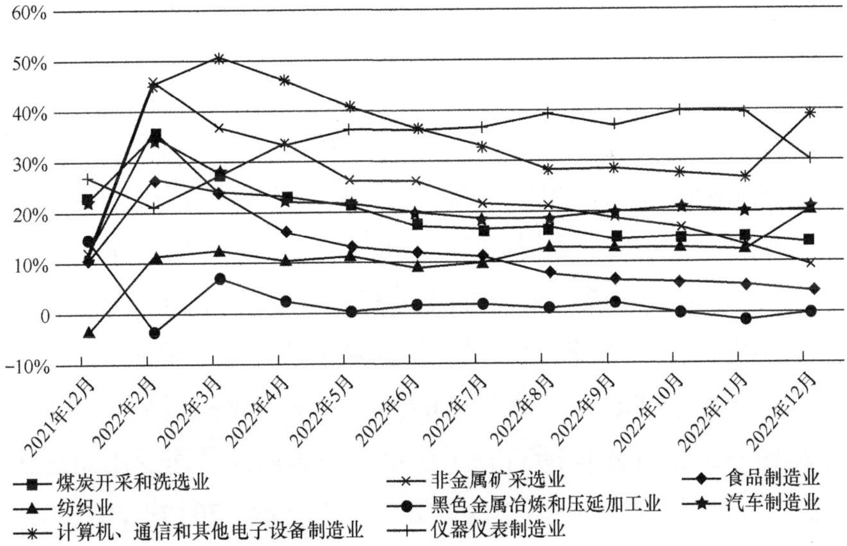

数据来源：国家统计局。

图 2-5　2021—2022 年主要行业固定资产投资累计增速

二、企业盈利仍然偏弱，利润分配格局改善

工业企业经营“量增价跌”。2022年，受内外部因素叠加影响，工业企业生产面临较大的经营压力，工业企业营业收入增长呈现缓中趋稳的态势，全年同比增长5.9%，利润总额同比下降4.0%。具体来看，工业企业利润总额累计增速在3月小幅回升，受多重超预期因素的影响，叠加2021年同期基数较高，进入4月后累计增速下降趋势凸显。整体来看，营业收入利润率呈下行态势，工业企业营业收入“量增价跌”。**企业成本不断提升。**2022年，工业企业每百元营业收入中的营业成本上升至84.7元，比2021年同期增加0.9元，工业企业成本处于历史较高水平。其中，私营企业每百元营业收入中的营业成本最高，2022年达到86.4元。**工业企业效益增长水平持续分化，行业分配结构有所改善。分企业类型来看，**国有控股企业与股份制企业利润总额增速持续呈正增长态势，国有企业利润总额在经过2个月的调整后迅速由负转正；私营企业利润总额增速自4月以来下降幅度持续扩大，7月下探至-14.5%，8月下降幅度开始收窄，到2022年年底同比增速为-9.5%。**分行业来看，**采矿业、电气水行业利润保持较高增速。2022年，采矿业利润比2021年增长48.6%，电力、热力、燃气及水的生产和供应业利润增长41.8%。其中，油气开采业受石油价格上涨带动，利润增长109.8%；电力行业受用电需求增加、同期基数较低等因素影响，利润增长86.3%。此外，2022年，装备制造业利润比2021年增长1.7%，装备制造业利润占规模以上工业的比重为34.3%，比2021年提高2.0个百分点，工业企业利润的行业结构有所改善。分行业来看，钢铁、石油加工及疫苗制造行业利润降幅较大，对工业总体利润增速的下拉作用较为明显，若剔除上述行业，其他规模以上工业企业利润比2021年增长5.6%。2017—2022年工业企业利润月度增速变化如图2-6所示。2019—2022年不同所有制工业企业利润累计增速变化如图2-7所示。2019—2022年百元营业收入中累计成本如图2-8所示。2019—2022年工业企业营业收入和营业成本累计增速如图2-9所示。2019—2022年类型工业企业每百元营业收入成本如图2-10所示。2019—2022年三大类工业企业每百元营业收入成本如图2-11所示。

市场需求不足，大小企业景气度持续分化。2022年，在需求收缩、供给冲击的背景下，国内制造业采购经理指数（Purchasing Managers' Index，PMI）持

续在低位波动；虽然第三季度各类制造业景气程度均有所改善，制造业 PMI 重返扩张区间，但反映需求侧发展现状的新订单指数仍持续处于收缩区间，第四季度市场需求依旧相对疲软，2022 年 12 月制造业 PMI 下降至 47.0。**分企业规模来看**，大型企业和小型企业间的分化持续，2022 年年底，大型企业与小型企业的 PMI 差值达到 3.6 个百分点，PMI 新订单指标的差距进一步走阔，小型企业仍面临较大的生存压力。2020—2022 年不同规模企业采购经理指数如图 2-12 所示。

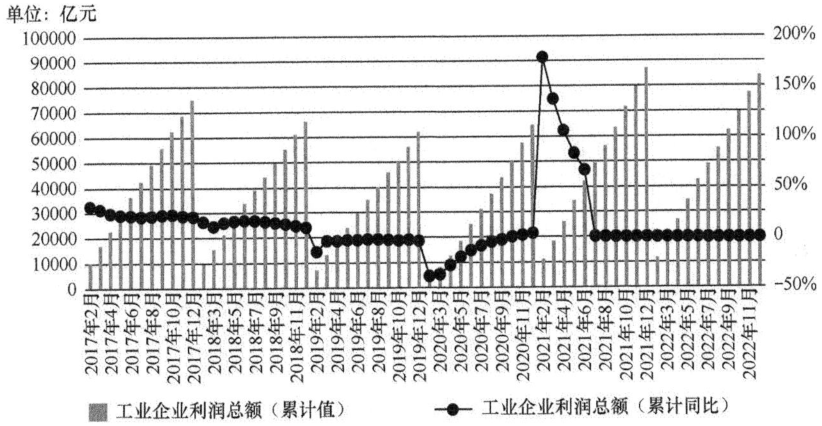

数据来源：国家统计局。

图 2-6　2017—2022 年工业企业利润月度增速变化

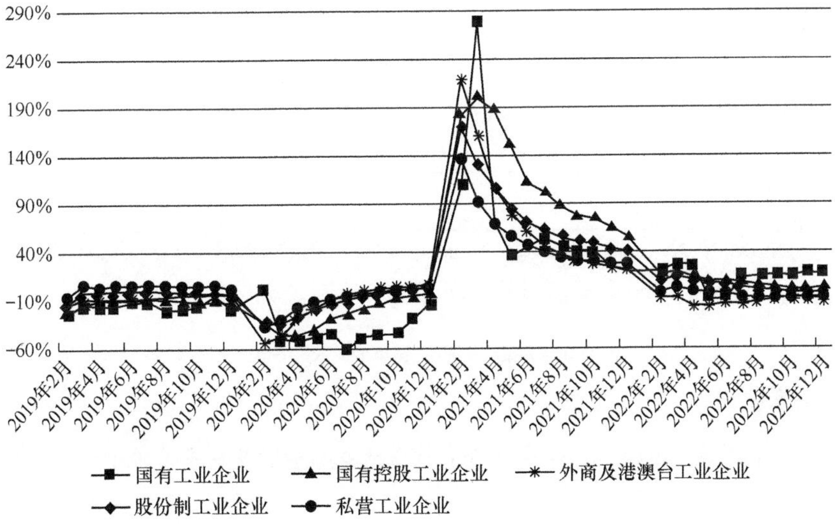

数据来源：国家统计局。

图 2-7　2019—2022 年不同所有制工业企业利润累计增速变化

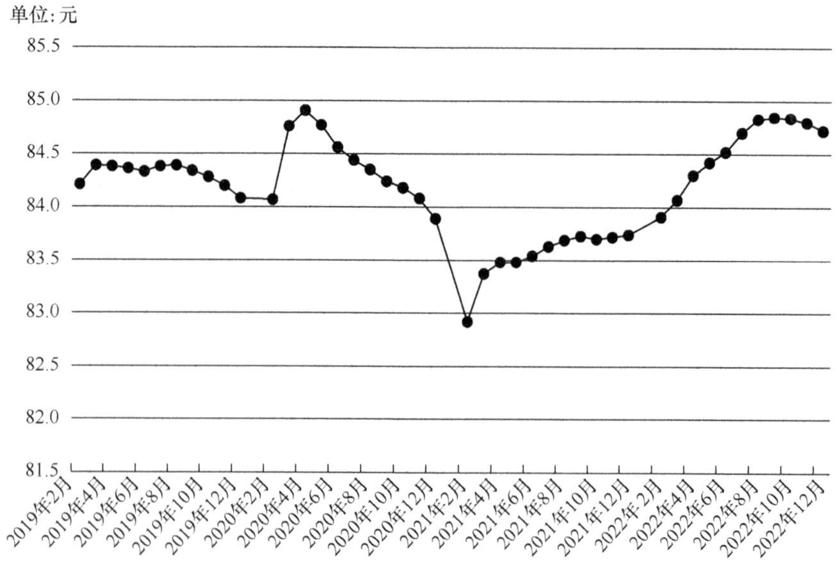

数据来源：国家统计局。

图 2-8　2019—2022 年百元营业收入中累计成本

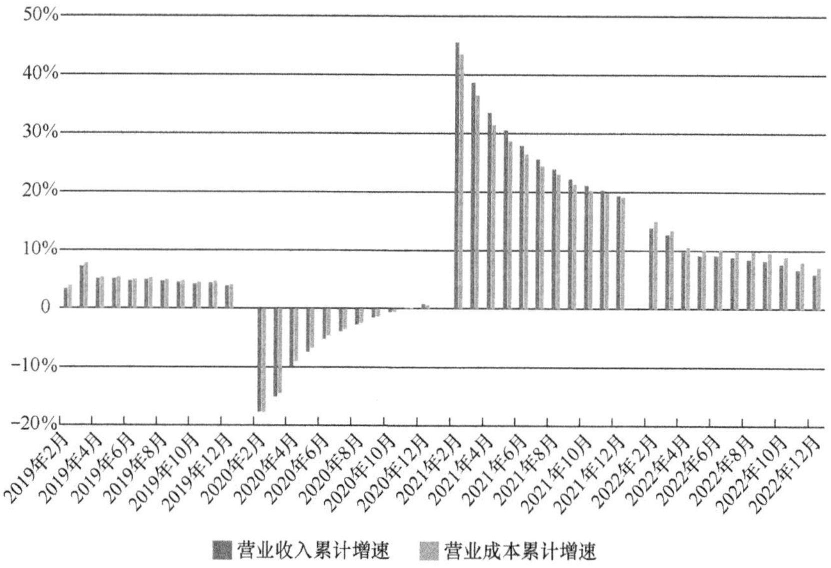

数据来源：国家统计局。

图 2-9　2019—2022 年工业企业营业收入和营业成本累计增速

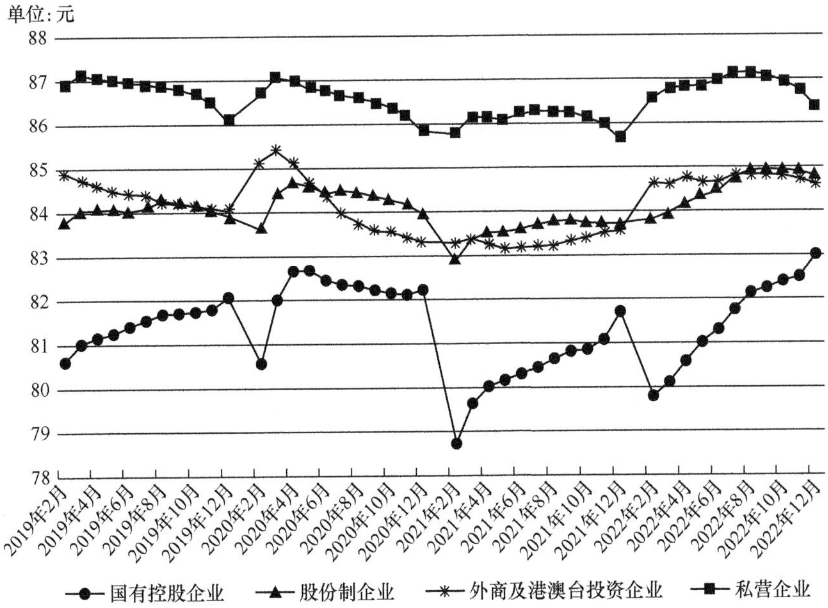

数据来源：国家统计局。

图 2-10　2019—2022 年类型工业企业每百元营业收入成本

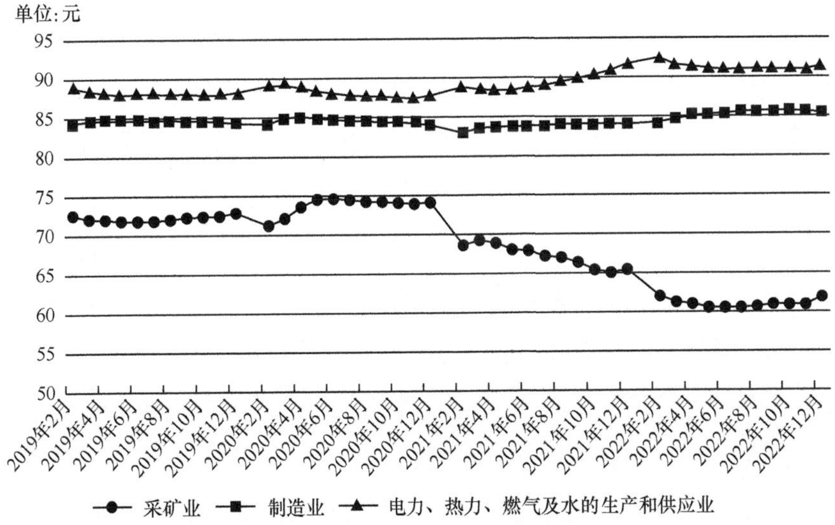

数据来源：国家统计局。

图 2-11　2019—2022 年三大类工业企业每百元营业收入成本

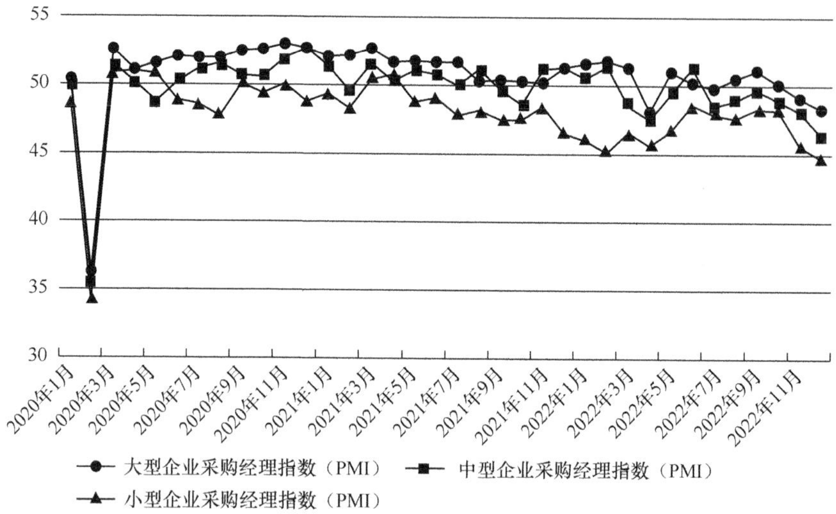

数据来源：国家统计局。

图 2-12　2020—2022 年不同规模企业采购经理指数

三、工业出口有力支撑，开放合作步伐加快

工业出口先降后升稳步复苏。2022 年年初，受供应链冲击的影响，我国工业产品出口交货值明显下滑，在稳定经济大盘政策的带动下，5 月以来出口交货值下降态势快速扭转，5 月和 6 月规模以上工业企业出口交货值分别增长 11.1%、15.1%，工业品出口强劲复苏。7 月开始至 2022 年年底，受到外需回落、电力短缺和基数效应的叠加影响，出口交货值同比增速呈现放缓态势。**分行业来看，**2022 年，食品、烟草、造纸、石油加工业、化学工业、化纤、有色金属冶炼、专用设备、汽车、电气机械等行业出口交货值保持快速增长的态势，医药制造业、家具制造业等行业出现负增长。**分出口区域来看，**在 RCEP 红利、东盟合作等因素的影响下，2022 年，我国对东盟进出口交货值达到 6.52 万亿元，东盟继续成为我国第一大贸易伙伴，同比增长15.0%；同期，我国对“一带一路”沿线国家进出口增长 19.4%，占我国外贸总值的 32.9%，提升 3.2 个百分点；对 RCEP 其他成员国进出口增长 7.5%，拉动我国进出口整体稳步增长。2020—2022 年工业企业出口交货值如图 2-13 所示。

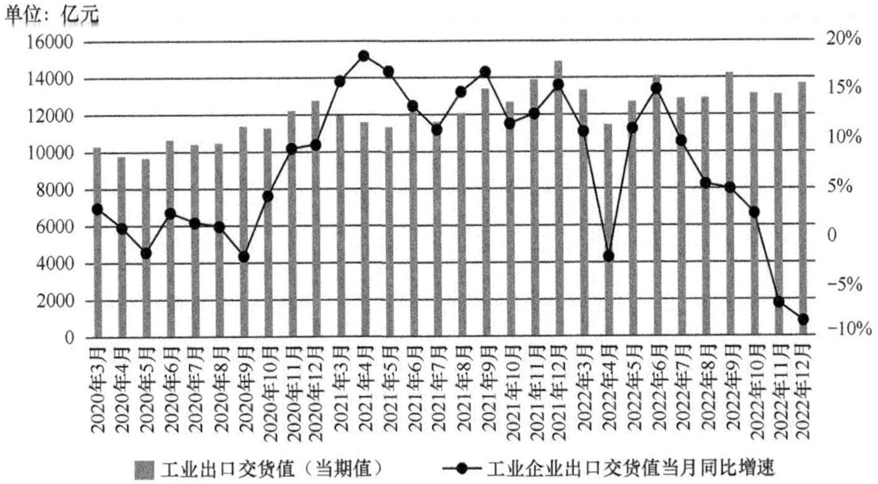

数据来源：国家统计局。

图 2-13 2020—2022 年工业企业出口交货值

对外投资平稳增长，外资利用量增质优。2022 年，我国对外非金融类直接投资 7859.4 亿元，同比增长 7.2%。对外承包工程完成营业额 10424.9 亿元，同比增长 4.3%；新签合同额 17021.7 亿元，同比增长 2.1%。对外投资合作呈现以下特点。**一是对“一带一路”沿线国家投资增长较快。**2021 年，对“一带一路”沿线国家非金融类直接投资 203 亿美元，同比增长 14.1%；2022 年，我国企业在“一带一路”沿线国家非金融类直接投资 209.7 亿美元，同比增长 3.3%，占同期总额的 17.9%，为促进国家经济发展做出了积极贡献。**二是对外承包工程大项目增多。**2021 年，新签合同额上亿美元项目 560 个，比 2020 年增加 46 个，主要集中在交通运输等基础设施领域，有利于进一步促进互联互通。**三是境外经贸合作区建设成效显著。**2021 年，纳入商务部统计的境外经贸合作区分布在 46 个国家，累计投资 507 亿美元，上缴国家税费 66 亿美元，为当地创造了 39.2 万个就业岗位，有力促进了互利共赢、共同发展。**四是外资引资水平提升，投资产业结构优化。**2022 年，我国实际使用外资金额突破万亿元大关达到 12326.8 亿元，同比增长 6.3%，新设外商投资企业 3.8 万家，外资使用水平稳步提升。高技术产业已成为外商投资的新增长点，2022 年，高技术产业实际使用外资同比增长 28.3%，其中，高技术制造业引资增速达到 49.6%，吸引外资势头强劲。2002—2021 年我国对外直接投资流量如图 2-14 所示。

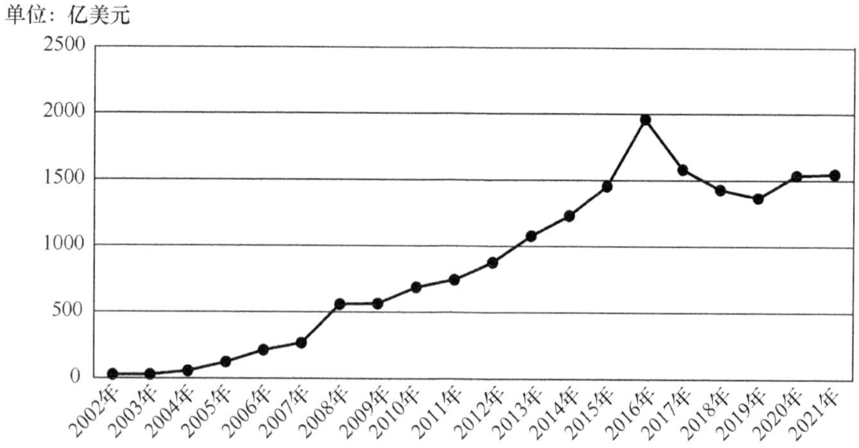

数据来源：国家统计局。

图 2-14　2002—2021 年我国对外直接投资流量

四、产业结构优化调整，新兴产业发展强劲

新兴产业带动作用增强。2022 年以来，面对内外冲击，高技术制造业持续带动工业生产，产业升级发展新态势明显，对工业企业恢复增长有强有力的带动与支撑作用，2022 年规模以上高技术制造业增加值同比增长 7.4%，高于全部规模以上工业增加值 3.8 个百分点。装备制造业保持较快增长，彰显工业经济韧性，增加值比 2021 年增长 5.6%，高于全部规模以上工业增加值 2.0 个百分点。**新动能产品产量快速增长。**2022 年，新能源汽车产量达 700.3 万辆，新能源汽车产量增长 90.5%，销售完成 688.7 万辆，已连续 8 年位居全球第一，零售渗透率达到 27.6%，比 2021 年大幅提升 13 个百分点。新一代信息技术、新材料、新能源汽车等领域已成为机器人企业发展的新赛道，机器人产业迎来跨越发展的重要窗口期。虚拟现实设备、数字程控交换机产量成倍增长，充电桩、太阳能工业用超白玻璃、太阳能电池、单晶硅、多晶硅等新材料产品继续保持高速增长的态势，新动能增长引擎作用持续显现。2017—2022 年装备制造业增加值与高新技术制造业增加值占比如图 2-15 所示。

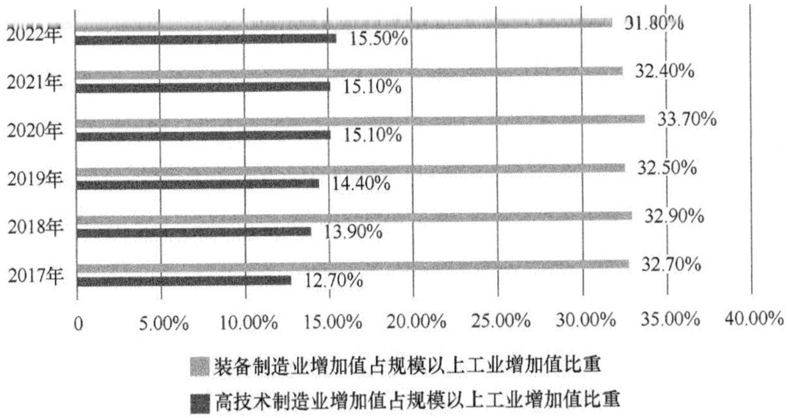

数据来源：国家统计局。

图 2-15　2017—2022 年装备制造业增加值与高新技术制造业增加值占比

五、创新研发活力增强，科技成果竞相涌现

创新综合实力增强，研发投入强度持续增加。根据世界知识产权组织发布的 2022 年全球创新指数，我国 2022 年创新能力综合排名位列全球第 11，比 2012 年跃升 23 位，进入创新型国家行列。全国共投入 R&D 经费 30870 亿元，同比增长 10.4%，投入规模稳居世界第二位。其中，2022 年基础研究经费达到 1951 亿元，是 2012 年的 3.9 倍，基础研究经费占 R&D 经费的比重为 6.32%，持续稳定在 6%以上。研发投入强度增长 2.55%，超过欧盟国家平均水平，高新技术企业达到 40 万家，研发人员数量居世界首位。**制造业市场主体创新投入增加明显。**2021 年，我国制造业研发投入强度达到 1.54%，比 2012 年提升了 0.69 个百分点；570 余家工业企业进入全球研发投入 2500 强；高技术制造业企业 R&D 经费达到 5684.6 亿元，增长 22.3%，投入强度达 2.71%，比 2020 年提高 0.05 个百分点；截至 2021 年年底，高新技术企业拥有有效发明专利 121.3 万件。**从具体行业来看，**计算机、通信和其他电子设备制造业（3577.8 亿元）、电气机械和器材制造业（1818.1 亿元）、汽车制造业（1414.6 亿元）、通用设备制造业（1119.1 亿元）以及专用设备制造业（1035.4 亿元）5 个行业的 R&D 经费投入超过千亿元，其投入经费总额占全部规模以上工业企业 R&D 经费的比重达 51.2%。

坚持科技创新和体制体系创新双轮驱动，重大科技创新成果竞相涌现。截至 2021 年年底，工业和信息化部已支持建设 125 个产业技术基础公共服务平台，提升共性技术供给能力。创新基地布局不断优化，在运行的国家重点实验室数量已达到 533 个，国家级企业技术中心数量达到 1636 家。新修订的《中华人民共和国科学技术进步法》于 2022 年正式实施，全面促进科技成果向现实生产力转化。高技术领域创新成果不断涌现，科研成果转化步伐加快，自主三代核电技术跻身世界前列、“海牛Ⅱ号”下钻深度刷新深海钻机钻探深度纪录、海洋“双星”的投入使用形成海洋观测卫星组网业务运行能力。

六、数字赋能纵深推进，智能融合成效显著

在劳动力等生产成本上升的背景下，大力发展数字经济、推动数字化转型已成为促进我国制造业提质、降本、增效的重要途径，加速推进传统生产方式的智能变革，成效突出。**一是数字经济规模不断壮大。**2021 年，我国数字经济规模已达到 45.5 万亿元，占 GDP 比重达到 39.8%，比“十三五”初期提升了 9.6 个百分点，产业数字化规模占数字经济比重更是高达 81.7%，成为数字经济发展的重要引擎。**二是数字化转型加快发展。**截至 2022 年年底，我国工业企业数字化研发工具普及率与关键工序数控化率已分别达到 77.0%和 58.6%。工业互联网应用广度不断拓展，互联网创新发展工程已在原材料、装备制造、消费品等 31 个工业重点门类广泛部署。工业机器人市场销量保持快速增长，2022 年总销量达到 30.3 万台，同比增速继续保持快速增长。**三是转型基础不断夯实。**截至 2022 年 12 月底，我国 5G 基站数量已达到 231.2 万个，建成全球规模最大、技术领先的网络基础设施。工业互联网创新发展加快，全国 35 家重点工业互联网平台连接工业设备超过 8500 万台套，累计服务企业 936 万家。**四是深入实施智能制造工程。**工业和信息化部、国家标准化管理委员会发布《国家智能制造标准体系建设指南（2021 版）》，我国实施 305 个智能制造试点示范项目和 420 个新模式应用项目，建成 700 余个智能工厂、数字化车间，培育智能制造系统解决方案供应商已超过 6000 家。

七、区域发展协调稳定，产业集聚水平提升

四大板块工业联动发展，区域协调性深入推进。东部地区充分发挥自身地

理区位与资源的优势，着力新旧动能转换与结构调整，工业发展韧性强、动力足，党的十九大以来，全部工业增加值占 GDP 比重始终高于 50%，2021 年制造业占地区生产总值比重达到30.5%，引领新兴产业发展，是我国智能制造业发展的高地，拥有全国 53%的数字化车间和智能工厂。**中部地区**制造基础雄厚，核心城市成为承载东部产业转移的核心承载地，装备制造业、生物医药产业等高技术产业发展拉动作用明显，以富士康为代表的大型电子信息企业完成在中部地区的布局，促进了产业集群式发展的态势。**西部地区**大开发战略有序实施，工业经济增长空间不断拓展，工业增加值占全国比重逐年提升，2017—2022 年占比提高 2.04 个百分点，与东部、中部地区发展差距逐步缩小。**东北地区**产业升级成效明显，装备制造业发展提质增效，2021 年，高新技术企业数量约达 1.4 万家，比 2020 年增加 9.5%。四大板块制造业发展更加协调，逐步形成优势互补的高质量发展区域经济布局。2017—2022 年四大板块工业增加值占比情况如图 2-16 所示。

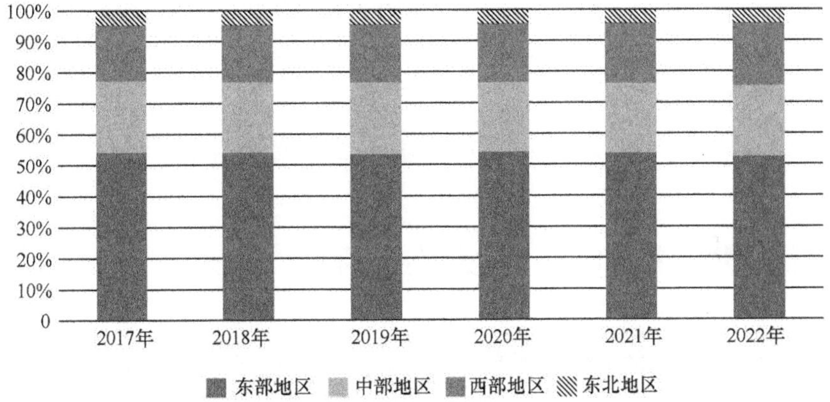

数据来源：中国信息通信研究院根据统计数据整理。

图 2-16　2017—2022 年四大板块工业增加值占比情况

区域重大战略扎实推进，支撑工业高质量发展作用凸显。2022 年，京津冀、长三角、粤港澳大湾区工业增加值分别达 25114.4 亿元、102051.4 亿元、34040.61 亿元，总量达到全国 31 个省（自治区、直辖市）工业增加值的 40.4%，发挥了全国工业增长动力源的引擎作用。重点区域高技术制造业与战略性新兴产业发展势头强劲，2021 年，广东省高技术制造业增加值占工业的比重达到 29.9%，规模以上工业企业研发强度达到 3.7%，拥有 3 家国家制造业创新中心；北京市高精尖产业增加值占地区生产总值达到 30.1%，技术合同成交额突破 7000 亿元，位列全国第一；长三角地区依托人工智能、集成电路、生物制药等创新型领域引领区域产业发展，国家技术转移到东部中心在长三角设立了 19 个分中心，G60 科创走廊、沿沪宁产业创新带加快建设，长三角地区创新载体数量领先，发展水平位居全国前列。长三角地区对外开放合作水平走在前列，成为我国制造业高质量发展的策源地和区域经济发展的新高地，助力国内国际双循环相互促进的新发展格局加快构建。

重点区域产业集聚化培育成效显著，重大生产力布局优化。自 2019 年工业化和信息化部组织开展先进制造业集群发展专项行动以来，已有 45 个集群在决赛中胜出，成为打造具有国际竞争力集群的重点培育对象，形成制造业发展的新优势。2022 年，45 个集群主导产业产值超过 20 亿元，塑造工业增长新引擎，拥有国家级技术创新载体 1700 余家，培育创建了 170 余家制造业单项冠军企业和 2200 余家国家级“专精特新”小巨人企业，已成为带动区域产业特色化、差异化发展和提升产业竞争力、推动制造业高质量发展的重要力量。“东数西算”工程全面启动，西部地区数据产业迎来发展新机遇；工业和信息化部、国家发展和改革委员会等 10 部门联合提出的《关于促进制造业有序转移的指导意见》中进一步明确了制造业转移和承接产业的类型与模式路径。

八、专精特新培育加速，着力推进补链强基

中小企业是我国经济社会发展的主力军，是我国经济韧性、就业韧性的重要支撑。2021 年，全国中小微企业数量达 4800 万户，规模以上工业中小企业营业收入、利润总额分别增长 19.9%和 25.6%，两年平均增长 9.9%和 16.8%，发展质量效益不断提升。2022 年，我国中小企业扛住复杂严峻形势的考验，中小微企业数量超过 5200 万户，规模以上工业中小企业营业收入和利润总额分别增长 5.2%和 1.1%，进一步体现了中小企业的韧性和活力。

我国不断加大中小企业培育力度，推动“专精特新”企业在产业基础领域补短板、锻长板，取得明显成效。一是政策支持体系不断完善。2012 年 4 月，国务院发布的《关于进一步支持小型微型企业健康发展的意见》首次提出“专精特新”的概念；2020 年 7 月，工业和信息化部等 17 个部门联合印发《关于健全支持中小

企业发展制度的若干意见》，提出完善支持中小企业“专精特新”发展机制；2022年，“专精特新”首次被写入《政府工作报告》，多地陆续推出专项政策支持“专精特新”企业发展；2022年6月，工业和信息化部印发《优质中小企业梯度培育管理暂行办法》，明确创新型中小企业、“专精特新”中小企业、专精特新“小巨人”企业的评价或认定标准。从概念界定到工作规范，我国中小企业发展政策体系不断完善。**二是企业梯队逐步形成。**截至目前，工业和信息化部已累计培育8997家专精特新“小巨人”企业，逐步形成了制造业单项冠军企业、专精特新“小巨人”企业、“专精特新”中小企业、创新型中小企业4个梯队，构成“金字塔”形企业结构。2021年12月，工业和信息化部等19个部门印发《“十四五”促进中小企业发展规划》，计划培育10万家“专精特新”中小企业、1万家专精特新“小巨人”企业，并通过建立中小企业梯度培育体系引导加大资源整合，促进中小企业健康发展。**三是中小企业补链强链功能不断增强。**我国“专精特新”小巨人企业60%以上属于工业基础领域，超过70%的企业深耕细分领域10年以上，涌现了一批在核心基础零部件和元器件、先进基础工艺、关键基础材料、工业软件、产业技术基础“五基”领域“补短板”“填空白”的企业，纳米微球、石墨设备、海底电缆等部分领域实现国产替代，形成了相对安全可控的产业链，是制造强国建设的重要支撑力量。

（作者：中国信息通信研究院　李泽琳　刘泳呈）

第三章　我国工业发展主要面临的问题与挑战

面对内外部不确定的风险和冲击，我国工业生产恢复韧性强、发展潜力大、长期向好的基本面没有改变。但同时也要看到，产业链供应链韧性和安全水平仍存在一定的风险，企业生产经营压力加大和需求不足等问题持续存在，工业稳增长基础仍有待夯实。

一、长短期因素交织扰动产业链韧性

在国内外超预期因素的影响下，我国产业链供应链受到前所未有的冲击。**从长期来看，**我国部分战略性新兴产业领域基础不牢，产业链供应链基础薄弱。欧洲、美国、日本、韩国等产业链供应链回迁本土的计划，以及对关键技术获取限制等做法持续冲击我国产业链的安全水平，“停供”“断供”影响我国经济外循环的畅通。**从短期来看，**在地缘政治冲突、能源供应不确定等因素的影响下，一些国家和地区产业链布局的成本与效率导向已在逐步让位于安全原则和韧性偏好，加速产业链回流。美国在《2021 年战略竞争法案》中明确提出从 2022 年开始到 2027 年，将在每个财政年度拨款 1500 万美元以支持供应链迁出中国，选择中国境外生产或采购的替代市场。全球制造业咨询公司科尔尼发布的《2021 年美国制造业回流指数》显示，2020 年美国制造业进口比例自 2011 年来首次下降，产自 14 个亚洲低成本国家的进口数量下降 7.2%，制造业本地化发展趋势明显。

二、中小型企业经营压力持续增加

市场主体对于稳住经济基本盘与民生就业起着至关重要的作用。经济下行压力较大，一些市场主体受到冲击严重，经营面临的困难加大，生产制造成本和出口成本不断上升，持续挤压企业的盈利空间，特别是中小型企业、个体工商户面临较多的困难。一方面，在需求不振的背景下，制造业企业新订单指数持续下降，对制造业经济与企业生产预期产生较大的影响。从规模方面来看，由于中小企业的市场竞争力较弱，对上下游企业、金融机构等主体议价能力不足等，受全球通胀高企叠加地缘政治冲突影响更加明显，订单量比大型企业出现更加明显的下降，小型企业 PMI 新订单指标跌幅进一步加深，2022 年以来持续低于临界点水平。另一方面，2022 年，能源、粮食价格的走高持续抬升企业的生产成本，叠加劳动力用工成本的上升和货运物流不畅等供应链受阻等问题，全产业链企业成本压力均有所上行，中小企业资金周转压力加大，盈利空间进一步被侵蚀，产业链供应链的稳定运行受到影响。在“高成本、低需求”的供需两端压力的挤压下，企业增收不增利的问题凸显，经营压力持续加大。

三、内外部双向需求拉动均显乏力

从内需来看，一是有效投资扩大仍存在难点，企业生产经营放缓制约了制造业的投资需求，房地产投资持续下行加大了钢铁、建材、家具等行业投资增长的压力，基建投资由于 2022 年以来靠前发力所依靠的新增专项债额度即将用尽，面临减速风险，对工业领域的支撑力度将有所下降。二是消费预期下调，恢复动力不足。2020 年以来，我国社会消费品零售总额同比增速波动剧烈，面对居民收入不振、资产负债表受损和消费场景受限等因素的影响，我国社会消费品零售总额同比增速自进入 2022 年以来一度出现负增长的态势，增长乏力。**从外需来看，**出口动力逐步减弱。随着当前外部环境更趋复杂和严峻，在海外经济体经济衰退风险加大、全球通货膨胀高涨、货币政策收紧、地缘政治因素发酵等因素的影响下，未来，我国对欧美等发达国家的出口贸易仍具有较大的不确定性，2022 年全球制造业 PMI 持续下降，在一定程度上反映出外需市场持续萎缩的趋势概率较大，叠加部分海外订单向发展中国家的转移趋势，下一阶段，出口贸易的风险加大，出口对工业经济增长的提振动能将有所趋缓。

四、区域产业协作发展水平需提高

我国区域协调发展战略深入实施，支持西部大开发、东北振兴、中部崛起、东部率先发展的政策体系更加完善。但总体来看，区域间的产业分工协作问题仍较为突出。**一是区域内产业同质化布局严重，难以形成合理高效的产业分工体系。**当前，我国各个区域内部产业联动较弱、产业互补不足、协作水平不高，范围经济和规模经济等集群化效应不明显，尚未形成良好的联动发展态势，限制了整个行业的有序发展。一方面，中西部地区由于人力资源、区域环境和消费市场类似，在以承接转移和促产业升级的过程中，存在优惠政策比拼、产业同质化发展和竞争机制不良等问题。例如，河南、湖南、江西、湖北等中部省份均将装备制造、食品制造、电子信息、汽车制造、新材料等作为“十四五”期间发展的重点产业。在承接沿海地区产业转移的过程中，承接的项目也多集中在装备制造、食品制造、新型材料制造、电子制造和汽车制造等产业，同质化布局易引发较强的区域竞争，也为区域间生产要素相互流动设置障碍。另一方面，城市群之间的产业分工协作关系尚未形成。从中西部地区都市圈发展的现状来看，不同城市产业发展存在较为严重的同质化竞争问题，更细化的分工协作关系尚未形成，产业结构总体上还不够协调合理，例如，郑州都市圈的郑州、许昌、新乡和焦作均提出发展新能源及智能网联汽车产业的目标和任务，都有整车生产的计划。**二是区域间产业存在结构性差异，新旧动能转换步伐不同步。**东部地区凭借先发优势，形成了相对合理的产业结构和完善的产业链体系，有力支撑了新兴产业快速发展。东北、西部多以资源型产业为主，产业层次普遍较低，产业链的纵向延伸和产业间的融合发展严重不足，新动能的培育和形成缺乏强有力的产业基础支撑，导致板块间经济发展的节奏失调。例如，2010 年以来，纺织业，纺织服装、服饰业，皮革、毛皮、羽毛及其制品和制鞋业，家具制造业，造纸和纸制品业，金属制品业，通用设备制造业，专用设备制造业，铁路、船舶、航空航天和其他运输设备制造业，电气机械和器材制造业，计算机、通信和其他电子设备制造业等行业在东部集中度较高，特别是一些高技术行业的区域集中度更高。

（作者：中国信息通信研究院　李泽琳　宋一丹）

第四章　2023 年工业发展前景展望

一、工业发展面临的形势

在百年未有之大变局下，逆全球化趋势更趋明显，全球经济滞胀风险提升，地缘政治冲突仍在演化，新兴经济体与市场的脆弱性愈加显现，外部环境更趋复杂严峻和不确定。世界经济呈现出“两高两低”的特点，即高通胀和高风险，以及世界经济的低增长与低预期。从国内来看，随着稳住经济一揽子政策措施的落地见效，我国将迎来政策效应的加速释放，叠加区域合作的战略机遇，工业经济仍然具备应对阶段性、突发性因素冲击的基础和潜力。

（一）世界经济处于下行调整期

全球经济增长预期不断下调。在通胀以及地缘政治冲突的影响下，全球需求收缩的压力持续加大，全球制造业呈现下行趋势。2023 年 3 月，全球制造业 PMI 为 49.1%，比上月下降 0.8 个百分点，结束连续 2 个月环比上升，呈现下探走势；连续 6 个月低于 50%，意味全球经济短期偏弱运行。联合国发布报告 2023 年全球经济增长将放缓至 1.9%，全球经济复苏动能依然不足，世界经济继续承压。**部分经济体面临“硬着陆”的风险。**从主要经济体来看，美联储于 2022 年 3 月开始连续强势加息，频繁出现美债长短期收益率倒挂的现象，股市泡沫面临“硬着陆”的风险，叠加地缘政治冲突等外部风险，经济下行压力显著。2023 年 3 月，美国制造业 PMI 继续走弱，比 2 月回落 1.4 个的点，至 46.3%，已连续 5 个月低于荣枯线水平，经济活动持续走弱。欧洲经济受到地缘政治冲击更明显，能源危机或将愈演愈烈；日本由于对能源进口依赖度较高，叠加输入型通胀与外需波动较大的影响，国内居民消费能力下滑，经济下行压力较大；韩国作为世界家庭债务压力最高的国家之一，已出现明显的地产泡沫破裂的风险，家庭负担加剧，经济下行压力进一步加大，经济复苏动力减弱。

（二）宏观政策进入加速释放期

2022 年以来，面对国内外异常复杂和严峻的形势，党中央、国务院科学决策部署，及时施策，精准发力，推出稳住经济的一揽子政策措施，加大宏观政策调节的力度，积极靠前发力。2022 年第二季度，财税与金融政策相互配合、适度加力，协调发挥跨周期和逆周期调节作用，助力国民经济从下行趋势中企稳回升。2022 年第三季度，稳住经济一揽子政策措施持续释放政策红利，加大支持实体经济的力度，巩固经济回暖趋势。2022 年全年宏观经济政策实施力度不断加大，稳住了宏观经济的大盘，促进发展质量稳步提升。

宏观政策未来力度将进一步加大，并延长实施周期，效果持续显现。基于 2022 年 19 项稳增长接续政策，商务部将继续执行多措并举稳外贸、加大力度稳外资和积极有效促消费的工作方针；中国人民银行将继续坚持落实稳健的货币政策；财政部将更好地发挥专项债券资金的撬动作用，缓缴部分行政事业性收费，助力企业减负纾困，推动重要项目的有序落地。《扩大内需战略规划纲要（2022—2035 年）》提出要进一步加力促进消费投资，培育完整内需体系，释放内需潜能的同时高质量带动需求。2022 年 12 月，中央政治局会议和中央经济工作中延续了“稳中求进”的总工作基调；2023 年《政府工作报告》进一步指出，政策的重心仍将放在“着力扩大国内需求”方面；十四届全国人大一次会议闭幕后，李强总理指出要打好宏观政策、扩大需求、改革创新和防范化解风险四套组合拳助力高质量发展。未来结构性货币政策将持续发力，总体保持精准有力，财政政策将加力提效，专项债加码继续发力稳增长，夯实经济向暖的基础。

（三）区域合作步入发展机遇期

在当前“逆全球化”浪潮兴起、地缘政治冲突加剧的多重背景下，以“一带一路”、RCEP 等为代表的区域经贸合作为经济增长注入了新动力，优化了国际市场布局，成为我国实现双循环战略的重要抓手。**一是提高区域经济一体化水平。**2022 年，我国对主要贸易伙伴进出口额保持增长，区域合作进一步紧密，对“一带一路”沿线国家进出口 13.83 万亿元，比 2021 年增长 19.4%，在我国对外贸易中的占比达到 32.9%，成为推动我国外贸繁荣发展的重要动力。RCEP

落地实施以来，成员国间贸易势头增长良好，东盟继续保持我国第一大贸易伙伴的地位，2022 年，中国与东盟进出口规模达 6.52 万亿元，同比增长 15%，占我国外贸总额的 15.5%。未来，区域间贸易往来将更加密切，促进区域贸易新动能充分释放。**二是对外贸易“享惠”红利释放。**RCEP 通过关税优惠、通关简化和贸易投资便利化等举措为我国企业带来实打实的政策红利。与此同时，在区域经贸合作一体化的背景下，成员国之间在达成共同的原产地原则、服务贸易规则等后，企业贸易便利化程度提升，出口合规成本降低，有助于跨国企业布局更加稳定的供应链，显著降低成员国间的关税和非关税壁垒，为制造业在更广阔的区域内自由选择原产地提供了低成本的条件，增加成员国间生产要素自由流动速度与贸易动机，创造出成员国间更多的贸易往来，助力外循环畅通。

二、2023 年中国工业发展趋势预判

（一）工业生产向好回暖

综合我国工业经济回稳基础和其面临的机遇与挑战，2023 年，我国经济韧性凸显，长期向好的基本面不会改变，工业经济将持续运行在合理区间。2023 年全年规模以上工业增加值增长将比 2022 年略有上升，全年规模以上工业增加值累计增速 5.5%。

从有利因素来看，一是中央与地方协同发力，推动政策红利加速释放，为工业稳增长打下坚实的基础。政策支持力度不断加大，稳定企业主体生产预期，进一步打通产业链供应链的断点和堵点；扩大内需战略升级，加快培育完整的内需体系。各地因地制宜、灵活施策稳经济，研判经济形势、安排重点工作，明确职责分工、健全工作机制，稳经济大盘系列政策落地效果将更加明显，重点产业链供应链明显修复，工业经济总体呈现企稳回升态势。**二是产业链供应链稳定性有所增强。**重点领域技术攻关取得重大进展，一批短板品种实现产业化突破，制造业稳链强链成效显著，产业链供应链抗风险能力不断加强。**三是工业新动能有望继续发挥引领作用。**2022 年以来，高技术制造业保持快速发展，增速持续领跑工业生产，为经济高质量发展提供强劲动力。随着我国工业转型升级不断提速，新增长点的潜力得到挖掘，工业产能有望得到进一步释放。

从不利因素来看，一是生产经营效益下降，市场预期减弱。受全球能源矛盾加剧、部分大宗商品价格高位波动的影响，行业利润增速放缓导致生产收缩，市场主体生产预期不足。**二是国际环境日益复杂和严峻，医药制造业、纺织业等消费品行业出口、消费增速放缓，面临需求不足、预期走弱等困境，工业经济复苏动力存在潜在的风险。**综合国内外的环境，工业经济依旧面临挑战，但在一系列稳增长政策的落地实施等有利因素的支持下，工业生产有望延续复苏的态势。

（二）投资维持高位难度大

2022 年以来，工业投资尤其是制造业投资持续向好，对我国经济稳增长起到了重要的支撑作用，受政策利好、产业升级带动的影响，我国 2023 年工业投资将保持良好增势。一是多项政策通过财政税费、金融信贷、保供稳价等维度发力，着力扩大精准有效投资，不断增强工业经济发展的后劲。二是新基建有望继续带动工业投资增长。新能源产业链、电动车产业链等低碳经济相关产业发展空间巨大，大数据、人工智能、互联网平台等数字经济模式将逐步替代传统的经济模式，在财政支持叠加项目储备充足等利好因素的推动下，新基建有望带动工业投资较快增长。

与此同时，一些制约工业投资的因素也需引起注意。**一是下游市场风险凸显。**2023 年 1～2 月，全国房地产开发投资同比下降 5.7%，从 2022 年 4 月开始持续负增长，对工程机械、建材、有色、钢铁、家电、家居等行业投资增长的拉动作用持续走弱。**二是企业家投资态度更加谨慎。**2022 年以来，在内外部因素的影响下，企业家宏观经济热度指数比 2021 年下滑明显，2022 年第四季度为 23.5%，比 2021 年同期下降 13.8 个百分点。面对未来一系列不确定性风险，企业家仍将保持谨慎的态度。

（三）消费增长低水平修复

2022 年全年，我国消费市场呈现出波动下行的态势，在国家稳增长促消费政策持续发力的作用下，社会消费品零售总额同比增速自 3 月以来连续 3 个月负增长后转正，但进入 10 月后再次出现负增长。进入 2023 年以来，消费市场恢复向好，商品零售增势良好，餐饮等服务消费明显回升，1～2 月社会消费品零售总额同比增长 3.5%。消费将持续恢复，但力度弱于整体经济向好的程度。从有利的因素来看，**一是新型消费蓬勃发展，打开内需增长新空间。**2022 年，全国实物商品网上零售额同比增长 6.2%，增速明显高于社会消费品零售总额；“互联网+服务”新业态模式下衍生的在线健身、在线医疗等服务逐渐形成消费恢复的新动力。**二是促消费政策举措频出，多领域市场回暖向好。**2022 年以来，中央与地方促消费、稳复苏一揽子政策密集出台，通过综合施策释放不同领域的消费潜力。扩大落实新能源汽车、智能家电等消费系列的政策措施，家电、汽车消费强劲恢复，成为 2023 年消费增长的主要支撑因素。与此同时，也需要注意制约消费复苏的因素仍然存在，**一是就业压力持续缓解但结构性问题仍然突出。**2022 年 12 月，全国城镇调查失业率为 5.5%，比 11 月下降 0.2 个百分点。其中，反映青年人就业情况的 16～24 岁人口城镇调查失业率虽有所下降但仍然处于16.7%的高水平，远高于其他年龄段，青年人的就业压力大问题仍然很突出，就业的结构性矛盾仍亟待缓解。**二是居民边际储蓄倾向仍保持相对高位水平。**中国人民银行 2023 年第一季度城镇储户问卷调查报告显示，倾向于“更多储蓄”的居民占 58%，比 2022 年第四季度占比继续下降 3.8 个百分点；倾向于“更多投资”的居民占比达 18.8%，比第三季度增加 3.3 个百分点；而倾向“更多消费”的居民占比达到 23.2%，比第二季度增加 0.5 个百分点。从整体来看，我国居民下降的消费意愿短期内难以恢复，居民预防性储蓄动机仍相对较高。

（四）出口承压但韧性仍存

2022 年以来，我国工业出口交货值当月同比增速波动趋于收敛，工业贸易整体保持平稳增长。从未来趋势来看，我国对外贸易受到国内外多重复杂因素叠加的影响，积极因素与不利因素并存，预期我国对外贸易仍能保持较强韧性，工业出口能够实现相对平稳的增长。一方面，中国外贸面临多方面的挑战：一是美国、欧洲经济面临衰退风险，全球贸易与海外需求持续增长前景趋缓，由于地缘冲突、高通胀压力与海外刺激政策转向，外需将呈现量价齐跌的局面，对我国出口造成一定的影响；二是能源商品市场价格高位波动，全球能源矛盾加剧，“供应瓶颈”拉高了下游企业的生产成本，压缩了企业的盈利空间，对我国部分行业企业持续构成压力。另一方面，我国多项积极因素形成支撑。**一是区域合作成效显著。**我国可以更好地发挥 RCEP 的红利，充分发挥东盟地区区域一体化的作用，构建我国出口的新增长极。**二是我国外贸企业运行总体平稳。**有进出口实绩的外贸企业数量平稳增加，民营企业进出口增长率处于高位水平，总占比达全国外贸总值的 50%以上。从总体来看，我国出口仍面临一定的不确定性，但工业经济韧性强、潜力足、长期向好的基本面没有改变，随着国家稳住工业经济一揽子政策措施的落地见效，我国外贸仍有望继续保持稳定增长。

（作者：中国信息通信研究院　李泽琳　刘泳呈）

第五章　政策建议

2023年，我国“稳工业”任务仍然艰巨，要统筹推进稳预期、强保障、扩需求、优环境与提能效，加大对市场主体的支持和培育力度，促进工业经济平稳增长和提质升级。

一、稳预期，保持工业稳定增长

一是继续保持宏观政策的连续性，加大稳增长政策的实施力度。稳工业经济政策出手要快、力度要大，落实一揽子政策措施，加强政策解读，扩大惠及行业企业的范围。有效发挥积极的财政政策和稳健的货币政策的作用，用好促进生产、促进投资和消费的政策工具，稳住企业发展的信心达到生产预期。**二是补短板，保安全，夯实产业发展基础。**以实现产业链循环畅通为重点，聚焦“五基”领域核心技术攻关，集中突破关键技术，有序推进新兴产业发展。着眼全面布局基础性研究，围绕强链补链重点领域布局产业基础项目，增强科技发展的后劲与创新原动力。**三是锻长板，扩优势，巩固提升优势产业的竞争力与影响力。**把握重要的战略机遇期，集中优势资源做强一批不可替代的长板技术与重点产品，占据产业竞争的制高点，增强国际话语权。着力推进新型工业化，牢牢把握新一轮科技革命和产业变革带来的新契机，抓住制造业数字化、智能化的发展趋势，重点提升人工智能、新一代信息技术、先进轨道交通装备、新能源汽车、新材料、生物医药及高性能医疗器械等领域的核心竞争力，筑牢我国现代化产业体系。**四是协调行业均衡发展。**控制工业原料价格上涨过快的趋势，引导形成稳定的价格预期，注意上下游行业利润分化过大导致的投资内生动力不足的问题。

二、强保障，增强内生发展动力

一是加强工业经济发展的要素保障。加强对电力、能源、大宗原材料的供应保障，保持价格稳定。深入落实减税降费等政策，切实减轻企业的负担。鼓励金融机构扩大制造业的中长期贷款规模和信用贷款规模，降低贷款的利率水平，加强对制造业企业特别是中小企业的融资支持。促进跨地区物流畅通，加强对劳动力的职业技能培训，提升就业水平。**二是提升产业链抗风险能力。**充分发挥“链主”企业的领军作用和生态整合作用，带动产业链上下游企业稳产达产、恢复产能。平衡好产业结构优化与产业链安全的关系，鼓励企业培育总部经济，将关键技术和生产附加值高的环节留在本土，形成产业集聚和规模效应，推动产业价值链向微笑曲线两端延伸。**三是强化企业自主创新能力。**聚焦突破关键核心技术、短板领域，降低关键性产业技术的对外依赖度。实现创新成果快速转移转化并推动产业结构转型升级，提高产品的附加值，改善企业的效益。健全产才融合机制，实现产业链与人才链的深度融合，为企业创新提供充足的智力支持。**四是强化工业经济增量培育支撑。**全面推进集群培育、产业强链、创新能力提升、“智改数转”、绿色节能改造工作，加快推进制造业转型升级，抓好项目投产，提升企业的核心竞争力。

三、扩需求，拓展企业市场空间

一是持续扩大有效投资。进一步强化财政投入对产业发展的引导作用，更好地发挥有效投资补短板、调结构的关键性作用。落实好稳经济一揽子政策措施，深入做好稳增长、稳物价的工作，着力保障基本民生，帮扶市场主体纾困解难，增强企业投资的动力。**二是深度释放消费潜力。**加大对消费品市场的监管力度，保障消费安全。助力市场主体复工复产，着力清除消费障碍，建立适应消费升级的多元化供给体系，推动数字化改造，发展新型信息消费。保障居民对未来收入的预期，完善收入分配制度，增强居民的消费能力。**三是稳定外贸外资。**研究储备以制造业为重点的吸引外资投资的政策文件，坚持稳定存量、扩大增量、提升质量多项并重，优化外商投资环境，加大稳外资的力度。充分发挥跨境电商等新业态新模式发展的窗口期，加紧出台配套支持政策，畅通外贸企业订单获取渠道与汇率风险管理能力，积极拓展新兴市场，加快构建国际物流网络，促进国际贸易物流运输降本增效。**四是着力开拓外部市场。**充分发挥双边及多边合作机制对企业“走出去”的引领作用，加快形成一批特色突出、规模较大、外向度较高的市场主体。

四、优环境，激发市场主体活力

一是持续优化工业发展环境。健全工业发展的环境制度体系，不断完善法律法规制度，加强知识产权保护、反垄断、反不正当竞争的执法力量，切实解决市场准入与资本无序扩张的问题。持续深化“放管服”改革，进一步放宽市场准入，继续削减行政审批和许可事项，深入落实公平竞争审查等制度，维护企业的合法权益。**二是减轻中小企业的负担。**加强要素保障，强化科学管理，降低中小企业的经营成本。发挥好商业银行助力建立中小企业发展服务体系的作用，营造良好的融资环境，通过非高耗能企业电费、燃气费减免等政策切实降低中小企业的成本。**三是加快建设全国统一大市场。**推动土地、劳动力、资本、技术和数据等经济要素的自由流动，消除国企和民企、内资企业和外资企业、大平台和小企业等不同类型市场主体在要素配置端的不平等，充分释放市场竞争的活力。

五、提能效，推进产业转型升级

一是加快新一代信息技术向制造业生产领域的渗透扩展。充分利用人工智能、云计算、大数据分析等技术，强化市场价值挖掘与需求分析，并对企业研发、生产、物流等环节实现精细管理，加深数字技术与工业生产的融合程度。**二是提升关键核心技术供给能力。**聚焦高端芯片、工业软件、量子信息、网络通信、集成电路、人工智能、区块链、新材料等战略性前瞻性领域，加大核心技术攻关力度与自主供给能力。**三是强化工业绿色生产技术应用。**加快工业传统行业的技术改造步伐，坚决淘汰落后产能，大力发展低能耗、低排放的工业产业，发展清洁能源，提高新型能源和可再生能源的比重，实现工业领域中节能减排与能源发展的良性互动。**四是推进工业循环经济建设。**完善资源利用模式，推广清洁生产和资源循环利用，实现从原料、中间产物、废物到产品的物质循环，建立产业共生体系，形成产业间资源的循环利用，减少浪费，降低污染，提高资源利用的效率。

（作者：中国信息通信研究院　李泽琳　刘泳呈）

行　业　篇

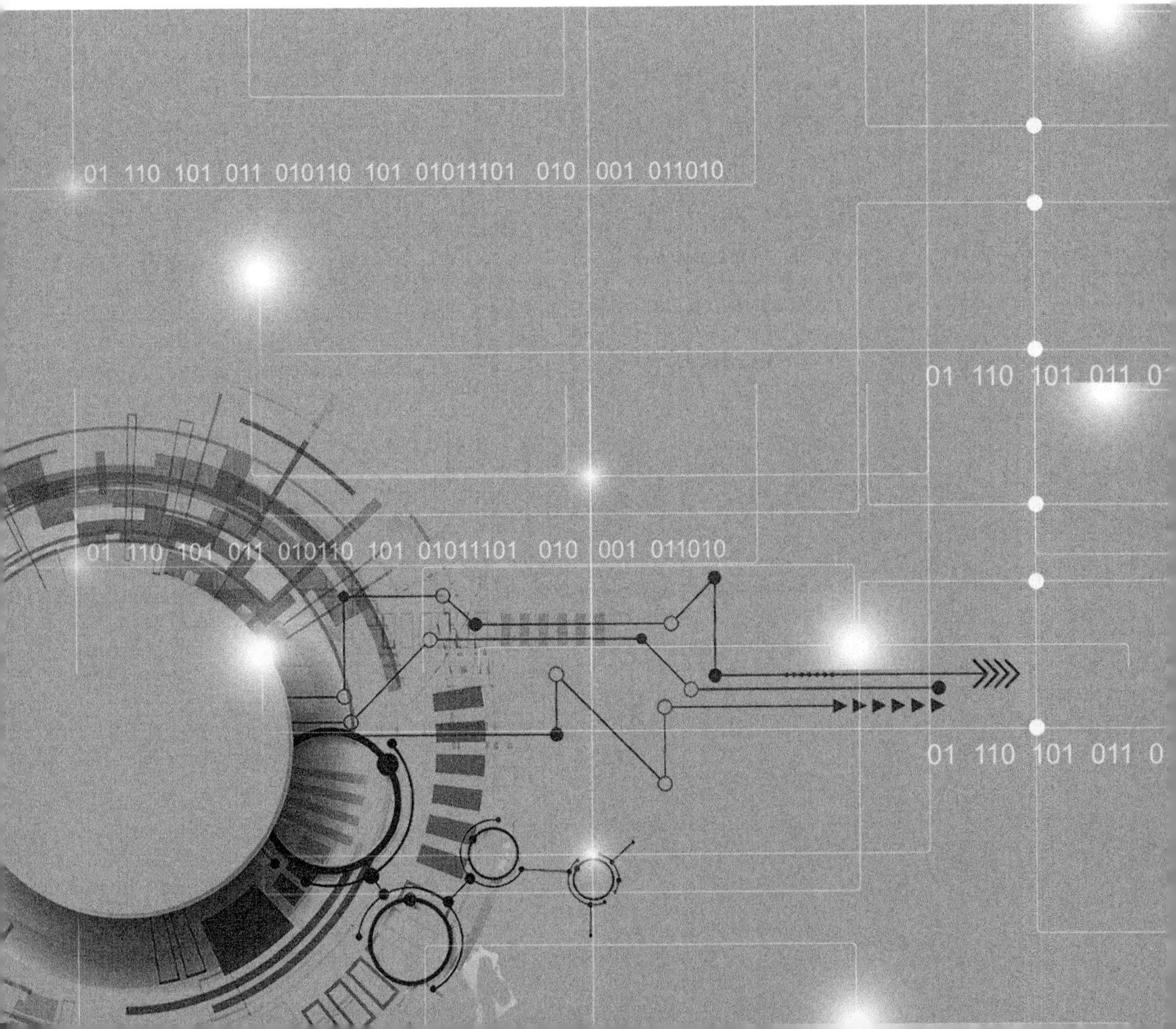
01 110 101 011 010110 101 01011101 010 001 011010
01 110 101 011 0
01 110 101 011 010110 101 01011101 010 001 011010
01 110 101 011 0

第六章　石油和化工行业 2021—2022 年发展回顾与形势展望

石油和化工行业是国民经济重要的支柱产业，经济总量大、产业链条长、产品种类多、关联覆盖广，关乎产业链供应链的安全稳定、绿色低碳发展、民生福祉改善。经过数十年的耕耘发展，我国石油和化工行业规模已跃居世界前列，建立了从油气勘探开发、石油炼制、煤化工、盐化工到农用化工、橡胶化工、医药化工、国防化工，再到化工新材料、精细化工、生物化工、化工装备等涵盖各专业领域、上下游相互衔接、齐全配套的工业体系。"十三五"以来，我国石油和化工行业转型升级成效显著，经济运行质量和效益稳步提升，石化大国地位进一步巩固，正瞄准世界石化强国的目标奋进。

一、党的十九大以来行业发展成就

党的十九大以来，在以习近平同志为核心的党中央坚强领导下，我国石油和化工行业的广大干部职工踔厉奋发、开拓创新，在战略转型和高质量发展的新形势下，克服了重重挑战和困难，创造了令人振奋的发展业绩。据统计，2017—2022 年，我国石油和化工规模以上企业的资产总额由 13.03 万亿元增长到 16.66 万亿元，营业收入由 13.78 万亿元增长到 16.56 万亿元，利润总额由 8462.0 亿元增长到 1.13 万亿元，进出口总额由 5833.7 亿美元增长到 1.05 万亿美元。

这些快速改写的数字背后，反映的是我国石油和化工行业发展方式和质量的深度变化。6 年间，行业发展的深刻变化集中体现在以下 4 个方面。

一是创新能力显著增强。党的十九大以来，我国石油和化工行业的创新能力稳步实现由"跟跑"到"并跑"和"领跑"的显著转变，自主创新能力持续提升。其间，建立了一大批国家级和行业级重大实验室，确立了一大批创新型标杆企业，搭建了大专院校同企业结合的创新平台，加大了企业研发和人才培养的工作力度，在基础研究、应用研究领域，在"产、学、研、用"体制创新方面取得了一大批新成果。161 个项目获得国家科技奖励；46 家企业获得国家级企业技术中心认定，27 家企业获得国家技术创新示范企业认定；新认定行业技术创新示范企业 80 家，新认定行业创新平台 45 家；建成国家级产业创新中心 1 个。新能源研发、深海油气勘探开发、页岩油气开发、老油田稳产高产技术、高端新材料研发、现代煤化工技术和节能环保技术等领域都取得了一系列世界领先的技术创新和突破。我国石油和化工行业的自主创新正在迸发巨大的活力和持久的动力。

二是产业结构明显优化。党的十九大以来，我国石油和化工行业的产业结构持续发生着显著的变化。淘汰落后产能成果持续巩固，战略性新兴产业加快成长，产业结构竞争优势显著增强。2020 年，我国化工新材料的产值规模达到 6500 亿元，比 2015 年增长 1.5 倍，在化学工业中的比重约为 8%。沿海七大炼化一体化基地初具规模，榆林、宁东、鄂尔多斯能源化工基地蓬勃发展，全国 600 多家重点化工园区已成为我国未来化工发展的希望之星，国有企业、民营企业和外资企业已形成中国石油和化工行业发展“三足鼎立”的新格局，一批石油和化工企业跨入世界 500 强行列。产业结构、布局结构、企业结构的优化重组正在谱写我国石油和化工行业高质量发展的崭新篇章。

三是绿色发展深刻转型。党的十九大以来，我国石油和化工行业的发展方式加快由规模速度型增长转变为质量效益型增长，并将绿色低碳发展列入优先地位。危化品企业和沿江化工企业调整搬迁任务取得重大成果，安全环保管理水平显著提升，节能减排工作取得新成效。石油和化工行业已从 4 个方面确立了“双碳”路径：一是把节约能源资源放在首位；二是扎实推进能源结构清洁低碳化革命；三是大力加快产业结构转型升级；四是全力突破二氧化碳资源化利用技术的创新和二氧化碳捕集、利用、封存项目的试点。石油和化工行业完全有能力、有条件在绿色低碳转型发展中走在整个工业部门的前列。

四是经济效率显著提升。党的十九大以来，我国石油和化工行业在复杂多变的经济形势下，6 年间在营业收入增长 20.2%的情况下，利润总额增长了 33.5%，充分说明行业经济效率和发展质量显著提升。进入高质量发展的新时期后，全行业和企业都把总资产回报率、净资产收益率、营业收入利润率和全员劳动生产率等效率指标作为检验行业和企业竞争力的重要指标，强化管理并取得积极成效。

二、2021—2022 年行业发展回顾

2021 年以来，面对地缘政治冲突加剧、大宗商品市场动荡、全球经济复苏艰难等外部复杂局势，面对需求收缩、供给冲击、预期转弱等内在压力，我国石油和化工行业认真贯彻党中央、国务院的各项决策部署，发扬迎难而上、奋力拼搏、主动作为、甘于奉献的行业精神，全力保障能源安全、粮食安全和产业链供应链安全，着力促进行业高质量发展行稳致远。

2022 年，我国石油和化工行业经济运行再创佳绩，全行业生产基本稳定，营业收入和进出口总额再创新高，效益同比略有下降，但总额仍在高位，全年克服诸多挑战并取得了极其不易的经营业绩。尤其是原油产量 6 年来再次达到 2 亿吨，天然气产量实现了连续 6 年年增量百亿立方米以上，为保障我国能源安全做出了重要贡献。

（一）行业增加值增速回落，营业收入创新高

根据国家统计局的数据，2022 年，我国石油和化工行业规模以上企业实现工业增加值增长 1.2%，实现营业收入 16.56 万亿元，创历史新高，利润总额达到 1.13 万亿元，连续两年破万亿元，分别比 2021 年增长 14.4%和下降 2.8%，占全国规模以上工业的比重分别为 12.0%和 13.4%。2022 年，我国石油和化工行业营收利润率达 6.8%，比 2021 年下降了 1.2 个百分点。

（二）主要产品产量平稳增长

1. 油气生产保持稳定增长

根据国家统计局的数据，2022 年国内原油产量 2.05 亿吨，同比增长 2.9%，比 2021 年增速提高 0.5 个百分点；天然气产量 2177.9 亿立方米，增幅 6.4%，增速减缓 1.8 个百分点。

2. 原油加工量及成品油产量保持平稳

2022 年，原油加工量 6.76 亿吨，下降 3.4%，成品油（柴油、汽油、煤油合计）产量 3.65 亿吨，增长 3.2%，增速同比下降 4.7 个百分点。其中，柴油产量 1.91 亿吨，增长 17.9%；汽油产量 1.45 亿吨，下降 5.1%；煤油产量 2949.1 万吨，下降 24.9%。

3. 主要化学品生产放缓

2022 年，主要化学品总产量下降 0.4%，增速比 2021 年下降 6.1 个百分点。全国乙烯产量 2897.5 万吨，下降 1.0%；硫酸产量 9504.6 万吨，下降 0.5%；烧碱产量 3980.5 万吨，增长 1.4%；纯碱产量 2920.2 万吨，增长 0.3%；合成树脂产量 1.14 亿吨，增长 1.5%；合成纤维单（聚合）体产量 7423.1 万吨，下降 6.5%。此外，轮胎外胎产量 8.56 亿条，下降 5.0%；全国化肥总产量（折纯）5471.9 万吨，增长 1.2%；农药原药产量（折 100%）249.7 万吨，下降 1.3%。

（三）外贸进出口保持增长

2022 年，我国石油和化工行业对外贸易持续增长，但增速明显放缓，贸易逆差大幅增加。海关数据显示，2022 年，全行业进出口总额 1.05 万亿美元，增长 21.7%，占全国进出口总额的 16.6%。其中，出口总额 3564.8 亿美元，增幅 20.6%；进口总额 6901.3 亿美元，增长 22.2%。贸易逆差 3336.5 亿美元，扩大 24.0%。从主要出口产品来看，基础化学原料、合成材料、橡胶制品出口增速大幅放缓，化肥出口量和出口额双双下降。2022 年，基础化学原料出口额 1201.0 亿美元，增长 29.6%，增速比 2021 年放缓 19.6 个百分点；合成材料出口额 386.3 亿美元，增幅 15.7%，增速放缓 83.7 个百分点；橡胶制品出口额 611.9 亿美元，增长 5.8%，增速放缓 28.8 个百分点。此外，2022 年成品油出口量 3442.8 万吨，大幅下滑 14.6%；出口额 327.5 亿美元，增长 50.3%。化肥出口量 2474.1 万吨，出口额 114.4 亿美元，分别下降 24.8%和 1.7%。

从主要进口产品来看，2022 年，国内累计进口原油 5.08 亿吨，下降 1.0%；进口天然气 1520.7 亿立方米，下降 10.4%。

（四）市场价格总水平上涨

2022 年，石油和主要化学品市场受外部因素的影响，价格先扬后抑，波动较大。石油和天然气开采业出厂价格上涨35.9%，化学原料和化学品制造业上涨7.7%。

1. 国际油价高位运行

监测数据显示，2022 年，WTI[1]原油均价 94.5 美元/桶，上涨 39.1%；布伦特原油均价 101.2 美元/桶，上涨 43.0%；迪拜原油均价 96.3 美元/桶，上涨 39.1%；

1 WTI：West Texas Intermediate（Crude Oil），美国西德克萨斯轻质原油。

胜利原油均价 100.1 美元/桶，上涨 41.7%。

2. 化工产品价格维持高位

市场监测显示，2022 年，在监测的 48 种主要无机化学原料中，全年市场均价同比上涨的有 41 种，占比 85.4%；在监测的 87 种主要有机化学原料中，同比上涨的有 50 种，占比 57.5%；在监测的 32 种主要合成材料中，全年市场均价同比上涨的有 17 种，占比 53.1%；磷肥、钾肥、复合肥等价格维持在历史高位。2022 年，由于原料、能源价格高企，各类化工产品仍然处于历史高位，但是年末价格已呈收缩状态。

（五）投资保持较快增长

国家统计局数据显示，2022 年，石油和化工行业固定资产投资继续保持较快增长。其中，化学原料和化学制品制造业投资增长 18.8%，增速比 2021 年提高 3.1 个百分点；石油和天然气开采业投资增长 15.5%，增速比 2021 年提高 11.3 个百分点；石油及其他燃料和煤炭加工业投资下降 10.7%。从数据分析来看，石油加工业投资波动较大。2022 年，全国工业投资增长 10.3%，制造业投资增长 9.1%，石油和天然气开采业以及化学原料和化学制品制造业投资增速明显超出全国工业和制造业平均水平。

（六）市场需求持续收缩

2022 年，国内能源消费下降幅度逐月收窄，主要化学品市场消费降幅稍有扩大，市场需求收缩的态势尚没有根本扭转。数据显示，原油、天然气表观消费总量 10.39 亿吨（油当量），下降 0.3%；主要化学品消费增速下降 1.4%。

1. 原油、天然气消费缓中趋稳，成品油消费分化明显

2022 年，国内原油表观消费量 7.11 亿吨，增长 0.2%，对外依存度 71.2%；天然气表观消费量 3639.9 亿立方米，下降 1.3%，对外依存度 40.2%。国内成品油表观消费量 3.34 亿吨，增长 5.1%。其中，柴油表观消费量 1.81 亿吨，增长 24.0%；汽油表观消费量 1.33 亿吨，下降 4.4%；煤油表观消费量 1969.3 万吨，下降 39.0%。

2. 基础化学原料消费小幅下降，合成材料降幅明显

2022 年，基础化学原料表观消费总量下降 0.05%。其中，无机化学原料表

观消费量下降 1.5%，有机化学原料表观消费量增长 2.6%。主要基础化学原料中，乙烯表观消费量 3088.8 万吨，下降 0.8%；硫酸表观消费量 9167.8 万吨，下降 1.5%；烧碱表观消费量 3655.9 万吨，下降 3.3%；纯碱表观消费量 2726.1 万吨，下降 4.7%。2022 年，合成材料表观消费总量约 2.17 亿吨，下降 4.8%。其中，合成树脂表观消费量 1.30 亿吨，下降 1.5%；合成橡胶表观消费量 1361.2 万吨，降幅 2.3%；合成纤维单（聚合）体表观消费总量 7340.9 万吨，下降 10.5%。化肥消费总体保持平稳。2022 年，全国化肥表观消费总量（折纯，下同）5132.9 万吨，增长 10.6%。

三、2023 年行业发展形势展望

2023 年，地缘政治和国际局势变化莫测，复杂性、严峻性、不确定性加大，我国石油和化学工业行业发展将面临更加错综复杂的内外部环境，有利条件和不利因素交织。

一是全球经济衰退风险加剧。2022 年以来，美国 7 次加息引发金融市场剧烈波动。目前，欧美等主要经济体经济已经明显放缓，且呈现长期增长低迷态势。联合国和世界银行将 2023 年全球经济预期增速分别下调 0.3 和 0.2 个百分点，分别调至 1.9%和 1.7%，并称全球经济增长放缓到“接近陷入衰退的程度”。

二是国内市场需求持续收缩。2022 年，油气表观消费总量下降 0.3%，主要化学品表观消费总量下降 1.4%。消费需求的增长和市场向好的信心仍然需要逐步巩固和提升，需求持续收缩仍然是当前行业经济运行面临的重大考验。

三是能源市场不确定性加大。2022 年下半年以来，国际局势、供需、替代能源价格、金融政策等因素相互叠加，原油、天然气、煤炭等能源市场不确定性、复杂性增加，尤其是天然气市场面临的风险和挑战增多。2023 年，全球经济疲软将影响石油需求增速放缓，但在化石能源投资长期不足、美欧对俄实施制裁等因素的推动下，石油供应增长有限。2023 年布伦特原油均价为 80～90 美元/桶，虽低于 2022 年的原油均价，但仍处于较高水平。

2023 年，成本端对化工品价格的影响将减弱，需求有望回暖，但供应仍处于产能投放周期，加之外部环境不乐观，供需矛盾仍然较大。预计需求复苏不足以支撑价格持续上涨，但成本压力的缓解，化工开工率和效益有望边际改善。

根据国内外形势，以及我国石油和化工行业经济运行的趋势和特点，2023年全行业营业收入和进出口总额均将同比增长5%左右，全行业利润总额与2022年持平。

此外，从我国石油和化工行业景气指数来看，2022年从第四季度开始，价格和效益仍在下滑，但已呈现趋稳回升的态势，至2023年1月景气指数继续回升，从偏冷进入正常区间（99.34），显现出良好的回暖态势。考虑到景气指数的先行性，2023年行业总体将回升走稳。

四、当前和下一步行业发展需要关注的重点任务

石油和化工行业肩负保障国家能源安全、粮食安全和基础原材料供应安全的艰巨使命和重大责任。面对短期需求收缩、供应链安全和经济下行的压力，以及中长期结构调整、转型升级、创新引领和绿色发展等艰巨任务，石油和化工行业将承担起更大、更多的责任。

（一）“稳增长”是当前行业经济运行面临的紧迫任务

工业是国民经济的主体，工业稳则经济稳。高质量发展要以经济平稳运行为前提。石油和化工行业作为国民经济的能源和基础原材料产业，面对稳增长的发展任务，全行业必须清醒、准确、全面地认识当前的形势，既要看到目前超预期困难是经济运行的短期冲击，更要对我国经济长远发展充满信心，要牢牢抓住发展窗口期，补足短板，强化弱项，夯实“稳”的基础，为“稳中求进”创造良好的条件。当前，在夯实“稳”的基础方面，全行业要重点抓好以下4项工作。

1. 充分用好政府出台的一揽子助企纾困政策

当前，党中央、国务院及各级政府从供给、需求、政策等方面多措并举，在精准打通产业链供应链的堵点和卡点、挖掘市场需求潜力、强化政策扶持、优化发展环境等方面推出了一揽子政策，打出稳定工业增长的“组合拳”。全行业要充分用好助企纾困政策，既让企业享受降税减费等普惠性支持政策红利，又要结合本地区、本行业、本企业的特色，争取针对性的帮扶政策红利。同时，要及时反映政策实施过程中存在的问题，提出完善政策、推动政策落地的建议，

使支持政策在“稳增长”中发挥最大的作用。

2. 千方百计开拓市场，力争形成一批新的经济增长点

要紧紧抓住当前国家大力支持的汽车、电子电气、轻工纺织等重点产业，全力开发一批面向产业配套、高特性、高质量、绿色环保的创新化学品，全力开发一批面向终端市场、面向改善民生的新型消费化学品，全力开发一批具有新型用途、新型市场的特种化学品，在千方百计开拓市场的过程中，形成一批新的经济增长点。

3. 全面加强管理，确保安全生产，努力提高企业的经济效益

当前，全球石油天然气市场、原材料市场、大宗商品市场都处于价格高位和剧烈波动状态，成本管理将会处于一个艰难的局面。全行业一定要牢固树立“精打细算、严格管理”的观念，向精益管理要效益、向技术改造要效益、向节支降本要效益，严格单耗管理，切实降低成本，努力实现资源利用最大化，力争在原材料价位高企的形势下取得较好的经济效益。与此同时，要严格安全管理，防止发生重大安全事故。保证安全生产是稳住经济基本盘最重要的前提，必须一丝不苟，切实抓紧抓好。

4. 强化产业链供应链合作，全力提高抗风险的能力

石油和化工行业具有产业链长、支链多、耦合性强的特点，技术路线选择、产品品种搭配要及时根据市场需求变化做出调整。石化基地和化工园区要发挥上下游企业聚集的优势，引导企业加强物料互供、能量互用、管网互联和循环互补的合作，提高资源能源的利用效率，降低生产成本。同时，要强化公共服务管理，提供高效化、精细化和个性化的服务，降低服务费用，与企业共渡难关。石油和化工企业要结合产业结构调整和结构优化，建立更加牢固、更加高效、更加安全的产业链供应链，全力提升整体抗风险的能力。

（二）“促转型”是行业面向未来高质量发展的艰巨任务

“十四五”时期，我国宏观经济进入一个全新的发展阶段。高质量发展成为时代的主基调，创新发展成为未来的主旋律，发展方式转变成为新发展阶段的基本特征。全行业要适应这些全新变化，就必须根据新发展阶段的新要求，坚持问题导向，更加准确地贯彻新发展理念，切实解决好发展不平衡、不充分的问题，这就迫切要求加快经济发展方式的转变。要在增长方式上由规模速度型向结构效益型转变，创新方式上由追随型向引领型转变，管理方式上由传统管理型向信息智能型转变。这三大转变，特别是在我国已经居于世界化学工业第一大国地位时，就显得更重要，更加迫切。

目前，我国石油和化工行业在产业结构转型升级、创新能力建设、绿色低碳发展、整体竞争力提升等方面仍存在很多亟待解决的问题，亟须实现以下 4 个方面的新突破。

1. 在产业结构上要实现高端引领的新突破

提高高端制造业和战略性新兴产业的比重和水平，力争在化工新能源、化工新材料、高端精细化学品、现代煤化工、节能环保、生物化工和生命科学产业等高端领域大幅提高自主创新能力，在产业结构的高端力争取得一批世界领先的新突破，使中国石油和化学工业的产业结构具有鲜明特色和领先水平。

2. 在绿色发展上要实现低碳和循环经济的新突破

紧紧抓住“双碳”目标新机遇，全面提升全行业绿色低碳发展的质量和水平，要在绿色低碳发展和循环经济发展上取得世界领先的新突破。同时，还要把行业绿色低碳转型与数字化转型结合起来，推动全行业智能制造体系建设，加速实现以绿色低碳转型和数字化转型为重要特征的行业发展新模式。

3. 在企业竞争力上要实现世界一流企业建设的新突破

在企业发展的实践中，我们深刻认识到，一个国家越靠近世界领先的生产力水平，它的企业中接近世界技术前沿的比例就越高，产品的市场竞争就越激烈，对生产力的促进效果就越显著。一个国家越发达，生产力的提升就越依赖前沿创新。“十四五”期间，要加快培育一批具有国际竞争力的行业领军企业，培育一批“专精特新”的中小企业，培育一批产业优势明显的重点化工园区。

4. 在经济效率上要实现全球对标水平的新突破

“十四五”期间，要细化同行业的对标工作，重点抓住营业收入利润率、全员劳动生产率、净资产收益率和经济增加值这些能够全面衡量企业真正盈利和企业创造能力的指标，全面开创全行业经营效益和经济效率的新局面，用生产效率和经济效益全面展示全行业高质量发展的成效，检阅全行业向强国跨越的水平。

创新是引领发展的第一动力，也是高质量发展的主要特征。抓创新就是抓发展，谋创新就是谋未来。在由石化大国向石化强国跨越的进程中，我们必须把创新作为引领发展的第一动力，培养面向未来的创新能力和竞争优势，推动以科技创新为核心的全面创新，加速发展模式的转变，为石化强国的实现奠定坚实的基础。

（三）未来全行业战略转型的主要任务

“稳增长”和“促转型”两场硬仗紧密相连，休戚相关。“稳增长”关系当下，“促转型”关乎未来，这两场硬仗的关键核心就是创新引领。未来十年，是我国石油和化工行业由大到强的关键十年，也是实现石化强国目标的决胜十年。全行业必须紧紧抓住这宝贵的十年，全力做好创新发展这篇大文章，从根本上改变过去“规模速度型”“追随模仿型”和“传统管理型”的旧发展模式，通过全面加强自主研发，提升原始创新，集成创新能力，提高创新对经济增长的贡献，开创创新引领发展的新局面。

1. 创新引领要成为行业未来增长的主要支柱

在传统产业基本成熟、发展空间日趋饱和的形势下，未来的增长点将集中在供应缺口突出的化工新能源、化工新材料、高端专用化学品、现代煤化工和生命健康产品等领域，这部分缺口主要是由技术瓶颈造成的，是供给侧结构性改革的重点。要重点解决产业链供应链掣肘的瓶颈，必须大力推进科技创新，通过技术创新解决化工新能源、化工新材料、现代煤化工、高端精细化学品和生命健康产品的“短板”，在创新中开发新的增长点，培育行业未来增长的新支柱。企业要针对产业技术“短板”布局创新方向，有实力的企业更要用全球化的视野和长远的眼光推进前瞻性、战略性谋划，布局面向未来的企业创新战略。

2. 有效投资要成为行业未来增长和结构优化的重要方式

投资是拉动经济增长的“三驾马车”之一，无论在任何形势下，有效投资都是拉动经济的重要手段。在当前宏观经济复苏的关键时刻，在行业高质量发展的重要关口，各省（自治区、直辖市）都在宏观政策的指导下，投资建设了一批有技术含量、有市场需求、有投资规模的基建项目。这批项目包括油气勘探开发、石油化工、化工新材料、精细化工、现代煤化工及安全环保项目等，投资合计达 1.9 万亿元。这批项目的建设对于全行业未来结构调整、技术升级、布局优化及技术创新都将产生重大的影响。在新发展阶段，全行业一定要把“绿地投资”和兼并重组结合起来，把有效投资和防止低水平重复建设结合起来，把开工项目和竣工项目衔接起来，使存量资产和增量资产的高效结合成为推动全行业高质量发展的重要方式。

3. 绿色发展要成为行业未来增长的主流方向

绿色低碳发展既是行业发展的外部动力，也是自身可持续发展的内在要求。石油和化工行业是能源消耗、二氧化碳和污染物排放的大户，绿色低碳发展的任务很艰巨。尽管过去数年来，石油和化工行业在节能减排、绿色发展方面开展了大量的工作，但是与发达国家先进水平的差距仍然较大。随着石化行业“双碳”实施路径的提出和相关政策措施的出台，“双碳”将会为行业发展带来一场新的绿色低碳革命。石油和化工企业必须主动顺应这种新形势、新要求，把绿色低碳发展作为行业未来增长的主流方向，加强绿色低碳技术创新，提升二氧化碳捕集、储存及生产高端化学品的创新能力和技术水平。

4. 包容性发展要成为行业未来增长的新格局

公平、开放的市场规则是保障市场经济体制良性运行、提高经济发展质量的关键。要紧紧抓住构建国内国际“双循环”的重大机遇，进一步改善行业营商环境，在更加开放透明的市场规则下，充分激发各种市场主体的活力和创新能力。要建立国有企业容错试错机制，激发国有企业更大的活力；要大力支持民营企业的发展，公平市场准入，规范企业运营，加快民营企业的发展；优化外商投资环境，提高政策的稳定性和连续性，保障其合法经营权益。通过市场准入的公平开放，保障各类市场主体在发展中机会平等，使行业资源配置的效率进一步增强，形成国有、民营、外资企业有序竞争、合作共赢的新发展格局。

5. 生产效率将会成为衡量行业未来增长的主要标尺

企业的竞争本质上是效率和成本的竞争，而生产效率的高低又直接影响到成本。在激烈的市场竞争环境下，生产效率的高低对企业市场竞争优势的获取具有关键性的作用。随着产业走向成熟、市场开放程度加大，市场竞争环境日趋完善，企业效率将会成为衡量企业竞争能力的主要标尺，也是行业未来提高增长水平的努力方向。要高度重视企业生产效率的提升，充分利用新一代信息技术推进数字化、智能化改造，充分挖掘企业生产效率的增长潜力，通过效率提升实现行业的高质量发展。

（作者：中国石油和化学工业联合会

范　敏　贺　静　李海洋　赵国伟　高璟卉）

第七章　钢铁行业 2021—2022 年发展回顾与形势展望

一、党的十九大以来行业发展成就

面对复杂严峻的环境形势和繁重艰巨的使命任务，以习近平同志为核心的党中央高瞻远瞩、审时度势，提出创新、协调、绿色、开放、共享的新发展理念，带领全国人民完成了脱贫攻坚、全面建成小康社会的历史任务，实现了第一个百年奋斗目标，顺利开启了全面建设社会主义现代化国家新征程。党的十九大以来，我国经济进入高质量发展阶段。钢铁行业紧跟时代步伐，以推进供给侧结构性改革为主线，持续推进转型升级，并取得了巨大成就。

（一）大力推进组织结构调整，产业集中度明显提高

党的十九大以来，钢铁行业坚决贯彻党中央、国务院的决策部署，凝聚行业共识，加大推进组织结构调整的力度，在战略性重组和市场化重组方面取得了重大的进展。

中国宝武自 2016 年重组成立以来，先后联合重组马钢集团、太钢集团，实质性控制重钢股份，受托管理中钢集团、昆钢公司、重钢集团，还分别与山东省和江西省政府签订了重组山钢集团和新钢集团的协议（2022 年 10 月 19 日，江西国控将新钢集团51%的股权划转至中国宝武，千万吨级的新钢集团正式被纳入中国宝武）；中国宝武旗下的八一钢铁分别完成对铸管新疆和伊犁钢厂的股权收购。2021 年，中国宝武钢产量达到 1.19 亿吨，蝉联全球第一；营业收入从 2017 年的 3096 亿元提升到近万亿元，利润总额激增至 602.24 亿元。

鞍钢集团 2021 年正式重组本钢，年产钢能力达到 6300 万吨，营业收入达到 3000 亿元，位居国内第二、世界第三。此外，鞍钢集团正在推进与凌钢集团重组的事项，重组成功后，鞍钢的年产钢能力将达到 6900 万吨。

沙钢集团 2017 年成功重组东北特钢集团，年产钢能力达到 4000 万吨。2022 年 10 月 14 日，沙钢与复星集团签订框架协议，沙钢有意向卖方收购南京南钢钢铁联合有限公司 60%的股权，本次交易完成后，南钢股份将成为沙钢集团旗

下的企业，沙钢集团年产钢能力将超过 5500 万吨。

中信特钢 2017 年与青岛特钢实现战略重组，2018 年收购华菱锡钢，2019 年收购浙江格洛斯无缝钢管公司并实现整体上市。2021 年成功收购天津钢管并全面负责其生产经营管理，形成年超 1400 万吨的钢铁产能，成为全球规模最大、品类最全的专业化特钢生产企业。

建龙集团 2017—2018 年先后对北满特钢、西林钢铁、阿城钢铁进行重组整合，成为黑龙江唯一的钢铁企业；2015 年重整海鑫集团，组建山西建龙；2019 年取得包钢万腾的控股权，同年并购申银特钢组建宁夏建龙龙祥钢铁；2020 年托管经营文水海威钢铁，成立吕梁建龙。2021 年，建龙集团的钢产量达到 3671 万吨，跻身中国钢企前 5 强。

德龙集团 2019 年重组天津渤海钢铁集团，组建新天钢集团，年产钢能力合计 3000 万吨，跻身中国钢企前 10 位。

方大钢铁集团 2012 年入主萍钢股份，2020 年重组达州钢铁，年产钢能力达到 2000 万吨。

2021 年 1 月 28 日，由陕钢集团等 6 家单位联合组建，包含 9 家钢铁生产企业，钢铁产能超过 6000 万吨的西北联合钢铁有限公司在西咸新区注册成立，建立了区域内钢企新型竞合关系。

兼并重组助力优势企业快速做大做强，使钢铁产业集中度显著提升。我国前 10 家钢铁企业钢产量占全国比重已由 2015 年的 35.3%提升到 2021 年的 41.5%。同时，宝钢湛江、山钢日照、柳钢防城港、河钢新唐钢、丰南纵横等一批精品基地先后建成投产，一批涉及产能转移至沿海的项目加紧建设，促进了产业布局合理化。

（二）加大科技创新力度，高端精品助力下游行业发展

党的十九大以来，习近平总书记先后到宝武太钢、宝武马钢视察，勉励广大职工在科技创新上再接再厉、勇攀高峰，在支撑先进制造业发展方面迈出更大的步伐；希望钢铁企业加强新材料、新技术的研发，开发生产更多技术含量高、附加值高的新产品，增强市场竞争力。在党和国家的引领和支持下，中国钢铁工业协会会员企业（以下简称会员企业）将创新作为引领发展的第一动力，持续增加科技研发投入，科技投入由 2017 年的 240 多亿元提升到 2021 年的 1100

亿元以上；会员企业设立 260 家研发机构，拥有研发人员 4.97 万人，形成较为完整的“产、学、研、用”创新体系，推动科技创新全面进步。

以智能制造推动产业模式转变。2016 年以来，国家有关部委多次发文推进传统制造业智能转型，中国钢铁工业协会将智能制造作为中国钢铁工业高质量发展的两大主题之一，动员会员企业全力推进。在国家的指导和支持下，钢铁企业加速布局智能制造，工业机器人、无人行车、无人机车、无人仓库、无人巡检、无人检测、工业互联网等智能制造技术得到应用，大规模小批量定制化水平逐步提升，通过智能制造进行企业间的横向集成及企业内部的纵向集成，已实现智能化的研究、服务、采购和销售。2021 年钢铁行业“两化”融合率达 59.9%，其中，关键工序数控化率达 67.3%，生产设备数字化率达到 50.9%。信息化、数字化有力推动钢铁行业的转型升级，目前有 7 家企业 9 个项目成为智能制造试点示范项目。

以高端产品支撑下游行业发展。我国 22 大类钢铁产品中有 19 类自给率超过 100%，其他 3 类超过 98.8%。我国生产的汽车用钢、大型变压器用电工钢、高性能长输管线用钢、高速钢轨、建筑桥梁用钢等钢铁产品已稳步进入国际第一梯队。时速 350 千米高速动车组轮轴及转向架材料顺利完成运行考核，超薄不锈钢精密带、高强热成型汽车板、新能源汽车电机用高性能硅钢等产品研发生产国际领先。一批超高强度钢、不锈钢及高温合金研发成功。中国宝武、鞍钢、中信特钢、东北特钢等为国产航母山东舰、神舟系列宇宙飞船、嫦娥探月工程、天宫系列空间实验室及长征系列运载火箭等“大国重器”提供了大量的关键材料。

（三）坚持对外开放，国际产能合作取得长足进步

党的十九大以来，钢铁企业积极响应国家“一带一路”倡议，加大对外开放力度，推进国际产能合作，并取得了丰硕的成果。

河钢按照“全球拥有资源、全球拥有市场、全球拥有客户”的战略定位，在“一带一路”沿线国家和地区重点实施了河钢南非矿业、河钢塞钢、河钢德高三大战略性支撑项目，搭建了矿产资源、钢铁制造、国际贸易三大核心业务平台，形成了全产业链、全球化布局的发展格局。

2017 年，广西盛隆在马来西亚的马中关丹产业园建成了年产 350 万吨联合

钢铁厂。这是我国在国外投资建设的第一个现代化全流程综合型钢铁厂，是马来西亚最大的钢铁厂。2018 年 6 月，山西建龙成功收购马来西亚东钢，当年年底使这个停产两年多的钢铁企业实现盈利。2020 年，敬业集团成功竞购英国第二大钢铁企业——英国钢铁公司，向世界钢铁业展示了中国钢铁企业的竞争力。德龙钢铁致力于国际化经营，在印尼建设的德信工厂一期单线已于 2020 年 3 月投产，一期扩建项目于 2020 年 10 月破土动工，德信一期项目将形成年产 600 万吨钢的长流程钢铁联合企业。

党的十九大以来，中国钢铁企业通过海外收购和建设已形成 2000 万吨钢铁产能。中国钢铁装备制造与冶建建设企业为海外投资钢厂提供了保障，实现了中国钢铁科技进步成果与世界共享。

（四）坚持绿色低碳发展，有力推进生态文明建设

钢铁企业在绿色低碳发展方面展现新作为、取得新成就。

1. 治理与管理并重，提升节能环保水平

钢铁企业围绕焦化、烧结（球团）、炼铁、炼钢、轧钢五大重点工序，实施烟气治理、余热循环利用、废水回收利用、固废综合利用等节能环保项目，推进全过程清洁生产。同时，坚持有组织与无组织排放“两手抓”，运用现代化智能手段和环保强化源头、过程、末端协同控制，深入推进无组织排放精细化管控与治理，努力提高节能环保设施的运行效率，促进了节能环保绩效的持续提高，为打好污染防治攻坚战和蓝天保卫战做出了积极贡献。2017—2021 年，重点钢铁企业吨钢二氧化硫、烟尘和工业粉尘排放量分别下降 43.02%、44.94% 和 32.58%；重点钢铁企业的平均吨钢综合能耗已由 567.35 千克标准煤降至 550.43 千克标准煤，下降了 2.98%；吨钢耗新水从 2017 年的 2.90 立方米/吨降到 2021 年的 2.44 立方米/吨，降幅 15.86%；水重复利用率从 2017 年的 97.85% 提高到 2021 年的 98.07%。

2. 实施超低排放改造，进一步挖掘治污潜力

2019 年，《关于推进实施钢铁行业超低排放的意见》印发后，钢铁企业瞄准世界钢铁史上最严的环保要求，开始实施标准最高、规模最大的超低排放改造。截至 2022 年 6 月底，已有 26 家企业完成全过程超低排放监测评估并在中国钢铁工业协会网站公示，20 家企业完成部分超低排放监测评估公示，另有 50 余家

企业正在进行材料审核及现场复核工作。

3. 探索低碳发展路径，推进冶金用能变革

2020 年，“双碳”目标确定后，中国钢铁工业协会于 2021 年年初向全行业发出推进钢铁行业低碳行动倡议书，组建了钢铁行业低碳工作推进委员会，于 2022 年 5 月建立了钢铁行业环境产品声明（EPD）平台，协调推进低碳工作。中国宝武发起成立全球低碳冶金创新联盟，集聚世界 15 个国家的 62 家企业、高等院校、科研机构共同探索行业绿色发展新路径。中国宝武、河钢集团、包钢集团、中信特钢等企业重点围绕氢冶金新工艺技术进行探索。重点企业加强突破性低碳共性技术攻关，现已初步形成了氢基竖炉直接还原炼铁技术、氢基流化床直接还原炼铁技术、高炉富氢冶炼技术和富氢熔融还原炼铁技术四大技术路径。推进氢冶金技术工业化应用，中国宝武已开发富氢碳循环高炉、氢基竖炉，河钢张宣科技率先启动全球首例 120 万吨氢冶金示范项目，鞍钢氢冶金项目也已开工，这些探索将成为引发“以氢代碳”燎原之势的星星之火。

4. 建设花园式工厂，改善钢铁企业形象

钢铁企业在清洁生产的基础上持续推进厂区绿化美化，一大批花园式工厂建成，众多企业被评为 3A、4A 级景区，“厂区变景区，工厂变公园”成为现实。

（五）履行社会责任，为建设和谐社会贡献钢铁力量

党的十九大以来，钢铁工业积极履行社会责任，助力脱贫攻坚战取得全面胜利，为社会和谐稳定贡献了钢铁力量。

钢铁企业坚定扛起脱贫攻坚的政治责任，统筹运用科技扶贫、项目扶贫、产业扶贫等多种手段，攻克了一个又一个贫中之贫、坚中之坚，圆满完成了各自承担的脱贫攻坚的目标任务。

钢铁企业十分注重企业与员工的共同进步。钢铁行业实物劳动生产率年均增长超过 7%，2021 年纳入统计范围的会员企业主业在岗人员人均年产钢达到 850 吨；我国钢铁企业 2020 年人均工资高于 2019 年社会平均工资水平，高于 2019 年人均社会平均工资系数，增速超过社会平均工资增速，实现了共创、共享、和谐发展，进一步增强了广大职工不断推进钢铁工业高质量发展的积极性和主动性，推动钢铁行业在实现中国式现代化的伟大进程中不断取得新成就。

二、2022 年钢铁行业发展回顾

（一）供需基本均衡，行业总体运行平稳

钢铁行业坚决贯彻党中央、国务院“稳字当头、稳中求进”的总体部署，坚持“市场判断要理性、具体措施要现实、整体应对要积极”的应对方针，狠抓降本增效，严控经营风险，努力保持市场供需动态平衡，实现了行业运行总体平稳。

1. 钢产量下降，集中度提升

2022 年，全国生产铁 86382.8 万吨，比 2021 年下降 0.8%；生产钢 101795.9 万吨，比 2021 年下降 1.7%；生产材（含重复材）134033.5 万吨，比 2021 年增长 0.3%。

2022 年，全国生产焦炭 47344 万吨，比 2021 年增长 1.3%；生产铁矿石原矿 96787 万吨，比 2021 年下降 1.0%；生产铁合金 3410 万吨，比 2021 年下降 3.4%。2022 年，会员企业生产铁、钢和材分别为 7.29 亿吨（同比增长 0.03%）、8.15 亿吨（同比下降 2.07%）和 8.02 亿吨（同比下降 0.50%）。

从各品种产量同比增减量情况来看，2022 年，钢筋和线材两个品种合计减产 3354 万吨（降幅为 8.1%），减产量占钢材减产总量的 310.3%。钢筋、线材和棒材 3 个品种合计同比减少 3840 万吨（降幅为 7.6%），减产量占钢材减产总量的 355%。2022 年产量累计实现增产的品种前 5 位的分别为热轧薄宽钢带、中厚宽钢带、中小型型钢、镀层板（带）和大型型钢，这 5 个品种合计增产 2750 万吨，增幅为 6.6%。

从各省（自治区、直辖市）的情况来看，2022 年，河北、山西、江苏 3 省合计生产粗钢 3.9 亿吨，占全国粗钢产量的 38.7%。这 3 个省的粗钢产量合计同比减少 1933.9 万吨，粗钢产量减产量占全国粗钢产量减产总量的 89.0%，其中河北省粗钢减产量就占了全国减产总量的 67.3%。

钢铁企业联合重组取得新进展，宝武与新余钢铁实现联合重组，进一步促进了钢铁产业集中度的提升。通过兼并重组，钢铁行业资源得到整合，产业集中度进一步提高。2022 年粗钢产量排名前 10 位的钢铁企业分别是中国宝武、鞍钢集团、沙钢集团、河钢集团、建龙集团、首钢集团、山钢集团、华菱集团、德龙集团和方大钢铁。钢产量排名前 10 位的企业合计产量为 4.34 亿吨，占全国钢产量的 42.8%，比 2021 年提升 1.36 个百分点；排名前 20 位的企业合计产量为 5.72 亿吨，占全国钢产量的 56.5%，比 2021 年提升 1.59 个百分点。

2. 企业库存处在高位，社会库存处在合理区间

2021年12月下旬,21个城市五大品种钢材社会库存合计752万吨,比2020年同期减少32万吨，降幅为4.6%。五大品种社会库存下降到2020年以来最低水平。

2022年12月下旬，重点统计钢铁企业钢材库存量1305.66万吨，比2021年同期增加175.97万吨（增幅为15.58%）。与往年相比处于相对高位，钢材企业库存上升到2020年以来的同期最高值，市场需求不及预期，企业库存压力加大。

3. 供给主动适应需求的下滑，供需基本均衡

2022年，累计折合粗钢表观消费量9.60亿吨，同比减少3411万吨（降幅为3.4%）。日均粗钢表观消费量262.8万吨，同比下降3.3%。同期粗钢产量10.35亿吨，同比下降1.7%。日均生产粗钢277.53万吨，同比增长0.5%。从下游行业情况来看，房地产行业各项指标持续下降，机械、汽车行业总体保持增长但增幅较小，船舶行业三大造船指标一升两降，主要用钢行业钢材消费强度下降。钢铁企业为适应市场变化主动调整生产节奏、优化品种结构，在实现供需平衡方面做出了努力，实现了供需基本平衡。

4. 中国钢产量下降，占世界比重上升

从全球来看，2021年世界粗钢产量约为18.76亿吨，同比下降4.2%，其中中国内地粗钢产量占世界粗钢产量的比重为55.98%,比2020年上升1.85个百分点。中国粗钢产量占比上升的主要原因是中国粗钢产量降幅低于世界粗钢产量降幅。

2022年，排名前10位产钢国家与2021年变化不大，德国粗钢产量超过土耳其，列第7位。2020—2022年全球钢产量前10位国家见表7-1。

表 7-1　2020—2022 年全球钢产量前 10 位国家

年份＼排名	1	2	3	4	5	6	7	8	9	10
2020	中国 1064.8	印度 100.3	日本 83.2	美国 72.7	俄罗斯 71.6	韩国 67.1	土耳其 35.8	德国 35.7	巴西 31.0	伊朗 29.0
2021	中国 1035.2	印度 118.2	日本 96.3	美国 85.8	俄罗斯 75.6	韩国 70.4	土耳其 40.4	德国 40.1	巴西 36.2	伊朗 28.5
2022	中国 1018.0	印度 124.7	日本 89.2	美国 80.7	俄罗斯 71.5	韩国 65.9	德国 36.8	土耳其 35.1	巴西 34.0	伊朗 30.6

数据来源：国家统计局、世界钢铁协会。

注：1. 表中中国为中国内地。

2. 2022 年俄罗斯粗钢产量数据为预估值。

3. 表中单位为百万吨。

（二）钢材出口同比略有增长，进口降幅明显

2022 年，我国累计出口钢材 6732 万吨，同比增长 0.9%。2022 年钢材出口同比略有增长，从各月出口情况来看，1～4 月各月出口量均少于 2021 年同期。5～12 月，除 9 月外的月出口量不仅高于 2021 年同期，且达到 2019 年同期最高水平。总体来看，2022 年钢材出口经历了 4 个阶段：第一阶段是 1～4 月，该阶段的特点是钢材当月出口量波动上升，并逐步达到当年单月出口的最高水平；第二阶段是6～9月，该阶段的特点是钢材当月出口量逐月下降，9 月达到年内最低值；第三阶段是10～12月，该阶段的特点是钢材当月出口量有所回升；第四阶段是 6～12 月，钢材出口逐步回归至正常水平。

2022 年，我国累计进口钢材 1057 万吨，同比下降 25.9%，为 1993 年以来钢材进口的最低水平；累计进口钢坯约 637 万吨，同比下降 53.5%；累计进口铁矿砂及精矿 110686 万吨，同比下降 1.5%。

2022 年，我国钢材折合钢净出口量约 5283 万吨，明显超过 2020 年（1643 万吨）、2021 年（4045 万吨）净出口量，已恢复至 2019 年的水平。

钢材进出口价格方面，各月出口均价在每吨 1300～1600 美元波动，进口均价在每吨 1400～1700 美元波动。2022 年 2 月起，钢材进口均价超过出口均价，进出口均价价差波动扩大，由每吨相差 110 美元最高上涨到 429 美元。受国际市场价格较高拉动，我国钢材进出口价格均同比上涨。全年累计出口平均价格 1434 美元/吨，同比上涨 17.2%；累计进口钢材平均价格为 1617 美元/吨，同比上涨 23.2%。

（三）钢材价格年内先升后降，整体高于上年

2022 年 12 月末，中国钢材价格指数（CSPI）为 113.25 点，比 2021 年同期下降 18.45 点。其中，CSPI 长材指数为 118.67 点，比 2021 年同期下降 18.60 点；CSPI 板材指数为 112.91 点，比 2021 年同期下降 15.86 点。

2022 年，CSPI 钢材综合指数平均值为 123.36 点，比 2021 年下降 19.48 点。

从近 5 年综合指数平均值来看，2022 年综合指数在 5 年内排名第二位。从 CSPI 综合指数各月情况来看，自 2022 年 4 月起，综合指数当月均值均低于 2021 年同月，二者差距在 9 月达到最大值；10～12 月，2022 年各月综合指数与 2021 年同期差距逐步缩小。从全年变化情况来看，CSPI 钢材综合指数在 1～7 月总体呈波动下降态势，8 月综合指数略有回升，9～11 月综合指数继续下降至年内最低值，12 月再次回升至 9 月水平。2022 年，CSPI 钢材综合指数变化与钢材供需变化及主要原燃料成本的变化有关。

2022 年，八大钢材品种平均价格比 2021 年均有不同程度的下降。其中，高线 4593 元/吨（同比下降 12.2%）、螺纹钢 4336 元/吨（同比下降 12.0%）、角钢 4685 元/吨（同比下降 11.5%）、中厚板 4595 元/吨（同比下降 13.6%）、热轧卷板 4521 元/吨（同比下降 15.4%）、冷轧薄板 5040 元/吨（同比下降 16.9%）、镀锌板 5380 元/吨（同比下降 15.0%）、热轧无缝管 5652 元/吨（同比下降 6.7%）。均价降幅最明显的钢材品种为冷轧薄板。

（四）进口铁矿石量价双降，燃料成本明显上升

受全球通胀压力上升、国际大宗商品价格波动加剧影响，钢铁生产用燃料价格快速上涨。2022年，钢铁生产所需的原燃料采购价格有升有降，国产铁矿石及进口铁矿石采购成本比 2021 年有较大幅度的下降，主要燃料采购价格有不同程度的上涨，涨幅在 2%～25%。其中，国产铁精矿 823 元/吨，同比下降 26.06%；进口粉矿 841 元/吨，同比下降 24.16%；炼焦煤 2374 元/吨，同比上涨24.91%；冶金焦 2925 元/吨，同比上涨 2.19%；喷吹煤 1676 元/吨，上涨 24.31%；动力煤 1103 元/吨，上涨 6.21%；废钢 3089 元/吨，同比下降 4.67%。长流程企业炼铁成本中首次出现煤焦成本高于矿石成本的情况，对钢铁企业降本增效形成较大的压力。

从铁矿石供应情况来看，全年国内累计生产铁矿石 9.68 亿吨，同比下降 1.0%。累计进口铁矿石 11.07 亿吨，同比下降 1.5%；进口额 1281 亿美元，同比下降 29.7%；累计进口均价 115.7 美元/吨，同比下降 28.6%。

2022 年年底，进口铁矿石港口库存为 1.32 亿吨，同比下降 15.62%，与年内最高值相比下降 17.00%。

（五）铁矿投资大幅增长，行业投资结构持续优化

2022年1～12月，黑色金属冶炼和压延加工业投资累计同比下降0.10%，2021年同期同比增长14.6%；制造业投资增速同比增长9.1%，低于制造业投资平均增速9.2个百分点。

黑色金属矿采选业固定资产投资累计完成额同比增长33.3%，增速比2021年同期提高6.4个百分点。黑色金属矿采选业固定资产投资累计同比增速分别超过全国固定资产投资和制造业投资平均增速28.2个百分点和24.2个百分点。

民间投资中，2022年1～12月，投向黑色金属冶炼和压延加工业固定资产投资累计同比下降0.2%，2021年同期为同比增长22.2%；投向黑色金属矿采选业固定资产投资累计完成额同比增长27.9%（低于行业平均增速5.4个百分点），增速比2021年同期提高6.0个百分点。

2022年，黑色冶炼业投资增速最终下降到负增长区间，而黑色金属矿采选业投资则呈同比两位数增长态势。从民间投资增速情况来看，铁矿投资的积极性显然更高。中国钢铁协会重点统计会员企业完成固定资产投资额1273.62亿元，同比略有下降。从投资结构来看，新建产能投资为146.82亿元，同比下降29.05%，占比11.5%；节能、环保类投资371.44亿元，同比增长11.95%，占比29.2%；改进工艺、提高产品质量、增加新产品类投资397.35亿元，同比增长13.96%，占比31.2%。钢铁行业固定资产投资结构继续优化。

（六）效益明显下滑，资产状况保持良好

2022年，会员企业营业收入65875亿元，同比下降6.35%；营业成本61578亿元，同比下降1.94%，成本降幅低于收入降幅4.41个百分点；实现利润总额982亿元，同比下降72.27%；销售利润率为1.49%，同比下降3.54个百分点。从各月的效益来看，2022年1～6月，会员企业各月利润均在100亿元以上；2022年7～9月，行业出现月度亏损，但钢铁企业及时应对，亏损额逐月收窄；2022年10～11月，行业实现月度盈利；2022年12月，受煤焦及矿石价格上涨等因素影响，以及部分企业资产重组、处理历史遗留问题、计提减值等因素影响，会员企业营业收入再度出现月度亏损。

2022年，钢铁行业整体资产状况处在合理区间。其中，重点统计企业年末

资产负债率为61.73%，比2021年上升0.53个百分点；所有者权益同比上升 1.60%；存货占用资金同比下降 5.89%，其中产成品资金占用同比下降 5.08%；银行借款同比增长 5.80%，其中短期借款同比下降 10.80%，长期贷款同比上升 24.00%，企业资本结构持续改善。应收账款与应付账款总额基本稳定。

2022 年，费用累计同比下降 5.40%，其中销售费用同比下降 9.69%，管理费用同比下降 14.47%，财务费用同比下降 3.06%，研发费用同比增长 5.38%。虽然钢铁行业经济效益同比大幅下降，但钢铁企业研发费用依然保持稳定上升态势，占营业收入的比重提高至 1.82%。

由于 2022 年市场环境的变化，钢铁行业效益比 2021 年出现较大幅度的下滑，但资产状况持续改善，贷款结构不断优化，负债率处在合理区间。钢铁行业在市场环境出现新变化的情况下仍能取得上述成绩，主要原因是钢铁行业深入贯彻落实供给侧结构性改革各项措施，通过多年来的持续盈利，并采取及时偿还银行贷款、增加长期贷款等方式，使资产状况、债务结构等得到大幅改善，为应对市场变化奠定了坚实的财务基础。

（七）减污降碳，向绿而行

各项环保指标继续改善，单位能耗指标略有增加。随着超低排放工程的持续推进，重点统计会员企业不断加大环保投入，各项环保指标持续改善。由于钢铁需求下降、整体产能利用率有所降低，吨钢综合能耗同比略有增长。

低碳发展各项部署逐步展开。从行业层面来看，2022 年，钢铁行业向社会发布了《钢铁行业碳中和愿景和低碳技术路线图》，明确了中国钢铁“双碳”目标和技术实现路径。中国钢铁工业协会低碳工作推进委员会组织力量向国家有关部门提出钢铁行业需要国家重视和支持的、需要行业集中研究的 8 个低碳技术方向。从企业层面来看，部分企业已协同主要研究机构和技术供应商部署并启动了若干大规模的研究开发和工程实践活动。其中，中国宝武、中国钢铁工业协会、世界钢铁协会在上海共同举办了以“重塑钢铁行业在人类可持续发展进程中的关键地位”为主题的全球低碳冶金创新论坛，这对促进钢铁业低碳发展的国际合作、形成合作共识具有积极的作用。

我国钢铁行业 EPD 平台正式上线运行，正式发布 EPD 报告电子标签。截至 2022 年年底，完成宝武、首钢、沙钢、包钢、酒钢等近 10 家企业 35 份

EPD 报告发布，并发布了 6 份铁矿石 EPD 报告。我国钢铁行业已将全生命周期碳足迹评价从理念落实到行动中，接下来将与上下游产业对接，在相互对接的过程中不断完善标准和认证体系，并积极推动标准体系和认证体系的国际互认。

超低排放持续推进，环保意识和环境管理水平大幅提升。钢铁企业焦炉、烧结等烟气脱硫、脱硝、除尘成为标配；料厂、料堆、料仓及物料转运等颗粒物逸散点普遍得到密闭密封；清洁运输改造和铁路专用线建设加速，大气污染防治重点区域轧钢用的煤气发生炉普遍被天然气替代，焦炉和高炉煤气精脱硫等新技术研发持续加速，钢铁企业环保意识和环境管理水平大幅提升，面貌大为改观。

钢铁行业极致能效工程正式启动。2022 年年末，中国钢铁工业协会在国家有关部门的大力支持下，筹划并启动了钢铁行业极致能效工程，形成《钢铁行业能效标杆三年行动方案》，遴选了 50 项成熟可行的节能技术，形成并颁布了“极致能效技术清单”及“节能低碳政策清单”，开展“双碳最佳实践能效标杆厂”的培育活动，宝钢股份、湛江钢铁、首钢京唐、鞍钢鲅鱼圈等 21 家先进企业申报为第一批标杆培育企业。

（八）创新成果不断涌现，创新体系持续完善

创新驱动、持续投入，“首创”“首发”成果不断涌现。钢铁行业持续聚焦关键核心技术，加快打造原创技术“策源地”，中国钢铁行业专利申请数占全球钢铁工业比例超过 60%，2022 年，“欧冶炉熔融还原炼铁工艺技术研究”等 111 个项目荣获“冶金科学技术奖”。

不断完善创新体系，增强创新能力。鞍钢成立科学技术协会，河钢组建材料技术研究院，致力打造原创技术创新高地；中国宝武、鞍钢、首钢、河钢、沙钢、太钢、中信特钢、山钢、包钢、中钢、南钢、马钢和酒钢等钢铁企业上榜全国科技创新企业 500 强；南钢、涟源钢铁、承德建龙、龙凤山铸业和石横特钢 5 家企业被国家发展和改革委员会认定为国家企业技术中心；中天钢铁被工业和信息化部认定为国家技术创新示范企业。这将为构建国家创新体系贡献钢铁力量。

不断增加新产品开发攻关力度，履行材料供给保障使命。22 个大类钢铁产

品中，19 类自给率超过 100%，其他 3 类超过 99%，多个产品创新结出硕果。鞍钢 130mm 特厚安全壳用钢板和大厚度大应变管线钢板、首钢新能源汽车用电工钢（ESW1230 和 20SW1200H）、宝武超高强吉帕钢、河钢海洋工程用超级不锈钢复合板等产品实现全球首发；兴澄特钢世界首创用 100 吨电炉冶炼工艺生产高强、高韧、低密度钢板；山钢突破极寒海洋腐蚀环境下高强韧H 型钢核心技术；鞍钢本钢高强度、高淬透性热轧抗氧化免涂层热成形钢世界首发，并获评全球新能源汽车前沿技术；中国钢研、东北特钢和二重万航等单位联合研制出世界最大、直径为 2.2m 的涡轮盘，突破了我国 F 级重型燃机核心部件的制备瓶颈；钢研纳克研发了分辨率达到 1.5nm 的高分辨扫描电镜，跻身扫描电镜领域世界前列；宝武、河钢、鞍钢、建龙、中国钢研、北科大和东北大学等单位围绕氢冶金等技术开展研发、中试和产业化攻关，勇闯创新无人区，为引领世界钢铁技术发展积蓄力量。

（九）数字化转型发展迅速，信息技术赋能钢铁行业

数字赋能、智绘未来，钢铁工业数字化转型发展迅速。钢铁行业积极落实习近平总书记关于数字经济做出的一系列重大部署，钢铁行业数字化、智能化已经从产品创新、生产技术创新、产业模式创新和制造系统集成创新 4 个层面深度开展。

中国宝武启动钢铁工业大脑战略计划，实现核心技术能力累积沉淀，打造了一批大数据、人工智能与钢铁深度融合的典型示范项目。宝钢股份智慧碳数据平台上线，平台覆盖全流程、全工序、全品种，为“双碳”工作提供了重要的量化工具和数智化支撑手段。鞍钢基于工业互联网平台的全流程数字孪生综合应用，打造以数字孪生和信息物理系统为核心的钢铁数字化制造新模式。南钢建设云边融合与数字孪生的智慧运营中心，贯通产业链上下游企业超万家，由经营公司向经营生态快速转变。首钢基于 5G 专网技术在“灯塔”工厂建设全覆盖，实现工序间互联互通、天车智能操控，助力工业互联网建设提升效能。华菱与华为合作建设 5G 智慧工厂，开发了一系列基于 5G、机器视觉、AI 的创新应用，打造了 5G 智慧钢铁行业标杆。柳钢自主创新研发了“转炉看火”工业机器视觉决策模型，完成第 5000 万次运算，引领柳钢进入人工智能新时代。宝钢股份、南钢、石钢入选全国首批“数字领航”企业，鄂钢、首钢京唐、唐钢、

湛江钢铁、晋钢、中天、新余、山钢永锋、石横特钢等入选工业和信息化部 2022 年度智能制造示范工厂，行业智能制造成果显著增多。目前，大中型企业完成“管控衔接、产销一体、三流同步”，大型钢铁集团企业基本上完成了 5 层信息化系统的建设；近 90%的企业已经建立制造执行系统，500 万吨规模以上企业基本实现了管控衔接；90%以上的企业建立能源管理信息系统和环保监测系统。

总体来看，中国钢铁行业正在利用大数据、云计算、工业互联网等新一代信息技术赋能钢铁行业数字化转型升级，开展钢铁工业多维数据治理，研发具有更强通用性的数据驱动模型，通过标准化降低数字技术的应用门槛，努力解决钢铁行业制造过程中的“黑箱”和“不确定性”难题，提升产品质量控制能力和生产线运行水平，提高数字化服务的能力，形成数字技术研发与创新生态。

（十）维护产业链供应链稳定运行，“基石计划”取得实质性进展

在下游需求剧烈波动、市场出现阶段性供需失衡的情况下，中国钢铁工业协会组织协调全行业落实产能产量“双控”政策，发布《主动调整生产强度保持行业平稳运行》的倡议，制定《钢铁行业自律工作方案》和《钢铁企业共同维护钢材市场秩序自律公约》，呼吁钢铁企业坚定不移地严控产能扩张，按市场需求组织生产，理性释放现有产能。组织力量开展全面调研，在充分听取会员企业意见的基础上，对国家有关部门提出改善钢铁行业经营环境十条政策建议。通过开展上述工作，我国全年钢产量随需求降低有所下降，在一定程度上缓解了因市场冲击带来的不利影响。

“基石计划”取得实质性进展。从政府层面来看，在国家有关部委和各地政府的强力推动下，形成了两级推进机制，对促进“基石计划”国内铁矿开发发挥了显著的作用。从行业层面来看，中国钢铁工业协会组织力量积极配合有关部委调研梳理国内外铁矿项目生产建设进度情况，动态调整铁矿项目清单，向国家有关部门反映企业诉求，协调解决项目推进面临的具体问题；调研补充国内重点铁矿项目信息，汇总国内重大铁矿项目并实行“台账式”管理，梳理出 55 个项目存在的 114 项需要协调解决的问题，形成了项目分类推进表。从企业层面来看，各有关钢铁企业积极响应，加强与相关部门的沟通衔接，项目审批建设遇到的急难事项和困难问题得以有效解决，获得感明显增强。2022 年 11 月，中国最大的单体地下铁矿山——鞍钢西鞍山铁矿项目正式开工，表明“基

石计划”国内铁矿资源开发取得标志性进展。

三、2023 年行业发展形势展望

2023 年，钢铁行业面临的外部环境依然复杂严峻。我国进一步加强和改善宏观调控，国民经济有望运行在合理区间，钢铁生产和需求形势将保持平稳。

全球经济增长趋缓，钢铁消费增幅收窄。2023 年，全球经济增长将进一步放缓。国际货币基金组织在 2023 年 1 月发布的《世界经济展望》中预测，2023 年全球经济将增长 2.9%，比 2022 年回落 0.5 个百分点；世界银行在 2023 年 1 月发布的《全球经济展望》中预测，2023 年全球经济将增长 1.7%，比 2022 年回落 1.2 个百分点；联合国在 2023 年 1 月发布的《世界经济形势与前景》报告中预测，2023 年全球经济将增长 3.0%，比 2022 年回落 1.1 个百分点。其中，发达经济体下行压力仍然加大，发展中经济体增长态势相对较好。受美联储加息影响，美国经济增速将进一步放缓；欧元区受欧洲中央银行收紧货币政策以及进口能源价格上涨影响，经济增长速度也将大幅放缓；中国、印度预计经济较快增长。总体来看，2023 年发达经济体增长速度回落，发展中经济体恢复态势相对平稳。

2023 年，尽管全球供应链情况将有所改善，但受高通胀、能源价格升高和货币紧缩政策的影响，全球经济恢复放缓，国际市场钢铁需求增长形势并不乐观。世界钢铁协会于 2022 年 10 月发布短期预测，2023 年全球钢铁消费量为 18.147 亿吨，比 2022 年增长 1.0%，增速由负转正；扣除中国后全球其他地区钢材消费量为 9.008 亿吨，同比增长 2.0%。

国内经济稳字当头，钢材供需有望保持平稳。2023 年是实现党的二十大提出的全面建设社会主义现代化国家开局起步“关键时期”的第一年。党的二十大报告强调，要把“实施扩大内需战略同深化供给侧结构性改革有机结合起来”，发挥大国经济优势，加快构建新发展格局，推动高质量发展。2022 年年底召开的中央经济工作会议强调，2023 年要继续坚持稳字当头，稳中求进，继续实施积极的财政政策和稳健的货币政策，加大宏观政策调控力度，加强各项政策的协调配合，形成共促高质量发展的合力。2022 年年末，中共中央、国务院印发了《扩大内需战略规划纲要（2022—2035 年）》，顶层设计了 2035 年远景目标和“十四五”时期的主要目标，在全面促进消费和优化投资结构等方面做出具体部署，要求充分发挥内需的拉动作用，建设更加强大的国内市场。促消费集中在提升传统消费、发展服务消费、培育新型消费和提倡绿色低碳消费等方面，优化结构集中于加大制造业投资力度，加大补短板，推动传统基建投资，系统布局新基建和服务业投资，前瞻布局创新基础设施等领域；国家加快建设海洋强国、贸易强国、推动共建“一带一路”高质量发展也离不开钢铁材料的支撑。总体来看，随着稳增长政策措施效果陆续显现，我国的经济活力将进一步释放，这将对钢铁消费形成支撑。

四、当前和下一步行业发展需要关注的重点任务

2023 年是全面贯彻落实党的二十大精神的开局之年，也是钢铁行业继续深入推进供给侧结构性改革、努力实现高质量发展的重要一年，钢铁行业面临的国内外形势和环境更加严峻复杂。党的二十大科学谋划了未来 5 年党和国家事业发展的目标任务和行动纲领，也为钢铁行业的高质量发展提供了根本遵循和目标指引。钢铁行业将继续坚持以习近平新时代中国特色社会主义思想为指导，全面贯彻落实党的二十大精神和中央经济工作会议部署，贯彻《“十四五”原材料工业发展规划》《关于促进钢铁工业高质量发展的指导意见》《钢铁行业碳达峰实施方案》，继续围绕“1231”行业发展目标，充分发挥“产业链布局相对完整、市场化程度相对较高、技术体系相对独立”的产业优势，充分利用“制度有优势、政策有空间、市场有潜力、产业有基础、投资有方向、改革有目标”的有利条件，坚持绿色低碳、推动行业变革，固底板、补短板、锻长板，全面完成履行保障供给使命、实现钢铁产业自身发展、积极带动相关产业实现共同繁荣的三大重点任务，努力开创钢铁工业高质量发展的新局面。

第一，加强和完善产业运行监测体系，努力实现行业平稳运行。加强经济运行监测分析，按照“稳生产、保供给、控成本、防风险、提质量、稳效益”的要求，开展前瞻性研究，及时发现问题、提出建议、采取措施，助力行业提升运行质量和改善经济效益；强化数据治理、促进数据立法、建立数据自信，为行业各项治理奠定数据基础；组织行业开展多维度的对标挖潜，加强国际对标，拓展对标范围，提高对标的针对性和有效性，为钢铁企业改善经营提供有价值的参考。继续协商改善焦煤保供稳价机制，促进煤钢产业紧密协同、合作

共赢；改善与矿山企业和贸易企业的沟通交流机制，努力维护铁矿石市场的秩序。继续研究和策划以保护和提升高技术、高端产品国际竞争力为目的的贸易政策和监管政策的优化和完善工作，争取进一步取得进展；加强财税政策研究、争取各类金融支持，紧紧围绕基石计划、超低排放、极致能效、联合重组等行业重大发展问题，找准服务对象、明确服务项目、策划对接方式、打通政策通道，使国家的各项促进稳增长的财税政策和金融资源与钢铁产业全面对接，应享尽享，能用尽用。

第二，积极研究和推进两大基础举措，持续优化行业运行秩序和改善行业发展环境。创建“产能治理新机制”和“优化联合重组政策导向”是优化行业运行秩序、改善行业发展环境的两大基础举措。积极与国家有关部委沟通协调，及时提出并不断优化解决方案，促进结构调整和布局优化，引导优胜劣汰、导向供需平衡。继续做好产能产量“双控”工作，配合有关部门开展产能核查，清理不合规的产能，严肃查处违规新增产能，推动低效、无效的产能应退尽退。倡导企业坚持“以销定产、以效定产、以现定销”，让“三定”原则成为行业共识。进一步发挥龙头企业的区域市场引导作用，开展区域和品种自律工作。继续开展“三定评估”和“路况调查”，做好分析预判。研究促进联合重组政策，融入建设全国统一大市场，破除体制、机制的障碍，重点推动能耗、产能、环保指标等要素的跨区域转移，加大政策支持的力度。

第三，持续推进三大改造工程，努力推动绿色低碳发展。坚定不移推进超低排放改造工程，按既定目标完成改造计划。组织行业力量，在国家有关部委的指导下，全面评估超低排放改造成效，进一步完善和优化环境管理标准，积极推广成熟可靠的环境技术，积极开发经济性、生态性俱佳的环境技术和工艺装备，谋求环保水平、能效水平与竞争力水平的同步提升，开创环境治理新局面。积极筹划和推进极致能效改造工程。组织企业制定并实施能效达标行动计划，完善极致能效技术清单、能力清单和政策清单，为会员企业实现极致能效目标创造良好的条件。加强系统策划，加速低碳发展整体布局，开展支撑行业碳达峰、碳中和目标实现的系统性低碳工作。积极推动世界前沿低碳共性技术协同研发，积极建议国家出台相应的支持计划，组织行业低碳共性技术攻关和推广应用。探索开展零碳钢数据研究和标准研制，加大行业内外低碳业务合作的力度和深度，积极开展国际合作。有计划开展 EPD 行业互认和国际互认工作，加强平台的治理架构建设，争取EPD报告的采信和使用。

第四，落实两大产业发展计划，努力夯实产业基础，开拓产业发展空间。继续落实和筹划升级“基石计划”，启动以“材料升级和材料替代”为主要工作方向的“钢铁应用拓展计划”，全面加强上下游领域跨产业合作。统筹好两个市场、两种资源，加强海外资源开发项目的跟踪，分类指导持续推进国内铁矿资源开发，建立集“找矿、建设、运营”为一体的全生命周期铁矿石战略保障机制。加强废钢回收利用和海外资源开发，进一步修订再生钢铁原料标准，研究进口再生钢铁原料的增值税优惠政策。培育龙头企业，鼓励区域优势企业兼并重组，推进废钢产业健康发展。统筹推进钢结构的推广应用，研究编制钢铁结构用钢标准及与之配套的建筑设计规范、验收标准规范等，组织开展上下游产业链的技术交流，开展钢结构质量分级评价，推动智能建筑与钢铁行业的深度融合，推动低碳建筑评价体系建立，扩大高强钢、耐候钢、耐火钢在钢结构建筑领域的应用。研究钢铁需求总量、趋势、结构变化，关注风电、光电等新能源领域需求，推动高端、绿色钢铁材料的应用。

第五，协同推动关键技术产品创新，努力促进成果转化推广应用。完善“产、学、研、用”协同创新体系，加大科技创新研发投入的强度，增强自主创新的能力。统筹推进科技创新“补短板、强基础、促提升”，集中力量攻克钢铁材料及相关的核心技术，主动争取政策支持，推动行业氢冶金共性技术的研发。落实企业研究院院长“上海共识”，选择切入领域，试点共性技术协同研发机制。组织开展项目揭榜挂帅，形成龙头企业挂帅、多家企业和研发机构参加的钢铁行业共性技术研发团队和项目研发联合体。强化创新生态圈建设，组织产业链上下游产品及应用技术交流，强化协同攻关，实现相关产品、技术和产业链的突破与升级。以“育主体、建模式、造环境”为重点，逐步建成各类创新主体协同互动和创新要素高效配置的机制，集中优势资源，形成关键核心技术攻关合力。加强新材料、低碳、智能制造等重点领域的标准研制，进一步打通产业链上下游，形成跨产业链的标准体系，重点聚焦高性能特种钢、高端装备用特种合金钢、核心基础零部件用钢等“特、精、高”关键品种联合开展标准研制，让更高性能的钢铁产品获得更广泛的使用。

第六，开展试点示范、推广共性技术，努力提升行业智能制造的水平。组织开展钢铁行业智能制造提升行动，通过钢铁企业数字化转型试点示范工作，继续遴选一批可复制、可推广的钢铁行业智能制造优秀场景和优秀解决方案，组织数字化、智能化共性技术的研发、推广，推动全行业智能装备、低碳节能、安全生产、现代供应链等数智化关键共性技术的升级；加强钢铁行业智能制造标准体系的建设，建立健全基础、通用的数字化标准规范，研究制定一批急需、适用的钢铁行业智能制造标准，通过标准化提高钢铁行业智能化、数字化的治理水平；组织力量加快工业和信息化部委托的钢铁行业智能制造服务平台、工业互联网平台等数据平台建设，提升公共服务能力，实现钢铁行业及智能制造产业间的共建、共治、共享；发布钢铁行业智能制造评估报告，梳理大数据、智能制造与行业深度融合的典型示范企业、项目，引导行业智能制造整体水平的提升。

第七，加大正面宣传力度，努力维护和提升行业的形象。继续加大行业的正面宣传力度，继续推进《加强钢铁行业宣传开展行业形象提升工程行动方案》落实，努力发挥行业宣传的协同效应。结合行业形势变化，抓住重点、热点、难点及时发声，回应社会关切的问题，正面引导社会舆论和市场预期。策划开展对业内重点企业的深入采访和专题报道，从代表性的企业实践中挖掘总结应对复杂市场环境的有效举措、可行路径和典型经验，在行业内外加强宣传、交流互鉴。围绕行业发展目标，讲好钢铁故事，增进社会了解，持续提升钢铁行业的认可度、美誉度，努力塑造与中国钢铁的全球优势地位相匹配的良好行业形象。

（作者：中国钢铁工业协会　谢聪敏）

第八章　有色金属工业 2021—2022 年发展回顾及形势展望

2021—2022 年，我国有色金属工业按照党中央的战略部署稳中求进，排除干扰，保供稳价，实现了平稳发展。展望 2023 年，我国有色金属工业将继续深化供给侧结构性改革，争取在高质量发展道路上迈出新步伐。

一、党的十九大以来行业发展成就

党的十九大以来，我国有色金属行业以习近平新时代中国特色社会主义思想为指导，坚决贯彻落实党中央、国务院的有关决策部署，沉着应对风险挑战和百年变局，奋力完成改革、发展和稳定的任务。党的十九大以来，有色金属行业产业结构持续优化，发展质量得到全面提升，“一带一路”加速布局，绿色低碳扎实推进，科技创新亮点纷呈，市场影响力不断提升，在向“有色强国”加速转变的进程中，为铸就“制造强国”彰显了“有色”担当。

行业始终保持战略定力，化解风险稳生产运营。党的十九大以来，我国有色金属工业的发展并非是一帆风顺的，面对世界百年未有之大变局，我国经济发展进入新常态，行业保生产、稳运营、调结构的压力空前加大。按照立足新发展阶段、贯彻新发展理念、构建新发展格局的新要求，全行业积极应对风险挑战，加快转型升级，营造良好的市场环境，在大家的共同努力下，行业总体保持平稳向好的发展态势。一是十种常用有色金属产量稳居世界第一位。2020 年，我国十种有色金属产量首次超过 6000 万吨，占全球主要有色金属产量的比重稳定在 50%以上，在全球有色金属总量规模领先优势十分突出，2021 年十种常用有色金属产量达到 6284 万吨。二是经济效益创历史新高。2021 年，规模以上有色金属企业实现利润首次达到 4128 亿元，比有色金属产业盈利的历史次高年——2017 年的利润多 1583 亿元。我国有色金属生产不仅满足了国内制造业的需求，而且为国家重大工程、国防科技工业、战略性新兴产业发展提供了坚实的支撑和保障，是我国实体经济名副其实的重要“底盘”。

行业坚定不移推进供给侧结构性改革，产业结构持续优化。通过产能置换等政策，行业全要素生产率有效提升，电解铝 4500 万吨产能“天花板”已经形成，合规产能开工率达到 90%以上，电解铝产能向水电、风电等清洁能源丰富的地区有序转移，2017—2021 年，电解铝行业实现了连续 5 年的盈利，能耗指标大幅度下降，同时，产业集中度大幅度提高，国际竞争力也大幅度提升。一批缺乏竞争力的产能退出市场，江西鹰潭铜产业集群、山东滨州铝产业集群、陕西宝鸡钛产业集群、江西宜春锂电产业集群等一批具有特色的新型工业化产业基地迅速崛起，构建了纵向不断延长，横向不断壮大的强大产业链。兼并重组稳步推进，2021 年，规模前十的电解铝企业和规模前五的精炼铜企业，产量合计分别占全国的 68%和 61%。中铝千亿元级重组云冶集团，成立中国稀土集团，进一步重塑了行业发展新格局。再生循环经济稳步发展，2021 年，我国主要再生有色金属产量达到 1572 万吨，全年实现产品产值近 5000 亿元。

行业聚焦提质增效，发展质量得到全面提升。面对国内外环境的变化，全行业突出高质量发展导向，在做好“加、减、乘、除”方面下功夫，堵住“出血点”，发掘“盈利点”，发展效益明显提升。2021 年，行业规模以上企业实现利润 4128 亿元，是 2017 年的 1.6 倍。去杠杆取得重要进展，全国第一家实施“债转股”的地方国有企业和民营企业均是有色金属企业。同时，行业标准质量体系不断健全完善，质量品牌建设取得丰硕成果。截至 2021 年年底，行业 34 家企业获得制造业单项冠军示范企业和产品称号，10 家企业获全国质量标杆称号，27 家企业、28 个产品、15 项服务获得全国市场质量信用等级 AA 级荣誉称号。

行业深入践行绿色低碳，清洁生产和节能减排达到新水平。行业企业加大资金投入，清洁生产和节能减排共性关键技术攻关取得重要突破，电解铝企业超低排放改造稳步推进，危险废弃物利用和处置能力明显增强。2021 年，有色金属行业利用和处置危险废弃物 2000 万吨，处置能力位居全国第一。在产量逐年增加的情况下，行业工业废水、废气中砷、铅、汞、镉等重金属排放量显著降低。建成国家级“绿色矿山”163 座，“绿色工厂”120 家。吨铝综合交流电耗为 13519 千瓦时，达到世界领先水平。同时，清洁能源使用比重稳步提升，截至 2021 年年底，我国电解铝生产清洁能源消费占比已超过 23%，比 2020 年年底又提高了近 5 个百分点；一批消纳光伏、风电的微电网、局域电网正在加紧建设，进一步提高了行业的清洁能源使用比例。

行业坚持创新引领，以科技赋能高质量发展。在新一轮科技革命和产业变革的发展中，行业企业抓住战略性新兴产业发展的历史性机遇，坚持走创新驱动，内生增长的发展道路，新技术大量涌现，新业态加快塑造，成为推动产业发展的新动能。行业重点骨干企业主体生产工艺技术达到国际先进水平，产业技术创新能力不断增强，一批重大科技成果获国家表彰。一批铜、铝、钛、镁等加工技术取得新的突破，部分铜、铝、钛等尖端产品满足国家重大战略工程需要；新能源材料正成为产业发展的重要增长极，中国锂电池、光伏等新能源材料在全球供应链中占据主导地位。

行业加速布局“走出去”，国际产能合作硕果累累。有色金属行业是我国“走出去”的先行者，大步伐走在前列，不仅开拓了产业发展的新空间，而且极大地促进了合作国家和地区的经济和社会发展。行业企业把“一带一路”沿线国家作为重点区域，充分利用“两个市场、两种资源”，积极参与国际竞争，刚果（金）和赞比亚的铜钴资源项目、几内亚铝土矿项目、印尼镍资源项目、秘鲁铜资源项目、澳大利亚锂和铅锌资源项目等一批重大项目相继开工运营，达产达标，既稳定了资源供给，又推动了所在国经济和社会的发展。特别是近年来，契合新能源产业快速发展的机遇，新能源矿产发展步入高速发展的新赛道。据初步统计，截至目前，中资企业已在境外投资铜、镍、钴、锂等新能矿产项目多达 130 余项，累计投资近千亿美元，极大地提高了我国短缺新能源矿产的供应保障能力。

行业企业不断壮大自身实力，国际地位明显提升。2021 年，我国铜、铝、铅和锌冶炼产品产量分别占全球比重的 42%、56%、41%和 45%。2021 年有色金属企业 50 强企业中，营业收入超 2000 亿元的企业有 9 家，净利润超 50 亿元的企业达到 11 家。一批企业的生产经营规模进入世界前列，2021 年世界 500 强企业中，9 家中国有色金属企业入榜，我国已经成为推动世界有色金属工业发展的重要力量。

党的十九大以来，我国有色金属工业砥砺深耕、奋楫笃行，交出了一份良好的答卷，使我们对新时代加快建设有色金属工业强国充满信心！

二、2021—2022 年行业发展回顾

2021—2022 年，我国有色金属产业总体保持了平稳向好的态势。

一是生产保持平稳，增速由负转正。2021 年，中国十种常用有色金属产量为 6284 万吨，比 2020 年增长 3.4%，其中，精炼铜产量 1047 万吨，比 2020 年

增长 4.4%；原铝产量 3849 万吨，比 2020 年增长 3.3%。2022 年，中国十种常用有色金属产量（公报数）为 6793.6 万吨，按可比口径计算（下同）比 2021 年增长 4.9%。其中，精炼铜产量（公报数）为 1106.3 万吨，增长 5.5%；原铝产量（公报数）为 4021.4 万吨，增长 4.4%。

二是固定投资保持稳健增长。2021 年，有色金属工业完成固定资产投资总额比 2020 年增长 4.1%。其中，矿山采选完成固定资产投资额比2020 年增长 1.9%；冶炼和压延加工完成固定资产投资额比 2020 年增长 4.6%。民间完成有色金属固定资产投资额比 2020 年增长 11.2%。2022 年，有色金属工业完成固定资产投资比 2021 年增长 14.5%，创近 9 年新高，其中，矿山采选完成固定资产投资增长 8.4%；冶炼和压延加工完成固定资产投资增长 15.7%。民间完成有色金属固定资产投资比 2021 年增长 16.9%。

三是进口保持稳定，出口增速高于预期。2021 年，我国有色金属进出口贸易总额（不含黄金贸易额）2112 亿美元，比 2020 年增长 49.9%。其中，进口额 1679 亿美元，增长 46.7%；出口额 433 亿美元，增长 63.4%。铜是中国重要的进口商品，2021 年中国进口铜精矿实物量 2340.4 万吨，比 2020 年增长 7.6%；进口粗铜（阳极铜）93.7 万吨，比 2020 年下降 9.0%；进口未锻轧铜 401.0 万吨，比 2020 年下降 20.1%；进口铜材 56.5 万吨，比 2020 年下降 8.3%；进口铜废碎料实物量 169.3 万吨，比 2020 年增长 79.4%。铝是中国重要的有色金属出口产品，2021 年出口铝材 546 万吨，比 2020 年增长 17.8%。

2022 年以来，我国有色金属进出口贸易总额继续保持稳定增长。根据海关统计数据，2022 年有色金属进出口贸易总额（含黄金贸易总额）3273.3 亿美元，比 2021 年增长 20.2%。其中，进口额 2610.5 亿美元，增长 18.7%；出口额 662.8 亿美元，增长 26.7%。贸易逆差为 1947.7 亿美元，比 2021 年增长 16.2%。

四是价格高位震荡回落，行业利润保持合理增长。2021 年，国内外市场主要有色金属价格在高位震荡回调。其中，铜价创历史新高，国内现货市场铜年均价 68490.0 元/吨，比 2020 年均价上涨 40.5%，创有历史记录以来的最高价；现货市场铝年均价 18946 元/吨，比 2020 年均价上涨 33.5%，虽然仍低于 2006 年和 2007 年的年均价，但是创 13 年以来的最高价。

2022 年，铜、铝、铅、锌价格总体运行在合理区间，电池级碳酸锂价格成倍增长。国内外市场铜价比 2021 年有所下跌，国内现货市场铜均价比 2021 年下跌 1.5%；受能源成本支撑，铝价比 2021 年上涨，国内现货市场铝均价比 2021 年上涨 5.6%；国内外市场铅价比 2021 年小幅下跌，国内现货市场铅均价比 2021 年下跌 0.1%；国内外市场锌价比 2021 年上涨，国内现货市场锌均价比 2021 年上涨 11.4%；工业硅价格比 2021 年有所下跌，比 2021 年下跌 11.5%；电池级碳酸锂价格比 2021 年成倍上涨，国内现货市场电池级碳酸锂均价比 2021 年上涨 254.7%。

2022 年，规模以上有色金属工业企业实现营业收入 79971.9 亿元，比 2021 年增长 10.5%；实现利润总额 3315.0 亿元，比 2021 年下降 8.0%。

在复杂多变的形势下，要完整、准确、全面贯彻新发展理念，有色金属行业要实现由大变强，必须深入把握新发展理念对行业发展各项工作的指导意义，真正做到崇尚创新、注重协调、倡导绿色、厚植开放、推进共享。

三、当前行业发展需要关注的问题

当前我国有色金属工业发展环境依然是错综复杂的局面，面临各种严峻挑战，有一些问题值得高度关注。

（一）要从根本宗旨把握新发展理念

有色金属工业作为重要基础原材料产业，是工业实体经济的骨架和支撑，以人民为中心的发展思想，就是要始终坚持生态优先、绿色低碳发展的观念；要不断提升供给高端化水平，满足人民日益增长的美好生活需要；要在稳字当头、稳中求进中主动担当作为，为工业经济稳增长做出行业新贡献。

良好生态环境是最普惠的民生福祉，有色金属工业作为节能降碳的重点领域，要站位更高、格局更大、眼光更远地助力国家“双碳”目标的实现。要坚持总量控制，在确保产业链供应链自主可控的前提下，实现行业产能产量自律的降碳；要推广低碳技术，高度重视颠覆性的工艺创新和流程再造，实现若干变革性的降碳；要构建绿色模式，实现用能结构调整的降碳，以电解铝为例，如果清洁能源电力占我国电解铝生产用电量的 30%以上，那么我国吨铝碳排放可以下降到 8 吨以下，比 2020 年降低三分之一，约减少一亿吨的碳排放；同时，也要提高资源的综合利用率和回收利用率，加强产业协同，实现刀刃向内的降碳。

（二）要从问题导向把握新发展理念

站在新历史起点上，面对新时期国内外环境、矛盾和问题、发展阶段和发展任务的深刻变化，要从问题导向贯彻新发展理念。当前，我国铜、铝、铅、锌四大品种的全球市场份额均接近或超过全球的一半，但市场影响力、话语权与我国市场规模还远不相匹配，行业整体效益偏低，发展不平衡问题依然突出。解决这个问题，要从以下 3 个方面着力。

一是坚持资源为王，夯实产业发展基础。我国是资源进口大国，铜和铝等大宗金属品种对外依存度分别超过 70%和 50%，镍、钴等新能源产品则更高。针对我国资源长期对外依存度高的问题，要从产业安全的高度审视、解决资源保障问题，在不断加强国内战略性矿产资源勘查力度，夯实国内资源保障基础的同时，持续推进铜、铝、镍、钴、锂等战略性新兴矿产的国际合作，优化境外投资结构和布局，保障“走出去”企业“走得回来”，增强全球矿产资源经略保障能力。

二是坚持供给侧结构性改革，扎实做好行业自律。行业整体效益偏低，有很大原因是同质化竞争激烈造成的。截至 2022 年年底，国内建成氧化铝产能为 9675 万吨、在建 680 万吨、拟建超过 3000 万吨。考虑到当前国内氧化铝建成及在建产能已完全能够满足电解铝生产的需要，而且随着电解铝消费趋顶，氧化铝需求将进入平台期，同时，铝土矿资源保供和赤泥大规模堆存等问题也不支撑氧化铝产能无序扩张。2022 年 8 月，在山西省召开“首届骨干氧化铝企业高峰论坛”，参会企业产能全国占比超过 80%，达成了规范氧化铝产能投资秩序五项共识，取得了预期效果。要凝聚行业共识，协调采取行动，保持理性投资行为，提高产业集中度和行业自治自律水平。不能等到过剩的矛盾爆发后再来被调控，这时行业将处于被动的局面。

三是坚持高质量发展，把科技创新作为突破行业短板的重中之重。构建有色金属行业新发展格局，关键是坚持高质量发展，坚持科技自立自强，这样才能最大限度地规避周期性风险，赢得主动。企业应把创新责任扛在肩上，把握好行业技术进步和产业发展的主动权，成为原始创新和核心技术的需求提出者、创新组织者、技术供给者和市场应用者，把科技创新真正落实到产业发展上。同时要把质量第一、效益优先放在更加突出的位置，深入推进“增品种、提品质、创品牌"的行动，深化品质革命，有效增加产品的附加值，坚定不移地对标一流，树立中国品牌。

（三）要从忧患意识把握新发展理念

行稳才能致远。有色产业的发展必须牢固树立风险意识和底线意识，未雨绸缪、防微杜渐，随时准备应对更加复杂和困难的局面。一是要从风险事件中吸取教训，避免重蹈覆辙。近年来，有色行业出现过风险事件，不仅对企业造成无法挽回的损失，而且造成社会对有色行业认知的偏差，极大地损害了行业的形象。二是要谨防市场价格大起大落的风险。价格稳则市场有序，风险可控，行业企业一定要有大局意识，规范经营，谋求长远发展。要强化风险意识，充分熟悉市场规则，特别要关注突发事件下资金脱离基本面的蓄意炒作风险。近年来，逆全球化潮流助推各国贸易保护主义抬头，给产业发展带来极大的不确定性风险，海外经营更是面临诸多难以预料的复杂和困难的局面。只有下好先手棋，打好主动仗，全面做强自己，才能牢牢守住安全发展的底线。

四、2023年行业发展形势展望

2023年，世界百年未有之大变局仍将延续，各种力量之间的较量，导致全球政治、经济环境异常复杂。从国际经济环境来看，一方面，美联储强硬货币政策抑制了包括主要有色金属在内的大宗商品价格上涨的势头，通货膨胀压力有所缓和；另一方面，欧洲能源供应紧张，价格上涨，经济滞胀，成为影响世界经济稳定运行的重大阻力。2023年世界主要有色金属价格将处于周期性回落阶段，受价格回落的影响，行业盈利能力明显弱化。

2023年是我国落实党的二十大精神，全面建设社会主义现代化国家的开局之年，稳中求进依然是经济工作的总基调。随着我国经济由高速增长阶段转入高质量发展阶段，创新驱动、内生增长成为促进经济发展的主要模式，新一代信息技术、高端装备制造、新能源汽车等战略性新兴产业是拉动经济发展的主要动力源泉。在这种背景下，围绕战略性新兴产业发展，加快新兴矿产和有色金属新材料的开发，是2023年产业发展的重点。

随着新能源汽车的发展，我国已经成为世界主要自主品牌汽车的出口国，对锂、镍、钴等新兴矿产的需求陡然增加，市场出现供不应求的局面。为了支撑我国汽车制造业的历史性突破，2023 年，加快国内外锂、镍、钴等新兴矿产的开发，发展镍钴锰酸锂、磷酸铁锂和磷酸锰铁锂等锂电池正极材料，铂催化剂等氢燃料电池材料，钠离子电池层状金属氧化物正极材料等，是产业满足市场需求的当务之急，争取新的突破。

2023 年，我国有色金属工业技术进步的重点将继续围绕关键材料和绿色发展展开。在关键材料开发方面，要特别重视铂族金属、锆、铪等国内短缺矿产替代材料的开发，争取突破，以确保产业链供应链的安全。在绿色发展方面，重点是开展电解铝、金属镁、金属硅、海绵钛等高能耗、高排放产品颠覆性技术的研发，推进氧化铝赤泥等冶炼废弃物的高效利用，努力将产业的绿色发展推向新高度。

从当前情况来判断，在进口原料供给充分的条件下（这是大概率事件），2023 年，国内铜、铝、铅、锌等主要有色金属生产、需求将总体保持平稳状态。十种常用有色金属产量增幅不会超过 5%；铜、铝等主要有色金属需求增幅不会超过 4%，产业发展已经进入平稳期。

随着国家矿业政策出现积极变化，我国有色金属工业固定资产投资，特别是矿山采选投资已经扭转了连年下降的局面，进入正常的增长阶段。但是，目前产业冶炼加工投资强，矿山采选投资弱的大趋势尚未发生根本改变，需要在 2023 年大力扭转。

我国是世界最大的有色金属进出口贸易国，对全球有色金属市场稳定具有重大的影响。2023 年，我国有色金属供需形势基本平稳，能够支持进出口贸易保持正常状态。全球铜矿山生产逐步恢复，铜精矿供应较为充裕，能够为我国铜冶炼提供可靠的原料保障。

2023 年，在美联储加息政策的影响下，预计国际市场铜、铝等主要有色金属价格处于震荡回落的状态。国内外部分地区能源价格依然偏高，推动有色金属生产成本上升。在这种情况下，受成本因素的影响，国内外市场主要有色金属的价格也难以出现大幅度回落。

受市场价格震荡回落的影响，有色金属矿山、冶炼企业的盈利能力必然被削弱，部分高成本生产企业将陷入亏损的状态，行业整体盈利下滑已经成为必然的趋势。由于有色金属生产需要占用大量的流动资金，在这种情况下，部分现金流紧张的企业存在一定的系统性风险，值得高度关注。

基于以上判断，“保持定力、冷静观察、防范风险、保证安全”应成为2023年我国有色金属工业稳定运行的基本指导方针。

五、下一步行业发展需要关注的重点任务

未来一段时间，有色金属行业发展仍会面临国内外复杂环境的严峻挑战。我国经济发展仍面临需求收缩、供给冲击、预期转弱的三重压力，国内外经济发展不确定性增加，行业面临的风险陡然上升。有色金属行业要全面贯彻落实党的二十大路线方针，在以下3个方面着力。

一是努力扩大有色金属应用，这是破解行业发展难题的有效途径。要抓住国家扩大汽车、家电、住房等消费的机遇，围绕扩大有色金属应用，通过构建新产品开发、新商业模式和新产业形态，继续深化供给侧结构性改革，提升行业发展的质量。

二是继续加强产业链韧性建设，做好逆周期、跨周期的调节工作，着力打造一条能够适应市场周期变化的韧性产业链。重点是在全球范围内进一步优化要素资源配置，确保产业链上下游各环节的协调，供给链上下游各环节的安全，价值链上下游各环节的通畅，促进产业的高质量发展。

三是依托现有基础，进一步促进产业融合发展。过去两年，由于忽视融合发展，新能源汽车高速发展与锂矿产供给保障严重脱节，碳酸锂的市场价格暴涨，这既影响消费者的现实利益，也不符合生产者的长远利益。因此，超前布局产业融合发展，是保证我国经济和产业平稳发展的重要举措。

（作者：中国有色金属工业协会　赵武壮　刘世佳）

第九章　建筑材料行业 2021—2022 年发展回顾与形势展望

2021—2022 年，建筑材料行业面对国内外环境复杂严峻和生产经营成本高位波动等不利因素的影响，"需求收缩、供给冲击、预期转弱"三重压力叠加，经济运行压力持续增大。面对新情况和新问题，建筑材料行业要加快供给侧结构调整，深化绿色低碳转型，积极挖掘内部潜力，充分释放政策效能，确保全行业总体运行保持稳定。

一、党的十九大以来行业发展成就

党的十九大以来，我国建筑材料行业认真贯彻落实新发展理念，开启了我国建材行业高质量发展的新时代。面对新的发展时期，建筑材料行业积极贯彻落实党的十九大精神，突出对价值观的追求，提出了"宜业尚品、造福人类"的建筑材料行业发展新目标。在党的坚强领导下，建筑材料行业紧紧把握世界建材发展大势和科技进步的方向，大力推进以碳减排为主线的全面转型发展，正在开启建筑材料行业的绿色、安全、高质量发展之路，并取得了较为明显的效果。

中国建筑材料工业产品生产规模持续扩大，已成为全球建材领域最大的生产国和消费国。中国主要建筑材料产品产量相继位列世界第一，到 2021 年，我国水泥产量 23.6 亿吨，平板玻璃产量达 10.2 亿重量箱，占世界比重持续超过 50%。由于国内市场需求偏弱，2022 年全国水泥产量 21.2 亿吨，平板玻璃产量 10.1 亿重量箱。

中国建筑材料行业科技进步成就显著。主要产业主导技术装备达到世界先进或领先水平。水泥窑外分解技术、浮法玻璃、玻璃纤维池窑拉丝等先进生产工艺已占据世界主导地位，世界上最薄的 0.12mm 宽板超薄触控玻璃、高世代液晶显示基板玻璃、高性能碳纤维等产品规模化生产，以及锂电池隔膜、特种陶瓷、高端石英玻璃、光学晶体、高性能复合材料等科技研发取得丰硕成果，并广泛应用于电子信息、国防军工、航空航天、空间探测和新能源等尖端领域。

中国建筑材料行业产业结构持续优化。据初步统计，2018 年，建筑材料加工制品业产业规模首次超过基础材料产业，2022 年占比已超过 50.0%。产业组织结构也不断改善，一批大型骨干企业迅速成长，技术玻璃、建筑卫生陶瓷、玻璃纤维、轻质建材、防水建材等行业开始涌现出一批大型企业集团，特别是中国建材集团和中国中材集团“两材合并”顺利完成，北京金隅集团和冀东水泥集团的战略重组，安徽海螺集团的发展壮大，华新水泥、华润水泥、金晶玻璃等迅速成长，成为行业发展的“领军企业”，企业组织结构更加合理，规模化发展效应逐步显现。

中国建筑材料行业开启绿色发展之路。绿色发展在全行业形成共识，绿色发展水平得到全面提升。2022 年，建筑材料行业工业固体废弃物年综合利用量超过 15 亿吨，160 余条水泥熟料生产线配套建设了协同处置生活垃圾、污泥、危险废弃物等装备，水泥熟料生产线余热发电达到可装生产线的 95%，平板玻璃在产生产线基本全部配套余热利用设施，建筑材料工业余热余压年利用量已超过 4 亿百万千焦，年余热发电量超过 400 亿千瓦时。

中国建筑材料行业国际化进程方兴未艾。目前，我国建筑材料对外贸易基本形成了进口资源类产品为主、主要出口初级制成品、深加工制品互有流通的模式，与国际产业链进一步融合发展。2016 年以来，建筑材料深加工制品出口额占比持续超过 23%。2022 年，我国建筑材料及非金属矿商品进出口继续突破新高，建筑材料及非金属矿商品出口金额达到 509.3 亿美元，进口金额 347.6 亿美元。一批优秀的水泥、玻璃、玻璃纤维、陶瓷企业已经走出国门，在欧美、东南亚、中亚、中东、非洲等地区布局建厂，对外投资总额超过 100 亿美元。

二、2021—2022 年行业发展回顾

2022 年，建筑材料行业经济运行总体保持稳定，但受国内外形势变化、市场需求持续减弱等因素的影响，主要产品产量和营业收入、利润总额等主要经济效益指标下降，产品出厂价格下滑，总体呈现宽供给、高库存、弱需求的运行特征，呈现稳中趋降的运行态势。建筑材料行业面临的生产经营压力依然较大，需求动力显现不足。

大宗原材料价格波动、能耗“双控”政策实施等增加了建筑材料行业经济运行的不稳定性，行业下行压力加大。“双碳”政策的实施也加快了建筑材料行业运行环境的转变，对建筑材料行业的发展运行产生持续性、系统性和全面性的影响。

1. 建筑材料行业经济效益下滑，主要行业下降幅度较大

2022 年，规模以上建筑材料行业主要经济效益指标回落。根据国家统计局数据，2022 年规模以上建筑材料行业实现营业收入 5.9 万亿元，同比下降 4.2%，比 2021 年回落 16.6 个百分点；实现利润总额 4268.5 亿元，同比下降 20.4%，比 2021 年回落 32.8 个百分点；规模以上建筑材料行业销售利润率 7.4%，比 2021 年回落 1.5 个百分点。2021 年，建筑材料行业克服了大宗商品价格快速上涨和限电、限产等影响因素，经济运行呈现平稳较好发展的态势；2022 年，国内需求偏弱、燃料价格大幅上涨，主要建材产品价格回落，行业经济效益同比下降。2016—2022年规模以上建筑材料行业营业收入及利润总额的增长率如图9-1 所示，2019—2022 年规模以上建筑材料行业营业收入及利润总额增长率如图 9-2 所示。

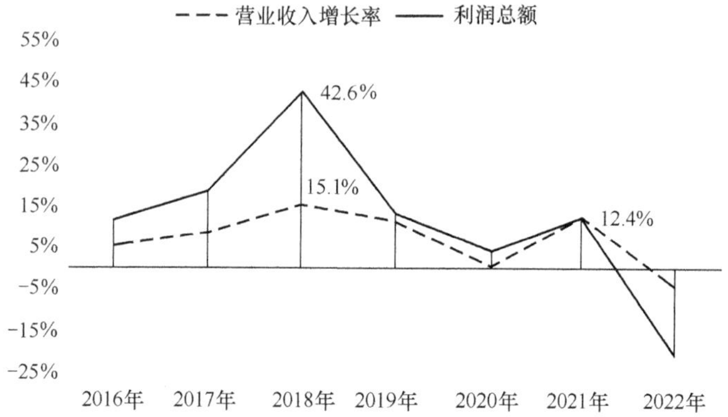

数据来源：国家统计局。

图 9-1 2016—2022 年规模以上建筑材料行业营业收入及利润总额的增比率

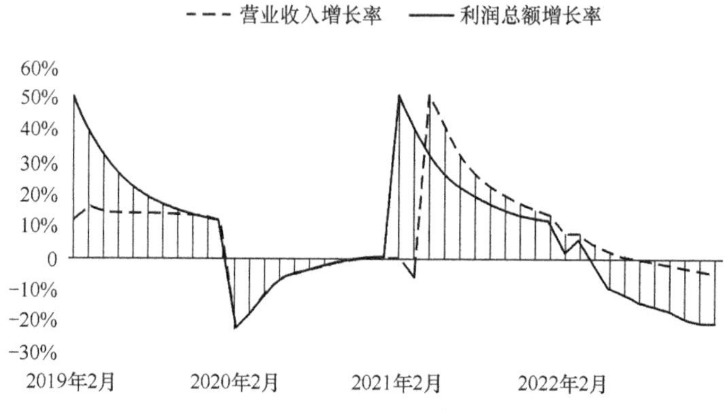

数据来源：国家统计局。

图 9-2 2019—2022 年规模以上建筑材料行业营业收入及利润总额增长率

2022 年，在建筑材料行业规模以上各行业经效指标中，营业收入增长的行

业分别为非金属矿物制品业、非金属矿采选业、矿物纤维和复合材料工业、隔热保温材料工业和技术玻璃工业；利润总额增长的行业分别为非金属矿物制品业、非金属矿物采选业和纤维增强塑料工业。

2022 年，规模以上工业企业实现营业收入同比增长 5.9%，全年规模以上建材行业营业收入低于全国工业增长 10.1 个百分点；全国规模以上建材工业企业利润总额同比下降 20.4%，低于全国规模以上工业企业利润总额 15.8 个百分点。

在建材主要行业中，营业收入增长率超过全国规模以上工业的子行业有非金属矿物制品业、非金属矿采选业和矿物纤维及制品工业；利润总额增长率高于全国规模以上工业的子行业为非金属矿采选业和非金属矿物制品工业。2022 年规模以上建筑材料子行业营业收入增长率如图 9-3 所示，2022 年规模以上建筑材料子行业利润总额增长率如图 9-4 所示。

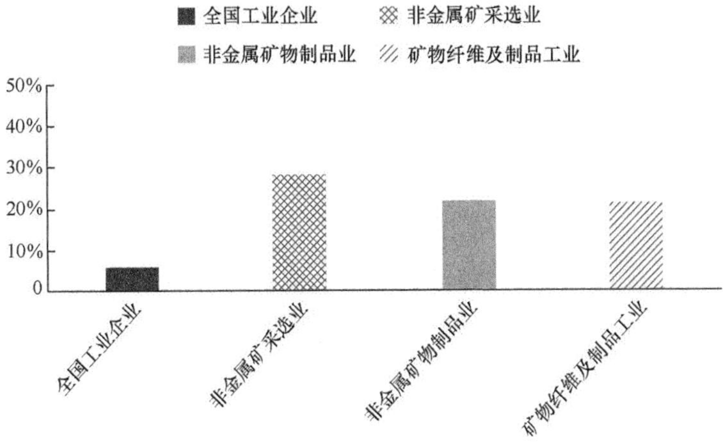

数据来源：国家统计局。

图 9-3　2022 年规模以上建筑材料子行业营业收入增长率

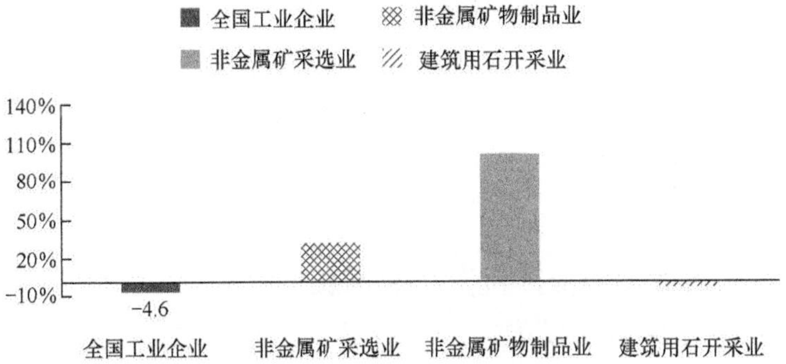

数据来源：国家统计局。

图 9-4　2022 年规模以上建筑材料子行业利润总额增长率

2. 建筑材料主要产品产量有增有降

2022 年，在建筑材料行业重点监测的建材产品中，夹层玻璃、玻璃纤维纱、玻璃纤维布、玻璃纤维增强塑料、石灰石、花岗石板材、隔热隔音制品和水泥专用设备 8 种产品产量增长，其他主要产品的产量均呈下降趋势。水泥排水管、水泥电杆、陶质砖、瓦等产品产量下降超过 15%。2022 年，由于需求减弱、原材料价格上涨、环保限产等因素，全年多数建材重点产品的产量下滑。其中，全国水泥产量 21.2 亿吨，同比下降 10.8%；规模以上平板玻璃产量 10.1 亿重量箱，同比下降 3.7%；钢化玻璃产量 5.8 亿平方米，下降 3.9%；中空玻璃产量 1.4 亿平方米，下降 12.8%；夹层玻璃产量 1.4 亿平方米，增长 5.9%。

3. 全年建筑材料产品平均出厂价格同比略有上涨

受市场供求关系的影响，2022 年，建筑材料及非金属矿产品出厂价格指数持续高位回落，第三季度进入下降区间。我国建筑材料及非金属矿工业出厂价格指数（2021 年 12 月=100），比年初下降 8.0 个百分点，全年累计平均出厂价格增长 0.6%。

从分行业来看，2022 年 12 月，全国水泥工业出厂价格指数为 100.3（2020 年 12 月=100），比 2021 年同月下降 23.7%，全年平均出厂价格指数为 99.3，下降 0.7%。由于原燃材料涨价、房地产等下游需求不足，2022 年，水泥产品出厂价格持续下滑，年初水泥出厂价格较高，第三季度水泥出厂价格进入下降区间，全年平均出厂价格同比下降。

2022 年 12 月，全国平板玻璃出厂价格指数为 85.1（2020 年 12 月=100），比 2021 年同月下降 21.5%。需要说明的是，平板玻璃出厂价格大幅上涨，除市场等因素外，平板玻璃产品结构的优化，例如光伏玻璃、汽车玻璃原片等价值量提升也是重要的因素之一。

其他行业中，石灰石膏、粘土和砂石开采、建筑用石、非金属矿采选和非金属矿制品等行业全年平均出厂价格实现增长，建筑材料其他行业出现不同程度的下降。

4. 建筑材料行业固定资产投资实现增长

2022 年，非金属矿采选业固定资产增长 17.3%，比 2021 年回落 9.6 个百分点；非金属矿制品业固定资产投资增长 6.7%，比 2021 年回落 7.4 个百分点。受市场需求减弱等因素的影响，2016 年和 2017 年建筑材料行业固定资产投资保持微弱增长，2018 年以后受环保力度加大、产业发展转型、绿色矿山建设等因素的影响，建筑材料行业固定资产投资大幅增长，但 2020 年出现明显回落。从建筑材料各行业监测情况来看，混凝土与水泥制品、建筑用石等行业的规模化发展以及环保投入、绿色矿山建设仍然是建筑材料行业投资的主要驱动力。2019—2022 年限额以上非金属矿采选业和非金属矿物制品业固定资产投资累计增长率如图 9-5 所示。

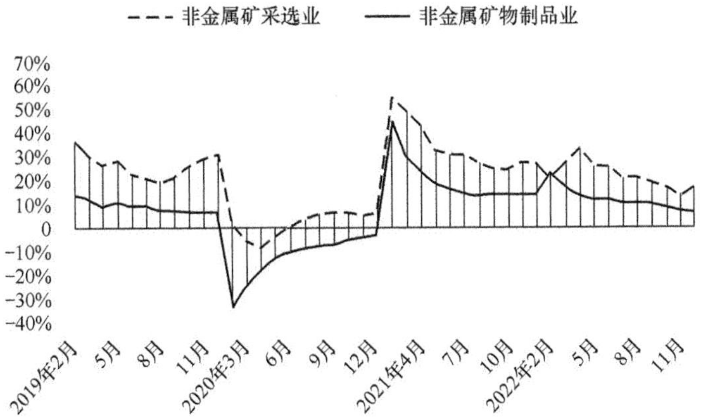

数据来源：国家统计局。

图 9-5　2019—2022 年限额以上非金属矿采选业和非金属矿物制品业固定资产投资累计增长率

5. 建筑材料及非金属矿商品进出口金额增长

2022 年，我国建筑材料及非金属矿商品出口金额 3509.3 亿美元，同比增长 11.3%，建筑材料及非金属矿商品平均离岸价格增长 11.3%，建筑材料产品出口量价齐增。建筑材料及非金属矿制品主要出口商品中，建筑玻璃、技术玻璃、玻璃纤维及制品、建筑陶瓷、砖瓦及建筑砌块、建筑用石、建筑用石制品、防水建筑材料、轻质建筑材料等商品量价齐增；水泥熟料、水泥制品、卫生陶瓷、砂石、滑石等材料等商品出口量价均降。2017—2022 年建筑材料及非金属矿商品出口及进口金额增长率如图 9-6 所示，2017—2022 年建筑材料及非金属矿商品出口及进口金额如图 9-7 所示。

2022 年，建筑材料及非金属矿商品进口金额 347.6 亿美元，同比增长 21.0%。其中，水泥和水泥熟料、水泥制品、建筑技术玻璃、矿物纤维和复合材料、建筑卫生陶瓷、粘土和砂石等商品进口数量有所下降；水泥制品、建筑技术玻璃、玻璃纤维纱、建筑卫生陶瓷、防水建筑材料、轻质建筑材料、隔热隔音材料、其他非金属矿采选和制品等商品进口价格下降；而 2020 年进口量大幅上涨的水泥和水泥熟料、石灰石等产品 2022 年进口数量也出现大幅下降，特别是水泥熟料的进口量下降尤为明显。

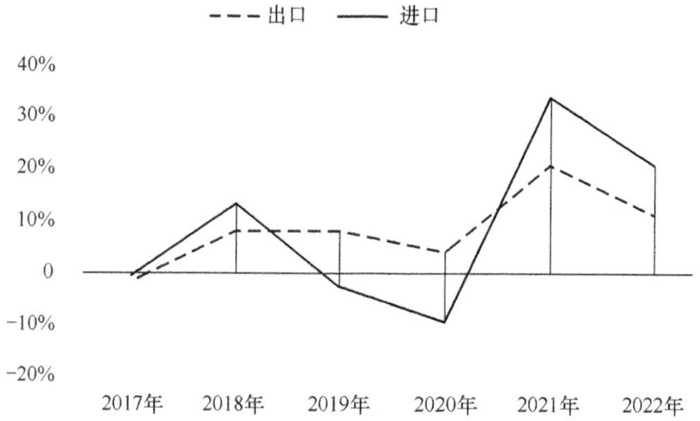

数据来源：国家统计局。

图 9-6　2017—2022 年建筑材料及非金属矿商品出口及进口金额增长率

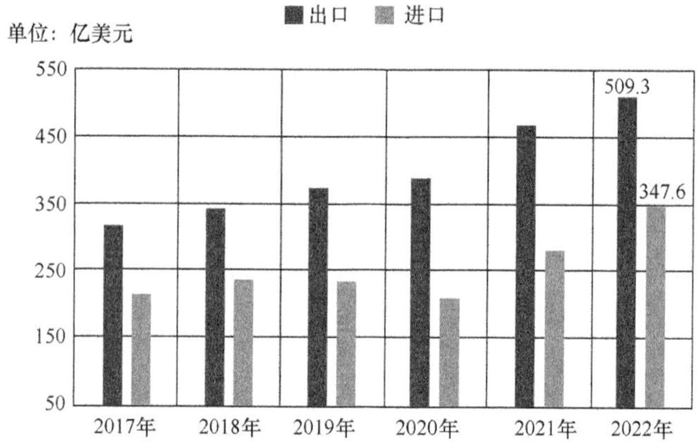

数据来源：海关总署。

图 9-7　2017—2022 年建筑材料及非金属矿商品出口及进口金额

6. 2023 年全年建筑材料行业运行形势研判

2022 年以来，建筑材料行业第一季度运行总体平稳，第二季度面临市场需求不足、原料燃料价格高位波动等对市场需求、货物流通、企业生产经营产生的不确定性、不稳定影响，及其导致的产品价格下滑、库存增加和利润率下降等问题，下行压力较大。2022 年下半年，建筑材料企业生产经营秩序基本恢复稳定，但受高温降雨等季节性因素及下游市场恢复缓慢等影响，7 月和 8 月建筑材料行业经济运行仍然较弱，但水泥等重点建材产品价格初步预判触底波动。第三季度以来，水泥等市场有所恢复，初步显现缓慢回升态势，随着国家加快部署稳经济一揽子政策措施继续落地生效，第四季度市场进一步稳健，建筑材料行业经济运行进一步趋稳。

2023 年，在稳增长预期的影响下，建筑材料投资需求企稳回升，工业消费、对外贸易稳中有增，产业转型及内生动力显现。2023 年规模以上建筑材料行业总产值将增长 2%～4%，行业盈利能力基本保持稳定。

三、当前行业发展需要关注的问题

1. 宏观市场需求低位增长，固定资产投资偏弱仍是影响当前建材行业运行的主要因素

建筑材料行业是典型的投资拉动型行业，与房地产、基建等投资关联度较大。2022 年以来，房地产开发投资及房屋施工、竣工面积持续下降，投资对建筑材料行业的拉动作用明显减弱，市场需求不及预期，对 2023 年建筑材料行业经济运行形成较大压力。同时，叠加原料燃料成本上涨的因素，下游建筑市场启动不确定性增加，对上游原材料产业的拉动作用放缓，成为当前影响建筑材料行业经济运行的突出因素。

2. 建筑材料行业承受高成本压力

建筑材料行业是典型的以大宗物料生产为特征的资源能源依赖型产业，2021—2022 年原料燃料价格大幅上涨，推动企业生产成本普遍上升、利润下降。建筑材料行业多为中小企业，处于产业链的中下游，议价能力不强，对于原料、燃料价格上涨压力的传导和消化能力较弱。

3. 建筑材料行业节能减碳改造面临较大的投资压力

在“双碳”要求下，“十四五”期间，建筑材料行业重点领域将进行大范围的节能降碳改造。水泥、平板玻璃、建筑陶瓷和卫生陶瓷 4 个行业被列入建筑材料行业高耗能重点领域，按照到 2025 年，水泥（熟料）、平板玻璃、建筑卫生陶瓷行业能效标杆水平以上产能比例达到 30%、20%和 30%，能效基准水平以下产能基本清零的要求。仅水泥行业基准水平以下生产线涉及水泥熟料产能就达 4.5 亿吨，如果其中一半进行技改或重建，投资额约 1500 亿元，介于标杆水平和基准水平生产线进行窑系统提质增产在线改造，预计投资额约 1000 亿元，“十四五”期间水泥行业建设改造投资合计约需 2500 亿元，平板玻璃行业节能降碳改造资金投入约 500 亿元，建筑卫生陶瓷生产线提升改造也将面临大量资金的需求。然而，当前建筑材料行业盈利能力总体下降，大量资金投入将使建筑材料行业未来几年均面临较大的资金压力。

4. 对建筑材料行业“两高”项目划定界限不统一，未形成明确导向

目前，国家发展和改革委员会等部门发布的《高能耗行业重点领域能效标杆水平和基准水平》（2021 年版）将水泥、平板玻璃、建筑陶瓷和卫生陶瓷列入“两高”项目管理，明确了建筑材料行业“两高”管理范围。但据反映，仍有部分地区将玻璃纤维及制品制造、防水材料等行业列入“两高”管理范围，导致产业政策导向不清晰、不明确，一些投资建设项目一再延期，更重要的是导致行业企业、社会难以判断建材行业的前景，发展信心不足，投资和发展还存在较大的观望情绪。同时，受划为“两高”行业的影响，建筑材料企业在融资信贷、政策支持等方面受到限制，影响企业转型升级的积极性。

5. 关键核心技术、关键原材料和零部件供给仍存在弱项短板

近年来，我国新材料产业发展迅速，技术水平不断提升，为新材料、新能源、航空航天等领域发展做出了贡献。但在先进玻璃材料、纤维复合材料、先进陶瓷材料、人工晶体材料、矿物功能材料等技术和资金密集型领域仍存在短板弱项。其中部分产品可通过降档、降级保持产业的运转，但部分产品断供将导致相关产业链面临停滞的风险。

四、当前和下一步行业发展需要关注的重点任务

当前经济形势仍然复杂严峻，遇到的很多问题是中长期的，必须从持久战的角度加以认识，实现稳增长和防风险的长期均衡，走更高水平的自力更生之路。

面对大变革、大变局，建筑材料行业一方面要谋长远，就是要以市场化、生态化、数字化、网络化、智能化、精益化、国际化、现代化和安全发展、高质量发展、可持续发展、生态文明发展为目标，以服务人类健康美好生活需求为愿景，促进建筑材料行业发展方式转变、产业结构变革和产品服务功能升级，不断完善组织管理结构，强化行业治理能力和治理体系现代化建设，突出社会

责任，重塑行业形象，推动新时代建筑材料行业科学、健康、有序、全面和可持续发展，履行好服务于社会发展和人类文明进步的历史使命。另一方面要抓当前，就是要积极动态适应营商环境变化，科学利用自然资源，最大限度地保护生态，用日新月异的新技术赋能行业发展，紧紧围绕开拓、创新、绿色、共享、开放和人文的要求，努力创造能够不断提高产品消费品质、感性质量、功能效应、健康安全和服务内涵等物质文化特色的建材产品体系，树立“宜业尚品、造福人类”的建材产业新理念、新目标。下一步，建筑材料行业将重点提升以下 8 个方面的工作。

1. 全面提升建筑材料行业的工作重心

建筑材料行业既要立足当前，加快适应市场环境变化的现实，更要着眼长远，确保建筑材料产业链供应链的安全、完整和不缺失；既要力争未来产业链供应链保持先进性，更要重视重塑产业链供应链，加快补短板，强化锻长板，努力实现产业基础的再造、提升、高级化和现代化。要进一步推动建筑材料行业结构调整，充分发挥市场配置资源的决定性作用。要不断提升产业和企业的核心竞争力，提倡产业链融合发展、价值链跃升发展，积极推进产业工业化的进程。

2. 创新驱动，打通建筑材料行业全流程的创新链条

抓创新就是抓发展，谋创新就是谋未来。建筑材料行业实现创新驱动，应坚持以企业为主体，政府、协会、企业等共同发力，科研院所、高校深度参与，金融等服务机构积极配合，从体制机制以及分配方式等方面发挥协同效应，引导各类创新要素聚集，加快形成以企业为主体、市场为导向、“政、产、学、研、金、服、用”相结合的技术创新体系。

3. 全面提升行业创新投入力度

2022 年，建筑材料行业规模以上企业研发投入仅占营业收入的 0.76%，远低于工业规模以上企业平均水平的 1.20%，与世界先进水平相距甚远。要提升产业竞争力，既要做大、做强、做优企业，更要做专、做久，核心就在于提升科技实力和水平。要鼓励和支持企业加大创新投入力度，依靠创新驱动推进我国建筑材料行业的高质量发展，依靠创新带动我国建筑材料企业自主品牌的培育，不搞低水平简单复制和盲目数量扩张。要支持鼓励采用先进的技术和营销模式等方法去赢得竞争，绝不能满足于现状，搞小富即安。

4. 全面提升行业产品技术装备水平

2018 年，建筑材料行业规模以上企业新产品开发项目数、新产品销售收入仅占规模以上工业企业的0.30%、1.97%，规模以上企业申请发明专利 7704 件和有效发明专利 20702 件，仅占规模以上工业企业的 2.07%、1.89%，与建筑材料行业在国民经济中所处的地位并不相称，在整个工业系统中也属于偏低水平。既要做优质建材产品的生产行业，也要成为高端建材生产装备的制造行业，要通过全面提升技术装备水平，积极拓展完善产品体系、服务体系和应用领域，努力挖掘和创造能够开辟新市场、引导新的消费革命的建材新产品。在需求水平不断提高的条件下，为提供更多的有效供给做贡献。要充分发挥建筑材料行业的基础材料产业的特性，重视研发在深海、深地、深空、深蓝、极地及危急处置等领域发挥重要作用的建筑材料产品。要对标国际先进水平，查找技术、装备以及软件等方面的短板，争取在未来 10～15 年或尽可能短的时间内，全面提升建筑材料主要行业技术装备的现代化水平，为建设成为建筑材料科技强国做出贡献。

5. 全面提升行业生产经营管理智能化水平

加快新一代信息技术在建筑材料重点行业、优秀企业推广应用；建立健全行业智能制造标准体系，培育信息化公共服务及安全防护体系；要着力推动行业智能管理生态模式应用，实现行业管理模式现代化。积极探索大数据、5G、人工智能在建筑材料行业的应用场景，解决企业技术进步的痛点，努力实现矿山开采、全厂生产运行、质量在线监测、商品溯源、节能减排、设备巡检、安全防护等生产环节的自动控制、可视化远程诊断、智能制造，以及科学研判市场、效益分析、智能决策，推动建筑材料行业智能化发展。

6. 全面提升行业标准质量水平

进一步加快实施标准提档升级，通过整合精简强制性标准、优化完善推荐性标准、培育发展团体标准、强化提升企业标准、提高国际化水平标准，促进装备制造竞争力和原材料供给水平的提升。特别是要重视研究和推动生产型标准向消费型、服务型转变，完善绿色建筑材料生产及应用标准，强化“领跑者”标准的制定实施，建立健全技术、专利和标准的协同机制，充分发挥标准对行业发展的规范、导向和提升作用。

7. 全面提升绿色发展水平

把挖掘节能减排潜力，不断提高资源能源利用效率和原燃料替代率作为一项需要始终坚持的长期任务。以实现主要污染物近零排放为愿景目标，积极组织研发应用符合行业生产工况条件的粉尘治理、脱硫脱硝、减碳减水、资源综合利用等技术。适应不断强化的能耗限额、排放资质、资源综合利用、应急处置等环保治理环境，充分利用建筑材料行业生产工艺的特性和作为全社会循环经济节点行业的先天优势，不断深化研究各类废弃能源和大宗废弃物处置利用的新技术，提高对工业及农业废弃物、建筑垃圾、生活垃圾及城市污泥、有毒有害废弃物等的资源化利用能力，促进建筑材料生产企业向环保功能型、城市建设标配型企业转变，为无废城市、无废社会做贡献。

8. 全面提升建筑材料行业国际化水平

建筑材料行业要适应国际形势的新变化，从行业属性和长远发展入手，熟悉、了解、掌握和遵循国际规则，统筹利用好国内外生产要素，以技术、装备和质量为基础，尊重和加强知识产权保护，重视将先进的产能和研发能力与全球共享。下大力气积极构建满足大循环、双循环新发展格局的全球产业布局，特别是要加强与“一带一路”沿线国家的产业融合，推动形成国际建筑材料行业产业链、供应链、价值链的共建互融，共享经济发展成果。

（作者：中国建筑材料联合会　刘　杨）

第十章　机械行业 2022 年发展回顾及形势展望

2022 年，面对复杂多变的外部形势，机械行业认真贯彻落实党中央、国务院的决策部署，坚持稳中求进的工作总基调，行业运行保持稳定、产业结构持续优化、发展韧性不断增强，全年主要经济指标在合理区间，对稳定经济大盘、提振工业经济、提升外贸质量发挥了积极的作用。2023 年，机械行业内需市场逐步改善、发展环境优化，但外需市场挑战加剧。全行业要坚定信心、踔厉奋发，努力推动行业经济平稳运行，不断提升发展质量。

一、2022 年行业发展回顾

2022 年机械行业经济运行虽经历起伏，但运行态势总体向好。第一季度开局良好；第二季度受局地交通物流不畅影响，下行压力陡然增加，但全行业迅速振作起来，主要指标在短时间内实现由负转正；第三季度稳中向好；第四季度由于外需市场下滑，增速有所放缓。2022 年机械行业主要经济指标实现平稳增长。

（一）2022 年机械工业运行完成情况

1. 产业规模持续扩大

国家统计局数据显示，截至 2022 年年末，机械工业共有规模以上企业 11.1 万家，比 2021 年增加 1.2 万家，占全国工业规模以上企业数量的 24.7%，比 2021 年提高 0.5 个百分点；资产总计 32.5 万亿元，同比增长 13.1%，占全国工业资产总计的 20.8%，比 2021 年提高 0.9 个百分点。

2. 增加值增速高于全国工业

2022 年机械工业增加值同比增长 4%，高于全国工业增加值增速 0.4 个百分点，高于制造业增加值增速 1 个百分点。其中，专用设备、汽车、电气机械及器材、仪器仪表制造业增加值同比分别增长 3.6%、6.3%、11.9%和 4.6%，除专用设备制造行业外，其他行业增加值增速均高于全国工业增加值增速；通用设备制造业增加值同比下降1.2%。机械工业主要涉及的行业大类增加值完成情况如图 10-1

所示。

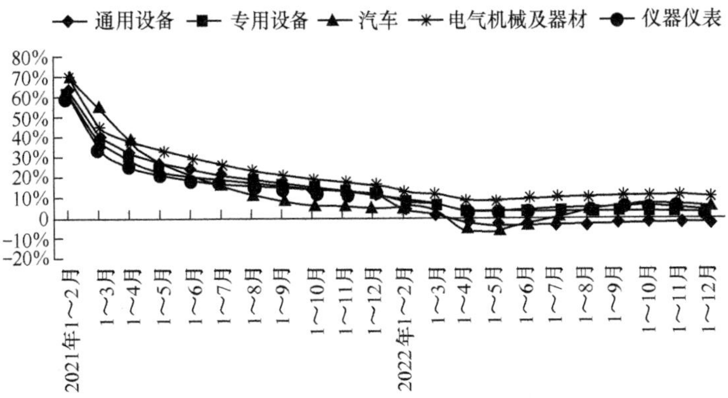

图 10-1 机械工业主要涉及的行业大类增加值完成情况

3. 效益指标增长稳定

技术进步与产品结构升级有效带动了行业的效益增长。国家统计局数据显示，2022 年机械工业累计实现营业收入 28.9 万亿元，同比增长 9.6%；实现利润总额 1.8 万亿元，同比增长 12.1%。与全国工业相比，机械工业营业收入与利润总额的增速分别高于全国工业 3.7 个百分点和 16.1 个百分点。在全国工业营业收入和利润总额中的比重分别为 21%和 21.6%；拉动全国工业营业收入增长 1.9 个百分点、拉动利润总额增长 2.2 个百分点。2022 年全国工业和机械工业营业收入增速情况如图 10-2 所示。

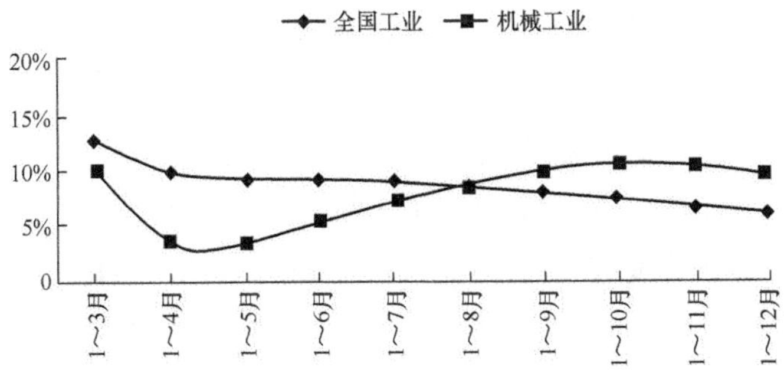

图 10-2 2022 年全国工业和机械工业营业收入增速情况

4. 固定资产投资向好

在投资意愿改善与低基数因素的共同作用下，2022 年机械工业固定资产投资呈现较快增长，主要涉及的国民经济行业大类通用设备、专用设备、汽车、电气机械及器材和仪器仪表制造业固定资产投资同比分别增长 14.8%、12.1%、12.6%、42.6%和 37.8%。其中，电气机械及器材制造业民间投资全年保持高速增长，是拉动电气机械及器材制造业投资增速超过 40%的重要力量；汽车制造业固定资产投资由 2020 年、2021 年的负增长转为 2022 年的正增长。2021 年以来机械工业主要行业大类固定资产投资增速情况如图 10-3 所示。

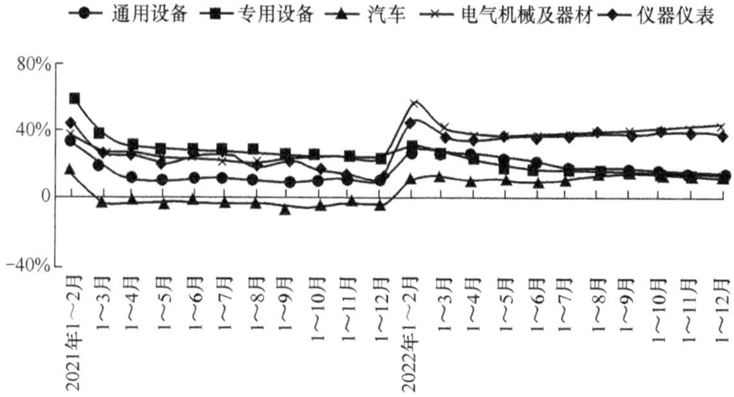

图 10-3　2021 年以来机械工业主要行业大类固定资产投资增速情况

5. 对外贸易量增质升

2022 年机械工业外贸进出口总额为 1.07 万亿美元，同比增长 3%，连续第二年超过万亿美元大关。其中，出口总额 7400 亿美元，实现贸易顺差 4104 亿美元，均创历史新高。从贸易结构来看，全年机械工业一般贸易出口金额增长 12.5%，高于出口平均增速 3.1 个百分点，占出口总额的 71.4%，是带动机械工业出口总额创新高的主要力量。从产品结构来看，汽车整车、工程机械、发电设备、矿山设备等整机、主机对出口的带动作用持续增强。全年汽车整车出口超过 300 万辆，其中新能源汽车出口近 67.9 万辆，同比增长 1.2 倍；挖掘机、电动叉车、金属轧机和起重机等产品的出口量分别增长 41.9%、33.7%、51.8%和 20.1%。

6. 行业运行处于景气区间

机械工业景气指数的编制涵盖生产、投资、外贸和经济效益等多个维度，综合反映机械工业的运行情况。2022 年机械工业景气指数 2 月高开，在疫情的综合影响下，5 月为年内低点，此后逐步回升，年末两月虽有所回落，但全年总体保持在景气区间，12 月机械工业景气指数为 105.98。2019 年以来机械工业进口、出口增速情况如图 10-4 所示。

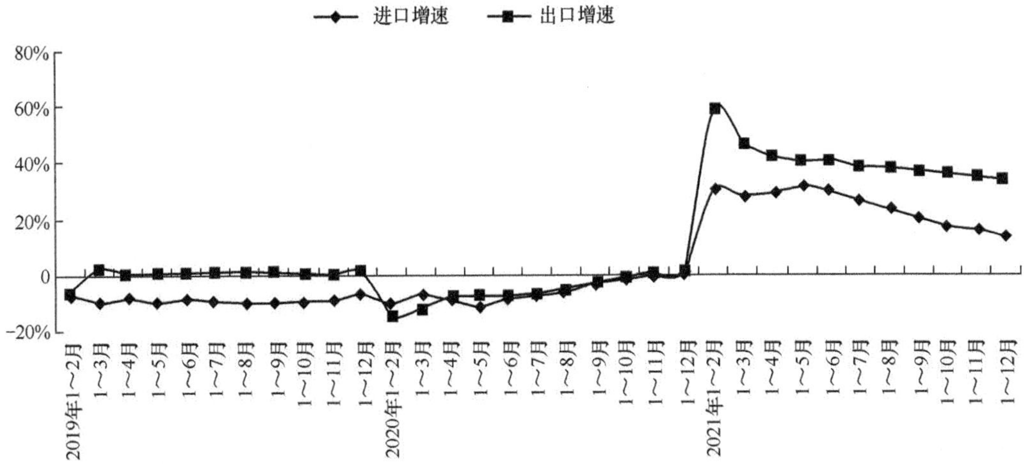

图 10-4　2019 年以来机械工业进口、出口增速情况

7. 主要产品产销情况

（1）产品产销形势分化

2022 年机械工业主要监测的 30 种产品，全年累计产量同比增长的产品有 13 种，占比 43.3%；产量下降的产品有 17 种，占比 56.7%。年内主要产品产销形势分化，实现增长的产品数量在半数左右波动。2022 年机械工业重点监测产品产量增减变化情况如图 10-5 所示。

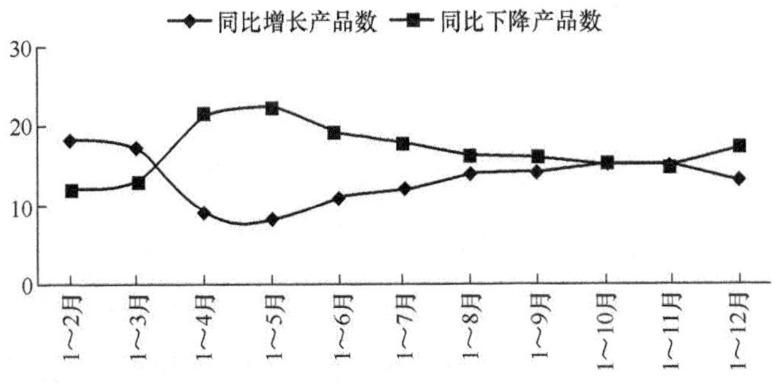

图 10-5　2022 年机械工业重点监测产品产量增减变化情况

（2）部分代表性产品产销情况

农业机械：2022 年，农机行业产业链各环节均受到影响。此外，在国际局势震荡、行业竞争以及用户对农机产品排放标准“国三”升级“国四”的观望

情绪等多重因素的影响下，全年行业整体经济运行走势稳中趋弱，但行业运行不乏亮点。具体表现为：一是政策规划显成效，农业机械化发展取得积极成果，年末农机装备总量接近 2 亿台（套），全国农作物耕种收综合机械化率超过 72%。二是资金支持仍是发展的主要动力。三是农机出口好于预期，在 2021 年高基数的基础上同比增长 7%。四是随着市场需求增加和农机技术水平的不断提高，农机大型化、智能化发展趋势明显，2022 年拖拉机产量 56.95 万台，大中型农机占比超七成。五是产业升级，行业集中趋势明显，骨干企业盈利能力提升。

机床：2022 年上半年，制造业利润降幅扩大，固定资产投资增速趋势下降，导致机床行业订单推迟、需求走弱；2022 年下半年，国内金属切削机床和金属成形机床产量持续负增长。全年金属切削机床产量 57.2 万台，同比下降 13.1%；金属成形机床产量 18.3 万台，同比下降 15.7%。但全年机床行业在磨具磨料产品制造业的带动下，营业收入与利润总额分别增长 15.2%和 62.9%，有力地带动了机械工业主要经济指标的增长。

发电设备：据机械工业发电设备中心统计，2022 年全国发电设备生产完成 13564.5 万千瓦（按发电机计），同比增长 0.8%，产量再创新高。从产品类型来看，水电设备占比下降，火电、风电、核电设备占比呈不同程度增长。具体来看，火电机组 6759.2 万千瓦，占 49.8%，同比增长 18.5%。清洁能源发电机组中，风电机组 5703.8 万千瓦，占 42.1%，同比增长 1.9%；水电机组 881.5 万千瓦，占 6.5%，同比下降 56.3%；核电机组 220 万千瓦，占 1.6%，同比增长 57.1%。

汽车：2022 年，尽管遭受高端芯片短缺、动力电池原材料价格高位运行、局部地缘政治冲突等诸多不利因素的冲击，但在购置税减半等一系列稳增长、促消费政策的有效拉动和全行业的共同努力下，中国汽车市场在逆境中复苏向好，行业走出低谷，全年实现正增长。汽车产销分别完成 2702.1 万辆和 2686.4 万辆，同比分别增长 3.4%和 2.1%，产销总量已经连续 14 年稳居全球第一。其中，新能源汽车爆发式增长，产销分别完成 705.8 万辆和 688.7 万辆，同比分别增长 96.9%和 93.4%，市场占有率达到 25.6%，高于 2021 年 12.1 个百分点。

工业机器人：2022 年机器人行业规模以上企业数量比 2021 年显著增长，资产总额的增速远超过收入与利润的增长，反映出作为新兴产业，机器人行业总体仍处于产业成长期。国家统计局数据显示，规模以上工业企业工业机器人产量为 44.3 万套，同比增长 21%。从绝对量来看，我国工业机器人产量首度跃过

40 万套大关，单月产量均在 3 万套以上，特别是 3 月与 6 月单月产量均超过 4.4 万套。全机器人行业营业收入同比增长，但利润总额下降。行业经济运行呈现以下特点：一是新能源汽车、锂电、光伏和半导体等领域市场需求旺盛，有效带动机器人产品产量增长；二是企业发展差异明显，行业亏损面近 30%，比 2021 年有扩大的趋势，同时骨干企业产销盈利状况良好，部分企业效益大幅增长。

二、行业发展中的亮点

机械行业为有效应对风险挑战，深入推进结构调整与转型升级，新兴产业加速发展、新动能加速凝聚、科技创新成果涌现，行业发展韧性进一步增强。

（一）强链补链有序开展、高端化智能化发展提速

有效应对超预期因素冲击，产业链供应链韧性增强。高端工业母机、精密仪器仪表、关键核心零部件的制造能力提升，超大规模电力装备、大型矿山和冶金装备、大型石化装备供给能力升级，为国家能源资源开发利用与生态文明建设提供保障。机械工业高端化、智能化发展提速。上海交大智邦科技联合普什宁江机床、华中数控等单位研制的国产装备轿车动力总成加工生产线在上海通用汽车投入使用，这标志国产化功能部件组成的高端加工中心已能完全满足高档汽车动力总成的加工需求。哈电集团成功制造国内首台增材制造轴流式水轮机真机转轮，对推动智能制造技术在发电设备制造领域的应用具有重要意义。太重集团设计研发的国内首套“一键炼焦”智能化成套设备投入运行，填补了国内焦化行业的技术空白。

（二）深化创新驱动、重大装备制造取得突破

机械行业创新体系建设加快推进，截至 2022 年年末，挂牌运行和批准建设的机械工业重点实验室、工程研究中心和创新中心共计 253 家。其中，重点实验室 121 家，挂牌运行 96 家；工程研究中心 131 家，挂牌运行 109 家；挂牌运行创新中心 1 家。企业积极投入研发创新，重大装备自主创新亮点频现。东方电气集团自主研发的首台国产 F 级 50 兆瓦重型燃气轮机，在华电清远华侨工业园天然气分布式能源站点火成功，标志我国在重型燃气轮机领域实现从无到有

的突破。中国三峡集团与新疆金风科技联合研制的全球单机容量最大、叶轮直径最大、单位兆瓦重量最轻的 16 兆瓦海上风电机组下线，标志我国海上风电大容量机组在高端装备制造能力上实现重要突破。一拖集团成功研发具有全部自主知识产权，喂入量 15 千克以上智能化高端收获机械——东方红 YT6668 大型高效谷物联合收割机，打破国外产品在该领域的垄断，以高质量农机装备护航粮食安全。

（三）践行绿色发展、推动传统产业转型升级

在“双碳”目标的引领下，机械工业全力助推传统产业转型升级。2022 年机械工业能源装备制造业营业收入与利润总额同比分别增长 20.4%和 33.9%，拉动机械工业营业收入增长 3.9 个百分点、利润总额增长 5.1 个百分点。代表性产品风电机组的产量占全年发电设备总产量的比重超过 50%。绿色低碳装备不断涌现，有力推动传统产业减碳发展。工程机械电动化发展提速，产品体系日趋完善，全年电动装载机销量已突破 1000 台，将推动工程建设领域绿色发展。特变电工新一代百万伏变压器试验成功，对提升我国清洁能源消纳、保障电网稳定运行具有重要意义。中国海油牵头研发的我国首套水下采油树在南海莺歌海顺利完成海底气井放喷测试作业并正式投入使用，标志我国已具备深水水下采油树成套装备的设计建造和应用能力，对提高国内能源自给率提供了重要的装备保障。在上海市静安区地下智慧车库项目中，中国铁建不仅打造了我国自主研制的全球最大竖井掘进机“梦想号”，并创新性地提出利用装配式垂直掘进技术在城市零星土地建造地下立体智慧停车库的全系统解决方案，对优化城市地下空间利用、推进智慧城市建设具有积极意义。

（四）新兴产业引领行业提质增效

2022 年机械工业主要经济指标增速明显高于生产指标，其中新兴产业的带动引领作用不可小觑。全年机械工业战略性新兴产业相关行业合计实现营业收入 23.1 万亿元，同比增长 13%，拉动机械工业营业收入增长 10.1 个百分点；实现利润总额 1.4 万亿元，同比增长 15.5%，拉动机械工业利润总额增长 11.7 个百分点。特别是能源存储与光伏设备行业，两者合计对机械工业营业收入和利润总额增长的贡献率为 62.9%和 55.1%。新能源汽车作为新兴产业的代表，2022

年产销量分别完成 705.8 万辆和 688.7 万辆，同比增长 96.9%和 93.4%，产销量再创历史新高，连续 8 年保持全球第一。同时，新一代信息技术、人工智能、工业互联网、5G 等新技术与机械领域加速融合，推动行业转型升级。潍柴集团建立由供应商协同研发平台、发动机智慧云平台和大数据分析决策平台 3 部分组成的工业云服务平台，为开展智能制造系统建设提供数据支撑。兰石集团采用工业互联网、人工智能、图像处理、数据实时采集分析等技术手段打造的国内首个核能装备焊接数字化平台顺利上线，形成了焊接过程可追溯、焊接质量稳定性和可靠性以及焊接质量评价准确度大幅提升的智能化生产系统。

三、当前行业发展需要关注的问题

（一）成本上升压力延续

2022 年机械工业所需原材料价格虽有一定波动，但总体处于高位。国家统计局数据显示，全年原材料生产资料工业生产者出厂价格同比上涨10.3%。此外部分产品制造领域的关键原材料价格上涨迅猛。例如，低压电气行业用磁性材料,变压器用取向硅钢片等价格大幅上涨;储能行业用电池级碳酸锂均价由 2021 年年末的 28 万元/吨升至 2022 年年末的 52 万元/吨，11 月价格一度冲高至近 60 万元/吨。此外，用工成本延续上涨趋势，重点联系企业用工人员工资总额同比增长 6.6%。全年机械工业发生营业成本共计 24.5 万亿元，同比增长 10.1%，高于同期营业收入增幅；每百元营业收入中的成本为 84.6 元，比 2021 年增加 0.4 元。

（二）货款回收难度上升

国家统计局数据显示,截至 2022 年年末机械工业应收账款总额 6.9 万亿元，突破 6 万亿元，同比增长 17.7%，占全国工业应收账款总额的 32%，高于机械工业营业收入、利润总额等指标在全国工业中的比重 10 余个百分点；应收账款平均回收期是全国工业的 1.5 倍。此外，专项调查显示，2022 年 53%的企业应收票据总额上涨，其中 16%的企业涨幅达到两位数，企业资金周转压力较大。年末机械工业流动资产周转率仅为 1.36 次，低于全国工业平均水平 0.35 次。

（三）国内市场需求总体偏弱

国家统计局数据显示，与机械产品市场需求密切相关的全国设备工器具投资 2022 年同比增幅为 3.5%，低于同期全国固定资产投资增速 1.6 个百分点，全社会设备采购投资偏弱。机械工业主要涉及的国民经济行业大类中，通用设备、专用设备、汽车、电气机械及器材制造业产能利用率分别为79.2%、77.6%、72.7%、77.3%，比 2021 年下降 1.8 个百分点至 3.7 个百分点。重点联系企业数据显示，全年机械企业累计订货金额持续处于负增长，下半年降幅有收窄趋势，年末同比仍下降 2%。专项调查显示，截至 2022 年年末，50%的被调查企业在手订单同比增长，70%的被调查企业在手订单仅满足 2023 年第一季度的生产；外贸市场订单增长乏力、生产满足时间短的问题更明显，在手订单短单居多。

四、2023 年行业发展形势展望

（一）行业运行环境分析

2023 年世界经济衰退风险上升、通胀预期延续，地缘政治冲突升级威胁着全球贸易复苏，发达经济体对产业链安全诉求提升、大国间在关键领域的博弈加剧，机械工业外贸市场面临下行压力。国内经济依然面临需求收缩、供给冲击、预期转弱三重压力，机械工业平稳运行、转型发展任务繁重。

中央经济工作会议明确了“坚持稳字当头、稳中求进”的总基调，积极的财政政策、稳健的货币政策，宏观政策调控力度增强、各类政策协调配合提升，从宏观层面为机械工业的平稳发展提供坚实支撑。存量政策与增量政策叠加发力，重点投资与重大工程项目建设相继开工，形成实物工作量，从市场层面为机械工业稳增长提供有力保障。春节返岗后，企业恢复生产、抢抓订单的状态积极，国内经济进一步呈现加快回升的态势。

（二）主要分行业趋势预判

2023 年，机械工业主要分行业运行总体将呈现平稳向好态势。**汽车行业**在稳经济、促消费政策的作用下，市场需求有望延续回升走势，新能源汽车发展与汽车出口将延续良好势头，预计全年汽车产销量小幅增长。**电工电器行业**利好因素较多，风电、光伏、核电等清洁能源发电项目加快推进，煤电市场结构调整，为构建智能化、数字化、高端化的新型输配电体系电网投资加码，储能项目规模化落地，行业主要经济指标将实现一定速度的增长。**石化通用设备制造行业**基于石油天然气价格高位带来的油气行业投资需求，当前企业在手订单情况较好，此外“双碳”目标也带动存量设备改造需求，预计行业主要经济指标保持稳定增长。**工程机械行业**在稳投资力度持续加大、基础设施建设提速、专项债投放加快、政策性银行新增贷款投放增加等利好因素的带动下，行业将实现质的有效提升和量的合理增长。

（三）全行业趋势预判

综合分析，2023 年机械工业经济运行将呈现平稳向好的态势，主要经济指标前低后高，全年工业增加值、营业收入、利润总额等指标增速将在 5%左右，外贸进出口基本稳定。

（作者：中国机械工业联合会　李晓佳）

第十一章　汽车行业 2021—2022 年发展回顾与形势展望

一、党的十九大以来行业发展成就

（一）市场规模稳居全球第一

2017 年，我国汽车销量达到历年我国销量高峰，为2888万辆，随后的几年，我国汽车工业由高速发展转向高质量发展阶段，且市场规模一直稳居全球第一的位置，全球汽车大国的地位没有改变，这为我国汽车市场提供了广阔的内需市场。2001—2022 年中国汽车销量及增长率如图 11-1 所示。

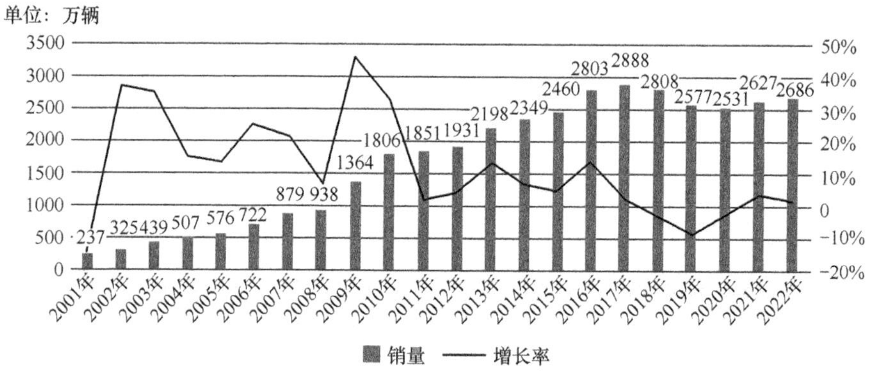

数据来源：中国汽车工业协会。

图 11-1　2001—2022 年中国汽车销量及增长率

我国民用汽车保有量在 2017 年超过 2 亿辆，在 2022 年达到 3.19 亿辆，增长超过 50%。同时，我国千人汽车保有量由 2017 年的不到 150 辆，提高到 2022 年的 215 辆。

（二）新能源汽车快速发展

2017—2022 年，我国新能源汽车产销规模实现跨越式增长，我国新能源汽车 2017 年的销量为 77.67 万辆，2022 年的销量跃升至 688.7 万辆，市场渗透率达 25.6%。2023 年，我国新能源汽车的销量有望突破 900 万辆。2013—2022 年新能源汽车销量及增长率如图 11-2 所示。

目前，我国新能源汽车进入规模化快速发展新阶段，在国内外市场打造了中国制造的“新名片”。可以说，**凭借新能源汽车赛道，中国汽车产业实现了弯道超车。**

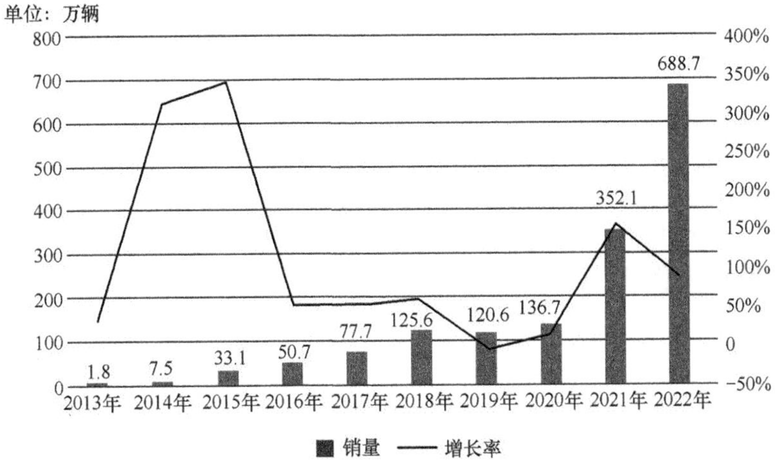

数据来源：中国汽车工业协会。

图 11-2　2013—2022 年新能源汽车销量及增长率

（三）我国汽车市场实现了全面的对外开放

2018 年，按照国家进一步扩大开放的统一部署，我国汽车行业分类型实行过渡期开放。2022 年，我国汽车行业已全部取消中外合资 50∶50 的股比限制，以及合资企业数量的限制，实现了全面的对外开放，我国汽车企业与国际汽车企业实现同台竞争。

（四）中国品牌汽车实力提升

我国汽车产业起步较晚，2000 年左右汽车才开始大规模进入家庭。2000 年后的第一个十年，中国品牌汽车刚刚起步，靠低价取胜，占领国内部分市场。但通过这一阶段的积累，近十年中国品牌汽车的实力得到了质的提升，特别是在新能源、智能网联汽车领域取得了主导地位。2022 年，在新能源乘用车销量总量方面，中国品牌占比达79.9%，市场认知度与国际影响力不断提升，在全球十大畅销新能源汽车车型中有 6 款是中国品牌。

降 10.7%和 6.6%。其中，货车产销分别达到 416.6 万辆和 428.8 万辆，同比下降 12.8%和 8.5%。2021 年，客车产销分别为 50.8 万辆和 50.5 万辆，同比增长 12.2%和 12.6%。第一季度，商用车市场进一步延续 2020 年的高增长态势，市场销量再创历史新高，增长原因除国三老旧车淘汰、“双超”治理、物流行业拉动等因素外，国内经济恢复性增长带动基建大规模启动、国六标准实施引起国五车提前采购更是促使其快速增长的核心因素。4 月后，市场透支消费逐步趋弱，增速大幅回落，5 月后月度同比呈现明显下降，第四季度降幅虽有所收窄，但依然超过 20%。因此，全年商用车产销结束 2020 年快速增长，呈一定程度的下降。

4. 新能源汽车产销呈现爆发式增长，产品品质和市场认可全面提升

2021 年，新能源汽车产销表现最为出色，分别达到 354.5 万辆和 352.1 万辆，同比增长均为 1.6 倍。占汽车产销总量为 13.6%和 13.4%，与 2020 年相比，提升 8.2 个百分点和 8.0 个百分点。其中，纯电动汽车产销分别完成 294.2 万辆和 291.6 万辆，同比增长 1.7 倍和 1.6 倍。插电式混合动力汽车产销分别完成 60.1 万辆和 60.3 万辆，同比增长 1.3 倍和 1.4 倍。

5. 出口同比呈现快速增长，汽车企业出口量首次超过 200 万辆

2021 年，汽车生产企业共出口 201.5 万辆，同比增长 1.0 倍。占汽车销售总量的比重为 7.7%，比 2020 年提升 3.7 个百分点。从全年汽车企业出口情况来看，各月出口同比均快速增长，其中第四季度月均出口量超过 20 万辆，表现更为突出。

（二）2022 年汽车行业发展回顾

2022 年，党的二十大胜利召开，为我国全面建设社会主义现代化国家新征程擘画宏伟蓝图。这一年，面对需求收缩、供给冲击、预期转弱三重压力，以习近平同志为核心的党中央坚决部署、果断施策，积极应对国内外各种挑战，稳经济一揽子政策和 19 项接续政策精准发力，推动我国经济企稳向好，总体保持运行在合理区间。汽车行业同样面临严峻考验，在各方的共同努力下，行业呈现出恢复增长态势，全年汽车产销稳中有增，主要经济指标持续向好，为稳定工业经济增长起到重要作用。其中，中国品牌表现出色，市场占有率不断提升；新能源汽车和汽车出口延续良好发展，屡创月度新高。总体来看，2022 年我国汽车工业发展大致呈现以下特点。

1. 汽车产销恢复增长，全年实现微增

2022 年，汽车产销分别完成 2702.1 万辆和 2686.4 万辆，同比增长 3.4%和 2.1%，实现小幅增长。从全年汽车销量变化情况来看，1～2 月开局良好，产销稳定增长；3～5 月，我国汽车产业链供应链受到严重冲击，汽车产销出现断崖式下降；5 月中下旬以来，中央和地方陆续出台一系列稳增长、促消费政策，极大地激发市场活力，6～9 月汽车市场持续走高，呈现恢复增长，是近三年同期最好水平；进入第四季度，终端消费市场增长乏力，消费者购车需求释放受阻，汽车产销增速回落，与过去两年相比，产量和批发销量并未出现往年和预期政策结束应产生的年底翘尾现象。

2. 乘用车市场较快增长，消费升级趋势明显

2022 年，乘用车产销分别完成 2383.6 万辆和 2356.3 万辆，同比增长 11.2%和 9.5%，增速高于行业总体。乘用车市场在购置税减半等促消费政策的拉动下，加之 2022 年以来，新能源汽车持续保持高速增长，汽车出口势头良好，带动乘用车市场自 6 月以来保持较快增长。尽管第四季度增速有所放缓，但全年销量增速仍接近两位数，为汽车销量实现增长贡献重要力量。

伴随居民收入水平提高，汽车消费者愈加关注品牌、品质、服务等汽车附加属性。在供需两端的共同作用下，汽车消费升级趋势显著增强。首购和换购人群购置高档车型比例不断增加，中国乘用车市场价格区间呈明显结构性向上趋势。年轻一代新消费群体不断壮大，且乐于接受新鲜事物，很大程度上加速了乘用车市场电动化、智能化转型升级趋势。

传统燃油乘用车中，尽管 10 万～15 万元价格区间仍为主要销量贡献集中区段，但从增长速度来看，20 万～25 万元、30 万～35 万元市场表现相对较好，50 万元以上市场涨幅最大，高端化趋势明显。此外，新能源乘用车也由以前的哑铃型结构逐步转向纺锤形，15 万～20 万元车型销量最大，且增速最为显著。

2022 年，高端品牌乘用车共销售 388.6 万辆，同比增长 11.1%，高于乘用车增速 1.6 个百分点，占乘用车销售总量的 16.5%，占比高于 2021 年 0.7 个百分点。

3. 商用车产销呈两位数下降，前十企业继续保持较高市场占有率

2022 年，商用车产销分别完成 318.5 万辆和 330 万辆，同比下降 31.9%和

31.2%，下降比例达到两位数。在商用车主要品种中，与 2021 年同期相比，客车和货车产销均呈较快下降。2021 年上半年之前，货车受环保政策拉动，企业抢抓排放标准切换机遇，出现一轮较长时间的购车高峰，造成目前在用车换购需求动力不足。

4. 新能源汽车产销再创历史新高

2022 年，新能源汽车继续保持高速增长，产销连创月度新高，分别达到 705.8 万辆和 688.7 万辆，同比分别增长 96.9%和 93.4%，市场占有率达到 25.6%。其中，纯电动汽车产销分别完成 546.7 万辆和 536.5 万辆，同比分别增长 83.4%和 81.6%；插电式混合动力汽车产销分别完成 158.8 万辆和 151.8 万辆，同比分别增长 1.6 倍和 1.5 倍；燃料电池汽车产销分别完成 0.4 万辆和 0.3 万辆，同比均增长 1.1 倍。

党中央及各地政府高度重视新能源汽车的发展，在税收、补贴等方面出台多项促新能源汽车消费的政策，同时企业也积极开发新能源汽车产品，供应链资源优先向新能源汽车集中，整体产销完成情况超出预期。

5. 汽车出口快速增长，出口量突破 300 万辆

据对行业内整车企业报送的出口数据统计，2022年，汽车生产企业共出口 311.1 万辆，同比增长 54.4%，占汽车销售总量的比重为 11.6%，比 2021 年提升 3.9 个百分点。

2022 年，我国汽车出口快速增长主要受以下 8 个方面因素拉动：一是海外市场逐步恢复，需求加速回暖；二是中国汽车产业具备大规模国际化的基础和条件，有能力持续向海外市场提供优质汽车产品；三是新能源成为汽车出口增长新动能，我国新能源汽车国际竞争力较强，经过多年发展，具有一定先发优势，市场份额仍处于扩张期，未来有望继续保持高速增长，成为汽车出口规模和质量提升的重要引擎；四是外资合资品牌出口放量，我国全面取消外资股比限制，主要外资品牌汽车企业争相调整全球战略布局，在华扩大生产及出口规模；五是自贸区战略深入实施，为汽车出口提供有力支撑；六是海外投资模式发生变化，直接投资发挥重要作用，为未来增长奠定了坚实的基础；七是我国汽车的技术水平显著提升，产品竞争力不断加强；八是中国汽车品牌形象持续提升，积极融入当地文化与生活。

三、2023 年行业发展形势展望

目前，我国经济持续增长和高质量发展的总态势没有变，发展的韧性强，产业的基础好，宏观政策积极有效，中国经济有效应对超预期冲击、回升向好。2022 年，我国 GDP 达 121 万亿元，实现 3%的增长。这是继 2020 年、2021 年连续突破 100 万亿元、110 万亿元后，再次跃上新台阶。2023 年 GDP 将增长 5%左右，我国经济的持续增长将成为汽车产业持续发展的强进动力。整体来看，“十四五”期间，宏观经济的复苏、中低收入群体经济状况好转、国家政策层面支持等方面都将促进中国汽车市场的良好发展。

2022 年，配合国家出台的促消费政策，各地方政府也都积极出台了各项刺激政策。地方补贴政策，特别是传统燃油车的购置税减半政策，极大地促进了我国汽车消费。

从长期发展来看，我国汽车市场仍处于普及初期向后期过渡阶段，新车销售由增量市场逐步转向存量市场。虽然近几年我国汽车市场出现了波动，但纵观历史，汽车发达国家在普及阶段也出现了 2～4 年左右的波动。根据这一规律，中国汽车工业产销目前已处于短期调整的尾声，未来将保持温和的增长态势。

2023 年中国汽车市场基本面总体向好，后续供应链秩序与消费信心将逐步恢复。总体来看，2023 年中国汽车市场将保持微增长态势，全年总销量或将超过 2760 万辆，同比增长超 3.0%。

按汽车品类来看，乘用车市场结构调整明显，中低收入人群购买力不足，自主及合资入门产品需求大幅下滑，中低端产品价格战进一步加剧，降价促销进一步传导至中高端、新能源及豪华车市场，消费者观望情绪较浓，终端市场需求明显不足，燃油车持续下滑，在新能源和出口拉动下，全年市场基本保持持平状态，若价格战持续加剧，则乘用车市场的整个价格体系、消费体系将重构，自主产品将加快退出燃油车市场，全面转向新能源，合资产品定位进一步下探，取代自主入门级市场，合资中高端产品、豪华品牌将与自主新能源展开激烈竞争。随着出行和消费需求的增长，客流和物流逐步恢复，经济大环境向好，带动商用车回暖。新能源汽车仍是市场增长的主要驱动力，将加速对燃油乘用车的取代。新能源受免税政策影响，仍将保持高增长态势，若免税政策到期不再延续，则预计销量很有可能超过 900 万辆，同时会透支

2024年市场需求，若政策延续，则透支不明显，销量预计在900万辆左右。出口预计全年400万辆，保持高增长趋势，成为拉动汽车市场的另一个重要力量。

总的来说，近两年，虽然汽车行业面临困境，但并没有因此阻止产业快速变革的发展势头。相反，在“电动化、网联化、智能化”及“低碳化”的促进下，汽车行业积极拥抱新一轮科技革命，坚持创新驱动，加快融入新发展格局，全面进入高质量发展新阶段。具体而言，我国汽车工业已经呈现出以下4个方面发展趋势。

1. 电动化格局加速形成

预计5～8年，我国有大量国排标准及以下的在用车辆逐步面临淘汰替换，这给电动车市场带来了巨大的空间。从当前快速发展的新能源汽车市场表现来看，加之“双碳”目标的驱动，政府会加速新能源汽车市场化进程，预计未来5年电动车产销增速将保持在40%以上。随着新能源汽车渗透率的不断提高，汽车市场将发生明显改变：一是能源使用结构将发生改变，绿色能源利用率大幅提高；二是电池、电机等新材料供给将达到新的平衡，成为供给的重要保障能力；三是充换电基础设施布局显著扩大，充电设施智能化将得到普及；四是新能源汽车相关配套政策、法规、标准体系将更加完善、更加健全。

2. 产业链创新体系加速构建

在构建“以国内大循环为主体、国内国际双循环相互促进”的新发展格局过程中，“新四化”不断创新发展，工业互联网、自动驾驶、车用芯片、操作系统、软件服务、计算平台等大大拓展了关键资源覆盖领域，数字化成为汽车产业生态链上的主牵引，在我国巨大的市场拉动下，与传统的供应链加速融合，共同构建完整的、区域性产业链保障体系，支撑“双循环”畅通，这将为国内外零部件企业带来新的发展机遇，也给科技创新型企业带来广阔的发展空间。

3. 产品技术研发加速迭代

电动化、智能化推动产品核心技术持续拓展，软件和整车电子架构成为研发的主要内容，汽车产品的研发也呈现软硬件协同和持续快速迭代的态势。这对研发能力和体系提出了更高的要求，需要大量新型人才和资源要素支撑，孤岛式的机电集成体系将面临淘汰。未来将打破现有企业界限，建立协同共享式技术开发平台，这将使产业集中度不断提高。此外，数据、信息是产品研发的重要资源，从数据跨境、信息安全角度出发，研发本土化将成为必然趋势。目前，已经有很多跨国公司将研发中心转移到中国市场前沿，从而赢得了竞争的主动权。

4. 服务生态快速呈现

在汽车与能源、交通、信息通信等领域技术加速融合的过程中，将颠覆传统的商业模式，汽车从移动工具向算力终端、能源终端和数字终端转变，并逐渐成为支撑构建智能交通、智慧城市的关键要素。以汽车为中心的新型服务生态正在兴起：一是软件定义汽车时代，汽车基于自身产生的数据可支持软件快速迭代，能更好地贴近用户的使用习惯，增加用户黏性，最大限度地满足用户的个性化需求，从而促进形成新的商业生态；二是基于 5G 的 V2X 交通路网标准在智慧城市、智能交通的建设中，不断为世界提供中国方案；三是随着 V2G 技术的大力推广，将极大地提升电动汽车能源的使用效率，电动汽车作为智慧能源终端将彻底改变能源网络生态；四是多样化的共享出行方式也给消费者带来更多的选择，并促进形成可持续发展的多维度交通体系。

四、当前行业发展需要关注的问题

（一）汽车市场促消费相关问题

当前汽车终端市场依然相对疲软，国内有效需求尚未完全释放，企业经营压力较大，消费完全恢复尚需时日。

（二）我国汽车出口面临的问题

与美、日、韩车企相比，我国与海外国家自贸协议偏少。尤其在汽车的整车及零部件出口方面，我国车企的成本优势难以发挥。我国已能够提供媲美，甚至超越美、日、韩车企产品力和品质的汽车产品，但因为关税问题，价格上却没有竞争优势。

中国的汽车产品认证。中国的汽车产品到全球销售时，往往每进一个国家还需再做一次认证，造成时间和资金等成本上的增加。

企业普遍反馈运力资源紧张。海运方面，中国汽车工业出口起步相对较晚，能够满足汽车运输的滚装船数量严重不足。随着海外汽车供应链的恢复，国外汽车品牌必将抢占当前有限的航运资源。一舱难求的物流现状，严重影响企业订单交付，制约着中国汽车开拓国际市场的步伐。此外，铁路运输方面，中欧班列较企业实际需求仍存在较大缺口。

亚欧大通道的霍尔果斯口岸通关效率较低，严重影响订单执行。目前，我国出口中亚地区的车辆基本从霍尔果斯口岸通关（霍尔果斯现有近万台车辆在排队出境），严重超出了海关通关能力，一旦出现天气或政策变化，将导致货物等待通关时间过长，口岸等待时间在 10 天至 2 个月不等，2022 年发生过货物需等待 3 个月才可通关的情况，物流费用严重超出预算，时间成本和违约风险也大幅提升。

（三）芯片结构性短缺问题

芯片问题总体上有所缓解，但部分汽车芯片仍呈现结构性短缺。外资及合资供应商芯片企业价格较 2022 年同期平均涨幅超过 20%，2023 年年初又有一轮大规模涨价潮，涨幅在 15%左右。

五、当前和下一步行业发展的建议

（一）汽车市场促消费相关建议

汽车是稳定经济的重要抓手，在社会活动趋于正常，汽车市场预期不足的情况下继续出台促进汽车消费政策，对稳定汽车增长和经济大盘至关重要。具体建议如下。

1. 延续车购税优惠征收政策

建议 2023 年能够继续延续 2.0 升及以下、总价不超过 30 万元（不含增值税）传统燃油乘用车购置税减半政策，2024 年优惠力度调整为 7.5%。且明确的时间越早越好，有助于市场平稳运行。

2. 鼓励有条件的地区出台或延续地方性促进汽车消费相应政策

包括适度采取限购放宽、购车直接补贴、给予现金激励、消费券等形式。限购城市增加 2023 年购车指标，在 2022 年基础上，至少增加 30%汽车指标配额；北京在 7 万个新能源汽车指标基础上，增加到不少于 10 万个指标。放宽或取消购车人员限制条件，并适时全面取消限购。

3. 做好地方激励政策与国家购置补贴取消的衔接，推动新能源汽车市场走向成熟

2023 年市场供给能力将进一步增强，将有超过百款新能源汽车上市，车企对多元消费需求响应能力提高。建议通过地方政策，持续覆盖二、三线城市甚至城乡市场区域，进一步挖掘重要增量市场，通过地方性激励政策推动当地新能源汽车市场走向成熟。

4. 加大混合动力汽车发展支持力度

近年来，我国汽车自主节能技术获得较快发展，生产成本快速下降，已进入市场化、产业化阶段。在当前绿电供给不足，充电基础设施配套尚不完善的情况下，混合动力汽车可以作为新能源汽车的有益补充，在推动汽车行业绿色低碳转型升级工作中发挥重要作用。建议支持混合动力汽车进入各地出租车（含网约车）选型目录，鼓励老旧出租车置换混合动力汽车，鼓励淘汰国三以下老旧车以旧换新置换混动动力汽车。推动北京、天津等小客车限购城市增设/增加节能车增量配置指标，推动混合动力汽车普及。

5. 促进商用车消费政策

对轻型和微型商用车实施购置税减半优惠政策；出台个人和个体工商户购车者的税收减免政策，在其取得收入需要缴纳增值税时，允许抵扣购买车辆取得的增值税进项税，或者用其取得的增值税进项税抵缴所需缴纳的其他相关税费；减免用户过路过桥费，取消商用车高速通行费，降低客户运营成本；加快落实国务院政策要求，延长允许货车在城市道路上通行的时间，放宽通行吨位限制。

6. 支持皮卡车型消费

加快落实皮卡进城解禁政策。对皮卡车型实施与乘用车相同的减半征收车辆购置税政策。释放皮卡路权，享受与乘用车相同的节假日、高速通行路权。加快修订机动车强制报废标准，取消皮卡强制报废年限和里程要求。

7. 尽快明确《公共领域全面电动化试点》相关配套政策

推动公共领域商用车需求释放。

8. 鼓励老旧车辆提前报废更新

建议2023年对消费者报废国四排放标准及以下排放标准的在用车并购买新车的，给予最高不超过5000元国家财政补贴。

9. 加快活跃二手车市场

各地区严格落实国家政府部门关于二手车流通的工作要求，包括严格落实全面取消二手车限迁政策、取消对开展二手车经销的不合理限制等。引导符合条件的二手车出口，盘活国内汽车存量，促进新车消费。

10. 继续开展新能源汽车下乡活动

在总结2020—2022年新能源汽车下乡活动工作的基础上，进一步加大宣传，扩大下乡车型范围，推进新能源汽车在县、乡、村级的普及。

11. 持续完善新能源汽车使用环境

加快基础设施建设，支持充电桩、换电站基础设施建设运营，给予奖补资金，并下调充电服务费。加快老旧小区、高速沿线充电设施的建设。加大对加氢基础设施建设的支持力度。加大对中西部地区的支持力度，促进均衡发展。淘汰效率较低的充电站，提升大功率充换电设施建设和应用比例，适应高压快充架构技术在各大厂商中的快速推广。对插电式混合动力汽车（含增程式）在上牌、限行等方面与纯电动汽车保持一致。对实行车电分离、单独开票的动力电池继续免征购置税，同时应尽快出台换电国家标准，引导企业向国家标准靠拢。

12. 利用好金融工具促进汽车销售

充分发挥融资租赁在新车销售环节的作用，降低消费门槛，促进消费升级；降低购车贷款利率和延长贷款期限，缓解消费者短期还贷压力。

13. 加大帮扶力度，助力企业纾困解难

延续惠企纾困相关政策，给予制造业用工补贴或阶段性调减产业工人社保的企业缴纳比例，给予企业税收、金融优惠，加快政策落实到位。鼓励推进大中小企业的协同合作，确保中小微企业产业链供应链安全稳定，助力企业平稳发展。

14. 尽快启动汽车税制总体改革方案研究

研究制定符合汽车行业转型升级要求的税收制度，鼓励产品向“电动化、网联化、智能化”方向发展，并采取差别化税率促进产业高质量发展。

（二）促进我国汽车出口的建议

1. 推进贸易协定落实和贸易自由化

政府层面需要推动双边或者多边的自由贸易区协定，并推进贸易协定的落实。

2. 推动标准及认证协同

利用好电动汽车发展契机，在各国还未建立统一的电动汽车行业标准时，加强中国电动汽车相关标准的输出（包括充电桩接口、三电系统认证、电动车运输标准等），大力促进中国车企“走出去”，在汽车产品方面，增强与海外国际组织的协同。支持国内检测认证机构与国外机构开展合作，签订实验室产品检验结果认可协议。

3. 提升物流运输能力建设及运力保障

支持扩大我国滚装船队规模，推进运力平台建设，提高班列运力额度，保障汽车行业出口运输需求，适当给予企业运费补贴，降低运费上涨导致企业成本严重增加的问题。

4. 提升部分口岸通关效率

关注口岸最新动态，并采取相应措施提高效率。

（三）针对芯片结构性短缺问题的建议

当前，汽车企业均在积极、有序推进芯片国产化替代工作。建议政府牵引设立高端车载计算芯片重大攻关专项、对重大攻关项目成果进行国产化研发和应用补贴、设立国产芯片整车验证专项资金。对国产化替代企业进行一定的政策支持，加快推进国产化进程。

（四）促进新能源汽车发展建议

延续新能源汽车免购置税政策至 2025 年。新能源汽车免购置税有效降低了新能源产品的购车成本。同时购置税作为价内税，为客户购车后缴纳，新能源汽车无须缴纳购置税对其感知明显，其计算购车成本时将免购置税作为一项明显优势考虑。

稳定动力电池产业链供应链体系。企业盈利能力受电池价格波动影响大，动力电池价格占整车成本比重基本在40%～60%，极大压缩车企盈利空间。建议加强大宗原材料市场宏观调控力度，适度加快国内锂、镍等资源开发进度；加快动力电池回收体系建设。

（作者：中国汽车工业协会　杨茜）

第十二章　纺织行业 2021—2022 年发展回顾与形势展望

纺织行业是国民经济与社会发展的支柱产业、解决民生与美化生活的基础产业、国际合作与融合发展的优势产业。党的十九大以来，在以习近平同志为核心的党中央坚强领导下，纺织行业深入贯彻落实党中央、国务院决策部署，坚持深化供给侧结构性改革，积极落实高质量发展要求，总体保持平稳发展态势，在先进制造、自主创新、文化传承、协调发展等方面取得了新发展成就，为我国全面建成小康社会做出积极贡献。到 2020 年年末，纺织行业已基本完成“纺织强国”建设任务和目标，为开启“十四五”高质量发展新阶段奠定了良好的基础。2021 年以来，纺织行业面临的国内外环境更趋复杂严峻，发展压力陡然提升。纺织行业坚持深化转型升级，努力化解市场需求不足、原料价格上涨、企业效益下滑等风险挑战，展现了较强的发展韧性。2022 年，党的二十大胜利召开，纺织行业也随着我国国民经济的平稳发展如期步入“十四五”全面深化转型升级的关键之年。党的二十大报告指出，推动高质量发展将成为今后五年党和国家全面建设社会主义现代化的首要任务。作为我国实体经济的重要组成部分和最为活跃、最富有创造力、最具竞争力的市场，面对当前复杂发展形势，纺织行业企业将立足于《纺织行业“十四五”发展纲要》提出的任务方向，深入推进转型升级和供给侧结构性改革，努力化解各类风险挑战，全面释放高质量发展潜力，在平稳增长、促进创新、保障就业、改善民生等方面展现了更大的作为，为我国国民经济实现稳定运行目标和高质量开启全面建设社会主义现代化国家新征程做出贡献。

一、党的十九大以来行业发展成就

（一）发展优势持续强化

党的十九大以来，我国纺织行业在全球价值链中的位置稳步提升，产业规模优势、体系优势不断强化，产业链整体竞争力进一步增强，生产制造能力与国际贸易规模稳居世界首位。2021 年，我国纺织纤维加工总量超过 6000 万吨，占全球纤维加工总量的比重保持在 50%以上，化纤产量占全球的比重达到 70%以上。2022 年我国纺织品服装出口金额达到 3410 亿美元，占全球的比重超过三分之一，稳居世界第一。产业链龙头企业、“专精特新”小巨人企业、单项冠军企业快速发展，国际化程度不断提升。据统计，2021 年沪深两市及港股中 217 家纺织服装、化纤制造与纺机类上市公司合计实现营业收入 1.2 万亿元，较 2020 年增长 17.3%。2022 年分别有 6 家、2 家涉纺企业跻身《财富》世界 500 强和福布斯中国创新力企业 50 强榜单。资本“走出去”步伐加快，东方盛虹项目成为 2022 年国内企业在瑞交所发行 GDR[1]融资规模第一大的 IPO 项目。

（二）结构调整稳步优化，助力国民经济平稳运行

党的十九大以来，服装、家纺及产业用三大终端产品纤维消耗量比重由 2017 年的 45.5 : 27.6 : 26.9 调整为 2020 年的 40 : 27 : 33，具有较高科技含量的产业用纺织品占比进一步提升。2022 年，我国高性能纤维总产能占世界的比重超过三分之一，产业用纺织品纤维加工量达 1960 万吨，较 2017 年增长约 30%，有效满足多元化、多层级、多领域市场需求。纺织服装产业集群快速发展，成为实现富民创业、推进乡村振兴和新型城镇化建设的重要途径。2022 年年底公布的全国经济百强县中超过 60 个县市以纺织服装为支柱产业或特色产业；百强县中的前 10 强，有 9 个县市以纺织服装为产业特色。2021 年，全国纺织服装产业集群试点共 211 个，集群地区的纺织工业总产值、主营业务收入、全部从业人员分别为 3.8 万亿元、3.9 万亿元和 700 万人，较 2018 年分别增长 5.6%、5.6%和 1.6%。

（三）创新生态不断改善

党的十九大以来，我国纺织行业全产业链科技创新生态环境不断改善，创新平台建设取得较大进展。截至 2022 年，纺织行业共有国家制造业创新中心 2 个、国家重点实验室 6 个，国家工程研究中心 2 个、国家企业技术中心 102 家、国家认定企业工业设计中心 12 家；中国纺织工业联合会认定的行业重点实验室、技术创新中心等创新平台 98 家。行业标准体系建设日趋完善，截至 2022 年，纺织行业累计发布标准 2652 项，其中国家标准 853 项，行业标准 1799 项；由

1 GDR：Global Depositary Receipts，全球存托凭证。

我国牵头制定的纺织领域国际标准共 35 项。行业研发投入强度稳步提升，2021 年规模以上纺织企业研发投入强度为 1%，其中化纤业达到 1.6%，均较 2017 年提高 0.3 个百分点。

党的十九大以来，纺织行业共有 10 项成果获国家科学技术奖，其中“干喷湿纺千吨级高强/百吨级中模碳纤维产业化关键技术及应用”获国家科技进步奖一等奖。国产纺织装备国内市场占有率达到 75%以上，突破了纤维材料、绿色制造、纺织机械等领域的技术难题。

（四）创意力量持续提升

党的十九大以来，纺织行业坚持以“大师、大牌、大事”为重点，形成从色彩、纤维、纱线到面料、服装、家用纺织品等产业链主要环节的流行趋势协同研究体系和依托全产业链展会平台、中国国际时装周的发布机制，时尚设计原创能力提升明显，全国有 100 多所本科院校和 300 多所高职院校设有服装设计和工程专业，保障时尚设计人才队伍储备。自主品牌认知度与美誉度持续提升，国内主要大型商业实体的服装家纺品牌中 85%左右为自主品牌。中国品牌的国际影响力有所提升，时尚消费的跨界融合、商业载体和传播形式更加多元丰富。

（五）绿色发展成效显著

党的十九大以来，我国纺织行业用能结构持续优化，二次能源占比达到 72.5%，能源利用效率不断提升，万元产值综合能耗下降 20%以上，印染废水重复利用率提高到 40%。我国循环再利用化学纤维供给能力明显提升，废旧纺织品资源化利用水平进一步提高。全行业共有 490 种绿色设计产品、159 家绿色工厂、25 家绿色供应链企业被工业和信息化部列入绿色制造体系建设名单，29 家企业获评绿色设计示范企业。全生命周期绿色化管理正在加速融入纺织产业链体系，中国纺织服装企业社会责任管理体系（CSC9000T）的维度和内涵不断拓展，已经开始覆盖国内企业在海外投资的工厂。

截至2020 年年末我国全面建成小康社会之际，纺织行业基本实现《建设纺织强国纲要（2011—2020 年）》相关目标，我国纺织行业绝大部分指标已达到甚至领先于世界先进水平，建立起全世界最完备的现代纺织制造产业体系，生产制造能力与国际贸易规模长期居于世界首位，成为我国制造业进入强国阵列的第一梯队。科技创新从“跟跑、并跑”进入“并跑、领跑”并存阶段，品牌建设形成制造品牌、消费品牌和区域品牌的三级体系，节能减排、污染防治、资源综合利用等方面取得积极进展，人才建设积极支撑行业创新和进步。

二、2021—2022 年行业发展回顾

（一）2021 年纺织行业经济运行情况

2021 年，纺织行业持续深化转型升级，努力化解原料价格上涨、国际物流不畅等风险冲击，主要运行指标在 2020 年较低基数基础上实现反弹回升，出口规模创下历史最高水平，基本实现“十四五”良好开局，为国民经济稳增长、保民生、促就业、防风险做出积极贡献。

1. 行业产能利用率稳中有升，生产增速稳中加固

根据国家统计局数据，2021 年，纺织业和化纤业产能利用率分别为 79.5% 和 84.5%，较 2020 年分别提高 6.4 个百分点和 4 个百分点。2021 年，纺织行业规模以上企业工业增加值同比增长 4.4%，增速较 2020 年回升 7 个百分点，以 2019 年为基期计算（下同），两年平均增长 0.8%。产业链超六成环节生产实现平稳增长，化纤、产业用、家纺、纺机等行业两年平均实现正增长。

2. 行业内销持续恢复，出口总额创历史新高

2021 年，我国国民经济持续恢复，发展带动消费潜力稳定释放，纺织品服装内需市场克服困难，在国家保民生、促消费良好政策环境及各类假日消费拉动下，呈现持续恢复态势。根据国家统计局数据，2021 年全国限额以上单位服装鞋帽、针纺织品零售额同比增长 12.7%，增速较 2020 年回升 19.3 个百分点，两年平均增长 2.6%；线上消费对内需市场仍发挥较强拉动作用，全国网上穿类商品零售额同比增长 8.3%，增速较 2020 年提高 2.5 个百分点，两年平均增长 7%。受世界经济逐步复苏带动市场回暖、出口订单回流带动采购需求等因素影响，纺织行业出口实现较快增长，出口总额创下历史新高。中国海关数据显示，2021 年，我国纺织品服装出口总额达到 3154.6 亿美元，同比增长 8.3%，两年平均增长 7.8%。其中，服装对行业出口增长的支撑作用突出，全年出口额达 1702.6 亿美元，同比增长 24%，两年平均增长 6.1%，是 2015 年以来的最好增长水平。

3. 行业效益稳步改善，投资信心逐步恢复

在供需两端持续恢复及国家各项减负政策支持下，纺织企业经济效益稳步改善。根据国家统计局数据，2021 年，全国 3.4 万户规模以上纺织企业营业收入同比增长 12.3%，增速较 2020 年回升 21.1 个百分点，两年平均增长 1.2%；利润总额同比增长 25.4%，增速较 2020 年回升 31.8 个百分点，两年平均增长 8.3%；营业收入利润率为 5.2%，较 2020 年提高 0.6 个百分点，为 2018 年以来的最高水平。纺织全产业链超八成环节效益明显改善，超半数环节利润同比增幅达到 50%以上。受大宗商品价格上涨影响，产业链前端的化纤行业效益改善尤为突出，2021 年利润总额同比大幅增长 149.2%，增速居全产业链之首。纺织企业运营效率及资金周转状况大体平稳，全年规模以上企业产成品周转率为 13.6 次/年，同比略放缓 0.7%；总资产周转率为 1.2 次/年，同比加快 5.5%；三费比例为 6.6%，较 2020 年下降 0.4 个百分点。

根据国家统计局数据，2021 年，我国纺织业、化纤业和服装业固定资产投资完成额同比分别增长 11.9%、31.8%和 4.1%，增速较 2020 年同期分别回升 18.8 个百分点、51.2 个百分点和 36 个百分点。其中，纺织业和化纤业龙头骨干企业积极围绕技术装备升级、延伸产业链条和区域布局调整积极开展投资活动，投资额两年平均增速分别为 2.1%和 3.1%。

（二）2022 年纺织行业经济运行情况

2022 年，我国纺织行业面临的外部发展环境异常复杂严峻，市场需求疲弱、原料成本高企、贸易环境趋于严苛等风险因素对纺织行业造成较大冲击，经济运行压力显著加大。纺织行业全面贯彻落实党中央、国务院决策部署，坚持稳中求进的工作总基调，积极统筹短期平稳运行目标与中长期高质量发展任务，努力克服各种风险冲击，虽然大部分运行指标同比有所回落，但降幅较小，出口总额再创历史新高，努力为支撑国民经济平稳运行和社会发展大局稳定、保障市场供给和助力改善民生发挥应有作用。

1. 生产增速有所放缓

2022 年，受到市场需求不足、材料成本高位等因素影响，纺织行业产能利用率和生产增速有所回落。根据国家统计局数据，2022 年纺织业和化纤业产能利用率分别为 77.2%和 82.3%，较 2021 年分别回落 2.3 个百分点和 2.2 个百分点，

但仍高于同期全国工业产能利用水平。2022 年，纺织行业规模以上企业工业增加值同比减少 1.9%，增速较 2021 年回落 6.3 个百分点，产业链上化纤、毛纺织、麻纺织、长丝织造、产业用纺织品等分行业工业增加值同比实现正增长。

2. 内销市场恢复承压，出口总额再创新高

2022 年，纺织行业内销压力持续加大。根据国家统计局数据，2022 年全国限额以上服装、鞋帽、针纺织品类商品零售额同比减少 6.5%，自 3 月以来增速持续为负；网上穿类商品零售额同比增长 3.5%，增速较 2021 年放缓 4.8 个百分点，但 6 月以来持续保持正增长态势，运动户外、健康保健等服装服饰消费仍具有良好的增长韧性。

2022 年，我国纺织品服装出口总额再创新高，连续第三年保持在 3000 亿美元以上，出口价格提升发挥了重要的支撑作用。根据中国海关数据，2022 年我国纺织品服装出口总额达 3409.5 亿美元，同比增长 2.5%。主要出口产品中，纺织品出口金额达 1568.4 亿美元，同比增长 1.4%，纺织面料、化纤等产业链配套产品出口是重要增长点；服装出口金额达 1841.1 亿美元，同比增长 3.4%。主要出口市场中，我国对美国、欧盟、日本纺织品服装出口额同比分别减少 5.4%、1.1%和 0.2%，对“一带一路”沿线市场和 RCEP 贸易伙伴国纺织品服装出口额增速则分别达到 11.3%和 9.7%。

3. 质效缓解压力加大，投资形势基本平稳

2022 年，受到原材料端价格高位波动和需求端市场动力转弱的双重挤压，纺织企业经济效益持续承压。根据国家统计局数据，2022 年全国 3.6 万户规模以上纺织企业营业收入和利润总额同比分别减少 0.9%和 24.8%。纺织产业链上，毛纺织、家纺行业利润总额实现正增长，其他分行业利润总额均有所减少。纺织行业运营效率有所下降。2022 年，规模以上纺织企业营业收入利润率为 3.9%，较 2021 年回落 1.3 个百分点；产成品周转率为 13.0 次/年，同比放缓 5.1%；总资产周转率为 1.1 次/年，同比放缓 4.0%。三费比例为 6.4%，较 2021 年下调 0.2 个百分点。资产负债率为 56.3%，较 2021 年提高 0.8 个百分点，仍处于合理区间。

在复杂严峻的发展形势下，纺织企业坚持深入推动转型升级，在智能化、绿色化技术改造升级，以及区域布局调整等领域的有效投资实现平稳增长。根据国家统计局数据，2022 年我国纺织业、化纤业、服装业固定资产投资完成额同比分别增长 4.7%、21.4%和 25.3%，其中纺织业、化纤业投资额增速较 2021

年分别放缓 7.2 个百分点和 10.4 个百分点，服装业投资额增速较 2021 年回升 21.2 个百分点。

三、当前行业发展需要关注的问题

（一）内在结构性问题有待化解

产能结构与产品结构有待优化，距离终端市场相对较远的上游产业存在部分常规产品产能偏大的情况，部分终端制成品同质化现象仍然存在。要素投入结构不均衡、纺织行业创新资源分散、创新成果转化效率偏低等问题仍待进一步解决；一线产业工人、中年工人群体、未接受过中高等职业教育以上人员占从业人员的比重仍然较高；纺织企业存在资本运作能力不强、金融工具使用不充分及金融创新参与不及时等问题。企业组织结构有待优化，企业发展两极分化态势更加明显，大量中小企业受成本上升、竞争加剧影响，生存压力较大，制约了中小企业在吸纳就业、增收致富、贯通产业链等方面发挥作用。

（二）科技创新实力有待提升

纺织行业在自主创新能力、研发投入强度、成果转化实效、人才队伍建设、创新体制机制等方面仍存在一些待解决的问题，主要表现在：关键领域创新能力仍待提升；科研投入强度仍需进一步提升，原始创新能力仍需增强；研发应用产业链协同效率有待优化，科研成果产业化转换应用模式及效率均需优化；科技创新领域领军人才仍显不足，人才培养与激励机制均待加强。

（三）时尚产业仍需加快发展

时尚创意设计动力依然不足，适应中国消费市场的原创设计水平仍有提升空间，需要进一步强化中国特色和文化定位，部分自主品牌文化底蕴挖掘不够，风格识别性强度不够。原创设计保护力度不足，设计文化创新驱动缺乏原生动力，尚未培育良好的成长环境。时尚产业发展的科技驱动力有待加强，新一代信息技术、生物技术、新材料等科技创新成果对时尚产品的支撑力仍显不足，时尚产品的质量稳定性、服务体验感等方面仍有提升空间。具有符号意义的“大师、大事和大牌”仍有欠缺，尚未发展形成具有市场影响力的世界级知名时尚品牌，多媒介、有创意、有影响力的时尚舆论导向能力不强。

（四）绿色发展瓶颈仍待突破

绿色发展相关数据统计基础薄弱，纺织行业在能源消耗、水资源消耗、污染物排放及纤维再利用等方面缺乏稳定可靠的数据来源，亟须建立一套科学的、系统的数据收集、处理及分析体系。企业在绿色环保方面的创新投入仍需强化，大量中小纺织企业技术、资金实力有限，在增加相关技术装备投入方面面临现实困难。产业链绿色协同发展相对较弱，产品全生命周期绿色管理能力有待提升。绿色产品有效供给能力有限，引导绿色可持续消费力度不够，废旧纺织品循环利用体系建设进度相对缓慢。

四、2023 年纺织行业发展形势展望

展望 2023 年，纺织行业仍然具备平稳发展的基础条件。但与 2022 年相比，纺织行业面临的发展环境将更趋复杂严峻。在需求整体疲弱的情况下，纺织企业仍亟待化解盈利空间缩减、市场竞争加剧、大宗原料价格波动等问题。深化转型升级，提高发展韧性，化解风险挑战仍是 2023 年纺织行业推动高质量发展的核心关注点。

（一）内销市场有望保持增长

2023 年，我国宏观经济立足于开启全面建设社会主义现代化国家新征程重要起点，将为纺织行业平稳发展提供根本支撑。国家围绕稳增长、加快构建“双循环”新发展格局、推动收入分配改革实现共同富裕等出台的一系列高质量发展政策措施发力显效，纺织行业有能力巩固产业体系运转稳定高效优势，把握较大容量市场规模基础上的升级空间，推动行业步入以内需为基点的常态化恢复轨道。“国潮”“大健康”“可持续”等消费热点与纺织行业的结合空间仍有发展潜力，“短视频”“社群营销”“社交平台”等渠道也为纺织行业挖掘市场潜力提供丰富手段。2023 年纺织行业内销市场有望在我国宏观经济和消费端持续恢复向好、各类消费热点和国家促消费政策等因素的共同支撑下保持低速增长的态势。

（二）出口增长的制约因素有所增多

2023年，国际市场前景存在较大的不确定性，纺织行业出口增长的制约因素将有所增多。全球经济受通胀高企、供应链恢复缓慢等风险因素持续冲击已临近衰退，消费需求增长显著放缓。国际货币基金组织、世界贸易组织分别预测2023年全球经济和贸易增速仅为2.7%和1%，为20年来的最低水平。主销市场终端消费下行态势日渐明显，相关数据显示，截至2022年9月，美国实际服装零售同比增速为负，日本服装服饰零售额同比减少3.6%。偏弱的收入增长基础和高通胀背景仍将对国际市场消费需求形成制约。2022年上半年国际采购商普遍集中采购，叠加下半年以来终端零售压力逐渐显现，库存累升趋势较为明显，8月美国服装服饰批发和零售库存已同比分别增长69.5%和28.4%。为缓解库存压力，国际采购商短期内在全球范围内大幅减少加工订单，这不仅将直接抑制对我国纺织服装产品需求增长，也将导致越南、孟加拉国等东南亚、南亚国家对我国纱线、面料等配套需求进一步回落。此外，随着国际大宗商品价格见顶回落，出口价格的支撑力度也将逐渐减弱。

五、当前和下一步行业发展需要关注的重点任务

（一）推动产业基础高级化和产业链现代化

持续推进产业结构调整与转型升级，从供给侧发力，深度打通产业循环，助力畅通国民经济循环。以提升供给品质与效率为目标，持续提升纤维材料、专用装备及零部件、基础软件、基础工艺技术等产业基础能力，广泛开展技术升级改造，不断强化全产业链先进制造优势。发展现代服务型制造业，开发更好地能够满足市场需求的高品质、多功能纺织终端产品，以生产端高质量发展推动流通优化、消费升级。在此过程中，着力推动智能制造技术、装备及系统、模式应用，研究开发适应市场需求的智能纺织服装产品，充分发挥智能制造的生产力促进作用。

（二）发挥内需市场对行业发展的主体驱动力

积极顺应消费升级的大趋势，优化产品供给体系，加强流行趋势研究、新

材料技术、人工智能等数字技术在产品开发中的应用，从源头打造中国时尚的原创性优势，更好地满足人民美好生活需求。以高性能纤维材料、产业用纺织品为重点，拓宽纺织产品在医疗卫生、环境保护、基础设施、安全防护、交通工具、航空航天等领域的市场空间。进一步加强产业用纺织品行业标准化建设。增强文化自信，提升工业设计服务能力和水平，进一步强化本土品牌软实力和时尚话语权建设。推进行业企业线上线下多渠道融合、新模式新业态规范发展，发挥好行业专业化展会平台的现有资源优势，更好打通 B 端与 C 端。继续加强社会消费宣传，引导消费者树立理性、健康、积极的时尚消费观。

（三）构建竞合共赢的国际化发展新格局

主动对标高标准国际经贸规则，引导企业积极参与全球产业链供应链布局重构。坚持深化传统市场开放与新兴市场开拓并举，打造更加多元、高效的贸易市场格局和产能合作体系。充分用好《区域全面经济伙伴关系协定》（RCEP）等区域自由贸易协定生效的窗口期，引导行业企业有序开展国际商贸与跨国投资合作。围绕专业性与影响力，加强行业国际展会模式创新和内容创新，支持规范化发展跨境电子商务等外贸新业态新模式，培育新的外贸增长点。主动扩大关键原料、重点装备、核心技术、优质产品和服务引进，引导外资更多投向高端制造领域，满足国内消费升级和产业升级需要。鼓励企业通过并购、控股、战略投资等多种方式进行全球化布局。增强海外企业的社会责任建设，强化行业组织、企业间的国际交流，为产业发展营造良好的国际合作氛围。

（四）稳步推进“双碳”目标落实

全面落实国家“双碳”战略决策，提高绿色低碳发展水平，是纺织行业在“十四五”时期加快推进高质量发展的重要方面。纺织行业将坚定不移地拥护国家实现“双碳”目标的决心，进一步做好结构调整、技术升级、布局优化等多重准备。加强碳排放核算体系、节能减碳标准等方面的基础系统建设；广泛应用先进的节能技术设备，优化行业用能结构，开展能源管理体系建设，实现节能增效，在绿色低碳发展道路上占据更加主动的位置。

（作者：中国纺织工业联合会　牛爽欣）

第十三章　医药行业 2021—2022 年发展回顾与形势展望

医药行业是关系国计民生的战略性产业。近年来，我国医药行业在经济规模、技术创新、国际化、产品质量、企业综合实力等方面都取得了明显进步，具体如下。

一、党的十九大以来行业发展成就

党的十九大以来，医药行业取得了长足的发展。主要体现在以下 5 个方面。

一是规模效益稳步增长。自 2017 年以来，我国医药行业主要经济指标保持较快增长。5 年间，营收复合增长率为 9%，利润复合增长率为 12%。龙头企业规模壮大，2022 年国内营业收入达到 200 亿元以上的工业企业超过 20 家，产业集中度得到提升。

二是技术创新突飞猛进。在药监、医保、科技等一系列鼓励创新政策的推动下，药品开发从仿制为主向创新主导转型，全行业研发投入持续大幅增长，创新体系日渐成熟，上百个国产创新药获批上市，在研新药数量跃居全球第二位，境外注册新药实现零的突破。

三是健康保障成效突出。累计获批上市的创新药、首仿药、生物类似药达到数百个，多个疾控重点疫苗实现国产化，短缺药供应保障体系得到健全，有效满足了人民群众健康需求。

四是制造水平系统提升。大量新技术、新装备在制药企业得到应用，生产过程连续化、自动化、数字化、绿色化水平提高，全过程质量控制水平提升。一批抗体、疫苗、CGT[1]等生物药新工厂投入运行，产品制备技术接近国际先进水平。医药全产业链全面发展，涌现出一批高水平的 CRO/CDMO[2]服务外包机构。

五是国际化跨上新台阶。医药出口持续快速增长，继续巩固原料药出口第一大国地位，有国际竞争优势的产品增多。出口结构逐步升级，CDMO 业务快速增长，制剂出口比重加大，在欧美市场注册的仿制药、生物药日渐增多。跨

1 CGT：Celland GeneTherapy，细胞基因治疗。

2 CRO/CDMO：医药合同研发机构/医药合同研发生产机构。

境投资和双向技术贸易大幅增长，充分利用国际资源加快产业升级。

二、2021—2022 年行业发展回顾

（一）2021 年医药行业发展情况

1. 主要经济指标大幅增长

根据工业和信息化部统计，2021 年规模以上医药增加值同比增长 23.1%，远高于整体工业增加值的增速（9.6%），位居工业各大类行业前列。医药规模以上企业实现营业收入 33049.3 亿元，同比增长 19.1%，增速较 2020 年同期提高 12 个百分点；实现利润总额 7006.5 亿元，同比增长 68.7%，增速较 2020 年同期提高 61.7 个百分点。

2. 创新转型加快推进

2021 年国内企业共有 44 款国产创新药获批上市，创历史新高。在持续和高强度研发投入的作用下，国产创新药步入密集上市和批量商业化阶段。从审评程序看，34 个品种为常规批准的新药，10 个品种为紧急使用或附条件上市的新冠防治药品。从产品类型看，包括 17 个化学药、15 个生物药（含 6 个疫苗）和 12 个中药，中药新药获批数量超过了此前五年获批中药新药的总和。从治疗领域看，产品适应症覆盖面很宽，包括肿瘤、免疫类疾病、病毒感染、细菌感染、高血脂、糖尿病、麻醉等领域，其中抗肿瘤药仍数量最多，共有 14 个品种获批。从申报企业类型看，在化药和生物药方面，新兴生物技术公司获批产品的数量已经超过传统制药企业，成为创新药开发的主要力量。

一批创新性强的新药获批上市。多个品种为相应靶点首款国产新药，包括 MET 抑制剂赛沃替尼片、CDK4/6 抑制剂羟乙磺酸达尔西利片、ADC 药物注射用维迪西妥单抗、CAR-T 药物阿基仑赛注射液，以及纳入突破性疗法的奥雷巴替尼片等，为提高我国临床用药水平创造了条件。与此同时，2021 年内新获批的 3 个 PD-1/L1 抑制剂，将进一步加剧该类产品市场竞争。

3. 结构调整促进增长

行业龙头企业规模扩大、实力增强，成为行业稳定增长的基石。中国医药集团的工业板块销售收入达到千亿级，将保持行业领先地位。根据上市公司公告等公开信息，2021 年国内营业收入达 200 亿元以上的工业企业近 20 家，突破

300 亿元的企业增多，行业集中度进一步提升。

新兴企业快速发展，成为推动行业增长的重要力量。在医保政策的助力下，信达、百济等创新药企业不断扩大新药销售规模。CXO[1]产业成为医药行业的新生力量，以药明康德、凯莱英等为代表的 CDMO 企业销售快速增长。受益于行业研发投入和固定资产投资加大，药品上游供应链催生了一批以国产替代为特征的专精特新企业，产品业态更加多元化。

用药结构升级成为促进行业增长的关键因素。根据中国药学会统计数据，和 2015 年比，2021 年样本医院用药金额前 20 位的品种中有 16 个已经发生了变化，产品创新性和附加值显著提高。2021 年有 5 个生物药（含 3 个单抗药物）和 1 个化学创新药进入临床用药 TOP20，显示了用药结构逐步升级的态势。通过谈判进入国家医保目录的新品种销量大幅增长，据统计，2019 年新进入医保目录的 70 个产品 2021 年销量、销售金额较此前分别增长了约 17 倍和 4 倍。

药品流通渠道结构更加多元化，在提高民众用药可及性的同时也促进了药品消费的增长。处方药的院外市场、县域广阔市场快速发展，“双通道”政策下，很多创新药在药店渠道实现了规模销售。互联网医疗、线上药品销售逐渐成为药品销售的重要终端。

4. 国际化向价值链高端升级

2021 年医药出口延续了上年以来的高增速。根据行业统计数据，规模以上企业实现出口交货值 4752.6 亿元，同比增长 44.8%，增速较 2020 年同期提高 4.8 个百分点，出口交货值占全行业营业收入的比重提高到 14%，体现了“双循环”对行业发展的重要作用。生物制品、医疗设备和化学原料药是出口规模居前三位的子行业，其中生物制品出口增速高达 343%。

新药国际化迈出实质步伐。开展中外同步申报的新药增多，2021 年国内企业向美国 FDA[2]申报新药 IND 近百个，8 个品种通过合作开发等方式完成了临床研究并先后向 FDA 提交了上市申请，南京传奇主导开发的 CAR-T 治疗药物西达基奥仑赛于 2022 年 2 月正式获准上市，成为国内企业第二个在美国上市的新药品种，但也有品种申报上市未达预期。仿制药方面，2021 年 28 家国内企业的 65 个品种获得美国 FDA 的 ANDA，近一半品种为注射剂，为拓展国际仿制药市场提供了资源。

1 CXO：医药外包。

2 FDA：Food and Drug Administration，美国食品药品监督管理局。

企业跨境技术交易活跃。根据公开资料，2021 年我国生物医药领域跨境 License in 的项目数量超 100 个，License out 的项目数量超过 40 个，均较 2020 年明显增多。License out 交易中，有 7 个项目的协议总金额超过 10 亿美元，标志着国内企业的新药研发水平逐步得到国际认可。

5. 投融资形势发生较大变化

医药企业 IPO 继续保持较快节奏。据统计，2021 年医药工业领域共有 93 家企业在 A 股、港股和美股上市，合计募集资金 1400 亿元左右。规模最大的 IPO 项目为百济神州在 A 股上市，融资额超 200 亿元。创新型企业上市数量较上年增多，38 家企业登陆 A 股科创板，20 家企业通过 18A 规则实现港股上市，借力资本市场加快发展。

医药领域一级市场投融资规模大幅增长。根据《2021 年度中国生物医药投融资蓝皮书》，生物医药领域共有 588 家企业（不含医疗器械）完成了融资，已披露的融资总额就高达 1187 亿元，较 2020 年增长 34%。新型抗体、细胞治疗、核酸药物、CRO/CDMO 等领域成为投融资较为集中的领域。大规模融资项目增多，单次融资超 5 亿元的项目近 70 起，有力地支持了创新药物开发。

6. 产业投资带动制造水平提升

2021 年，医药制造业固定资产投资总额同比增长 10.6%，反映出全行业新建项目和技术改造保持了很大的投资强度。根据相关信息，其中新建项目的投资估计可达 2000 亿元以上。产业投资较为集中的领域有原料药技术升级和搬迁改造，生物药生产能力建设，创新药产业化基地建设等。

原料药方面，企业向规范园区和向适宜地区转移的项目较多，下游企业寻求上游原料药或中间体配套，一些企业围绕技术升级实施了大规模扩能。生物药方面，一批来自生物医药企业和 CDMO 企业的抗体药物新工厂投入建设，到 2021 年年底，国内累计建成和在建的生物药（不包括疫苗）产能，按照细胞培养体积计已接近 100 万升，处于世界前列。创新药方面，项目建设主要为满足新药商业化生产需要，很多项目得到地方政府的扶持，有望成为行业新的增长点。

（二）2022 年医药行业发展情况

1. 整体指标增速下滑

2022 年规模以上医药工业增加值同比下降 1.5%；医药工业规模以上企业实

现营业收入 33633.7 亿元，同比增长 0.5%，实现利润 5153.6 亿元，同比下降 26.3%。以上 3 项增速指标分别低于全国工业整体增速 5.1 个百分点、5.4 个百分点和 22.3 个百分点。

2. 子行业运行呈现分化态势

相对上述生物药品、中药、化学药品制剂等子行业的经济指标出现负增长或低增长，化学原料药、医疗器械、卫生材料及医药用品、制药专用设备等子行业实现了较高速增长，成为医药工业营业收入全年能够保持正增长的重要力量。其中，化学原料药营业收入同比增长 15.0%，利润同比增长 18.4%，主要驱动因素是部分大宗原料药价格好于上年，解热镇痛、激素、抗感染类原料药出口旺盛，原料药 CDMO 业务高速增长。医疗器械营业收入同比增长 11.9%，利润同比增长17.2%。由于防护用品继续保持了较大的需求，卫生材料及医药用品子行业营业收入和利润分别同比增长 11.9%和 20.3%。医药产业链高端配套产品发展取得积极进展，制药专用设备子行业营业收入和利润分别同比增长19.6%和 17.9%，药用辅料包材子行业营业收入和利润分别同比增长 9.9%和 0.8%。

3. 新药获批数量减少

全行业新药研发投入继续保持高强度，在研新药管线不断丰富。根据 2020 年第三季报披露情况，A 股医药上市公司研发费用总额同比增长 24.4%，15 家医药上市公司研发投入超 10 亿元。2022 年国内企业首次申请新药 IND 品种数量达 518 个，23 个创新药提交上市申请（NDA），继续保持了较高的产出。全年共有 24 款国产新药获批上市，其中常规获批的有 17 个，相较 2021 年 44 款国产新药获批，上市新药数量有所减少。从产品类型看，17 个常规获批品种包括 6 个化学药、4 个生物药和 7 个中药。从治疗领域看，产品适应症覆盖肿瘤、免疫类疾病、病毒感染等诸多领域。其中，生物药新药卡度尼利单抗注射液（PD-1/CTLA-4 双抗）是首个国产双功能抗体，化学药多格列艾汀片是全球首个葡萄糖激酶激活剂（GKA）药物，中药新药淫羊藿素软胶囊是中药现代化的重磅创新成果。

4. 产业链补链强链取得进展

我国医药行业产品门类齐全，产品种类多、产量大、产业配套能力强，但是产业链存在短板和弱项。因此，围绕产业链短板布局和加大投入的企业日渐增多，一些制药企业开始主动与上游企业协作开展国产替代，针对行业短板弱项的补链强链已取得一定进展，这一态势在 2022 年更加凸显。生物药产业链上游从事生物反应器、培养基、层析系统及填料、过滤耗材等产品开发的企业增多，国产化水平得到提高，越来越多的国产产品进入了下游生物药企业的供应链。药品包装和药用辅料行业快速发展，企业综合实力稳步提升，中硼硅玻璃管等产品质量和产能提升，预灌充注射器等先进包装实现规模化生产销售；新型药用辅料领域国内企业产品附加值不断提高，口服缓控释制剂、复杂注射剂、吸入制剂用辅料均有企业在国家药品监督管理局药品审评中心完成登记。制药设备、仪器试剂等领域国产产品逐步向高端发展，已经有一批产品在质量性能方面达到进口同类产品水平。

5. 医药出口规模下降

2022 年医药工业规模以上企业实现出口交货值 4037.8 亿元（不含制药装备），同比下降 15%。根据中国医保商会统计，2022 年医药健康产品出口额 1295.5 亿美元，同比下降 13.7%。在产品结构方面，西药和医疗器械出口额占比较高，分别为 49.6%和 45.6%，西药原料、制剂出口额创历史新高，其中原料药出口额 517.9 亿美元，同比增长 24%，制剂出口 66.1 亿美元，同比增长 10%。在市场结构方面，欧盟、美国、东盟是我国医药健康产品前三大出口市场，出口金额分别为 289.5 亿美元、213.3 亿美元、136.8 亿美元，合计占比 49.4%。

6. 创新药出海成果突出

2022 年，创新医药跨境交易活跃。根据公开资料，2022 年我国医药企业跨境交易项目以创新药、技术平台为主，License in 项目约 80 个，交易总金额约 57 亿美元。License out 项目数量约 47 个，交易总金额约 270 亿美元。多个国内企业自境外引进的创新药获批上市，包括基石引进的艾伏尼布片，豪森药业引进的伊奈利珠单抗注射液，石药集团引进的度维利塞胶囊等，丰富了企业的产品组合。创新药授权出海成果显著，创新能力逐步得到海外认可。科伦药业与默沙东的 95 亿美金交易高居 2022 年全球医药行业合作授权交易榜首，康方生物与 Summit 的交易创出首付款历史新高。

国产药品出海成绩突出。传奇生物和杨森公司合作开发的靶向 BCMA 的 CAR-T 疗法西达基奥仑赛在美国获批上市，成为国内企业主导开发的第二个在美国上市的新药品种，并在欧盟批准附条件上市。2023 年 1 月绿叶制药自主研发的利培酮缓释微球注射剂获得美国 FDA 批准上市，是首个根据 505b2 条款在美国获批上市的中枢神经系统新药。在仿制药方面，2022 年共有 18 家企业获得美国 FDA 的 73 件 ANDA 批文（62 个品种），其中注射剂及高技术壁垒制剂产品明显增多，占比超过总量的一半。获得 ANDA 批文数量前三位的企业分别是华海药业、复星医药和健友股份，3 家合计占比超过总量的一半。

7. 产业集群优势明显

全国各省（自治区、直辖市）高度重视医药产业发展，将生物医药列为本地区的发展重点，出台政策措施支持产业做优做强。2022 年全国约有三分之二的省份医药工业规模以上企业营业收入同比增长超过全国平均水平，13 个省（自治区、直辖市）医药工业规模以上企业营业收入超过 1000 亿元，其中排名前五的省份分别是江苏、山东、广东、浙江、河南。东部省份利用资金、技术、人才和信息优势，继续发挥引领作用，营业收入合计占全国比重接近 60%。一些中西部省份医药工业发展迅速，中部的河南、湖北、湖南、江西、安徽和西部的四川、重庆 7 个省（自治区、直辖市）营业收入合计占比接近 30%。目前我国医药工业已基本形成以京津冀、长三角、粤港澳大湾区、成渝经济圈等为核心的产业集群，集群资源互补，产业链深度融合，区域协同发展不断向纵深推进。医药工业重点省份以江苏为例，2022 年江苏医药工业规模以上企业数量超过全国的 10%，新获批药品和医疗器械数量均位居全国第一，营业收入和利润同比增长情况不但在省内位列所有工业行业前列，也显著高于全国医药工业平均水平。

8. 医药投融资市场进入调整期

受资本市场环境变化、医药行业政策调整、创新药赛道竞争白热化等因素影响，A 股和港股医药板块出现估值下调，生物医药企业 IPO 也频频破发，医药企业 IPO 节奏放缓。2022 年医药工业领域（含医疗器械）共有 55 家企业在 A 股、港股上市，总计募集资金超 700 亿元。科创板成为企业上市主阵地，共 22 家企业上市，6 家企业通过“18A”规则在香港上市。二级市场的变化已经传导到一级市场，医药领域 VC/PE 热度明显下降。据不完全统计，2022 年前三季度，生物医药领域（含医疗器械）共完成 VC/PE 投融资项目约 700 起，累计金额约 620亿元，融资金额较 2021 年下降约 38%。很多研发型生物技术公司面临融资难的问题，转而通过控制研发投入和压缩在研项目维持运营，对医药创新产生不利影响。第四季度医药领域投融资出现复苏迹象，2022 年 12 月生物医药领域，国内发生投融资事件 37 起，环比增加 32.14%；投融资金额 6.91 亿美元，环比增长 17.72%。

9. 企业创新转型效果初显

行业龙头企业规模扩大、实力增强，成为行业稳定增长的基石。根据上市公司公告等公开信息，2022 年国内营业收入达到 100 亿元以上的工业企业超过 30 家。研发投入强度在 10%以上的企业越来越多，研发布局较早的药企陆续有创新产品上市放量，创新药贡献的收入占比不断扩大，多家代表性的大型药企创新药收入已经接近或超过仿制药。恒瑞医药坚持创新驱动转型，已进入新一轮产品上市周期。康缘药业加快中药传承创新，连续获批中药创新药。新兴企业快速发展，成为推动行业增长的重要力量。在医保政策的助力下，信达生物、百济神州等创新药企业不断扩大新药销售规模。CXO 产业成为医药工业的新生力量，以药明康德、凯莱英为代表的 CRO/CDMO 企业销售快速增长。受益于行业研发投入和固定资产投资加大，药品上游供应链催生了一批以国产替代为特征的“专精特新”企业。

三、当前行业发展需要关注的问题

（一）企业经营分化严重

在行业政策不断调整、市场竞争加剧、要素成本提高的形势下，企业经营和发展分化严重，部分企业保持了快速增长，但总体上经营困难的企业增多，企业亏损面进一步扩大。2022 年规模以上医药企业中，亏损企业占到 20.1%，亏损面较 2021 年增长 1.2 个百分点，亏损额同比增长 18.5%。作为行业优势企业的上市公司也出现发展分化的情况，根据上市公司第三季度季报，很多优势企业的营业收入或利润出现下降。

（二）医保控费力度加大

根据相关文件要求，国家和地方将持续开展药品集中带量采购，并对开展的次数、产品的数量等进行了明确要求，产品范围逐步向生物药、中成药等方面扩展，降价力度大；叠加带量采购续约产品可能存在量价不挂钩的情况，企业利润或将进一步下滑。此外，辅助用药目录的出台和限制使用、地方医保增补品种 2022 年年底前完成清退，将对相关企业营收造成影响。

（三）原料药发展或将面临挑战

由于生产成本及环保压力等，欧美原料药生产供应已向亚太地区转移多年，印度和中国成为主要生产方。印度凭借自身的产业基础和成本优势一方面扩大自身的原料药生产能力，抢占中国企业的国际市场份额；另一方面向上游医药中间体延伸，提升中间体生产制造能力，利用价格优势向中国企业出口，原料药领域的国际竞争将越来越激烈。

四、2023 年行业发展形势展望

行业增速将有所恢复。2022 年医药工业运行自 2021 年高基数增长后恢复正常水平，2023 年行业增速将恢复至正增长。

行业运营也存在很多积极因素。**一是创新药快速上市带来行业增量。**创新药物审批加快，纳入医保时间大幅缩短，在政策支持下实现快速进院销售。2022 年有 344 个药品通过初步形式审查，将带来行业增量。多个国产创新药进入 FDA 审批阶段，包括百济神州的替雷利珠单抗、君实生物的特瑞普利单抗、康方生物的派安普利单抗等，预计将于 2023 年获批。**二是基本药物目录扩容。**基本药物目录三年调整周期已过，或将于 2023 年进行调整，为了实现国家提出的各级医院基本药物“986”的配备使用比例，基本药物目录或将进一步扩大。**三是中成药扶持政策持续。**近年来，受益于国家鼓励中医药传承创新发展的政策，加上质量标准提升、中药饮片价格上涨、中药配方颗粒及 OTC 类产品价格相对稳定，中成药行业增速有望持续回升。**四是医疗器械行业迎来发展。**国家层面已多次提及加强医疗资源建设，国内医疗器械有望引领新一轮建设高潮，国家相关配套资金支持政策如贴息贷款等政策的频繁出台，加速设备采购，医疗新基建和“千县工程”的推进，促进了医疗设备市场扩容和国产替代加速。**五是新型医疗服务快速发展。**在以医院为中心的传统供给体系外，多元化的医疗服务提供形式与载体兴起，互联网医院等多元化服务提供平台快速发展，给群众就医提供了新的渠道。此外，在国家多层次医疗保障体系建设背景下，普惠式商业保险作为医保的有效补充，保障产品涵盖医保目录外的众多特药品种，不仅能够满足患者用药需求，同时也给创新药提供多层次的使用途径。**六是出口贸易呈现复苏。**国际人员往来不再受到限制，出国交流、竞争订单为出口贸易带来活力，之前受到冲击的供应链将趋于稳定。**七是国家出台一系列稳定经济增长政策。**包括加大产业发展扶持、投放中长期贷款、支持医疗卫生领域的基建和装备升级、多举措降低企业经营成本等，医药企业将从中受益。

五、当前和下一步行业发展需要关注的重点任务

结合工业和信息化部等九部门《“十四五”医药工业发展规划》，提出下一步行业发展重点如下。

一是加快创新驱动转型。一方面，提升原始创新能力，加快创新升级，从“跟随式”创新向“引领式”创新迈进；减少同靶点药物过度重复开发；推进中药守正创新；打造国家战略科技力量，激活高校、科研院所、医疗机构的创新资源，健全创新支撑服务体系。另一方面，促进创新产品推广应用，改进医保、采购、价格、使用政策，提高创新产品对行业增长的贡献率。

二是打造产业链优势。补齐产业链高端配套短板，包括仪器、装备、试剂、耗材等，以及部分生产工艺技术如复杂制剂、新型生物药等；锻造产业链长板，提升关键核心竞争力，提高全要素生产效率，形成具有更强创新力、更高附加值、更安全可靠的产业链和供应链。

三是提升医药工业制造水平。提高产业化技术水平，支持企业围绕关键技术、核心装备、新型材料开展攻关，开发和转化应用一批先进技术，构筑产业技术新优势；推动数字化转型，以新一代信息技术赋能医药研发，实现信息技术与生产运营深度融合，发展基于互联网的新模式新业态；促进绿色低碳发展，开展绿色技术创新和“三废”治理共性技术攻关，提升安全风险管控能力。实施碳减排行动计划，严格执行准入标准，淘汰一批落后技术设施。

四是加快国际化向高阶迈进。应对经济全球化遭遇逆流和国际产业链供应链创新链重塑，产品出口并向更高价值链延伸；提高国际化发展层次，增加创新药、生物类似药、首仿药、复杂制剂、高端医疗设备和耗材出口，增加面向发达国家市场的销售，支持大型企业全球化布局；立足国内医药大市场，坚持开放合作，吸引全球医药资源要素向中国汇聚。

（作者：中国医药企业管理协会　王学恭　张　红　余　倩　裴高鑫）

第十四章 电子信息行业 2021—2022 年发展回顾与形势展望

一、党的十九大以来行业发展成就

电子信息行业是国民经济的战略性、基础性和先导性产业。党的十九大以来，我国电子信息行业规模效益稳步增长，创新能力持续增强，企业实力不断提升，行业应用持续深入，为经济社会发展提供了重要保障。2017—2021 年电子信息全行业收入规模如图 14-1 所示。

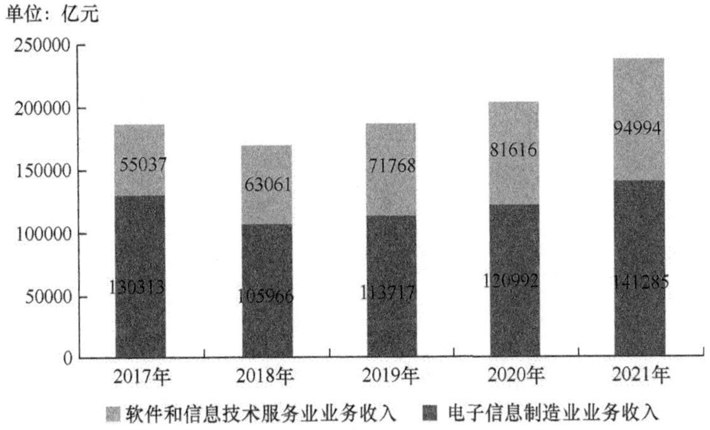

数据来源：国家统计局、工业和信息化部。

图 14-1 2017—2021 年电子信息全行业收入规模

一是产业规模迈上新台阶。2017—2021 年，我国电子信息制造业业务收入从 130313 亿元增长至 141285 亿元，利润总额达 8283 亿元。软件和信息技术服务业业务收入从 55037 亿元增长至 94994 亿元，增速位居国民经济各行业前列，2021 年利润总额达 1.2 万亿元。

二是创新能力取得新发展。党的十九大以来，我国新一代信息技术产业创新能力持续提升。集成电路、新型显示、5G 等领域技术创新密集涌现，超高清视频、虚拟现实、先进计算等领域发展步伐进一步加快。基础软件、工业软件、新兴平台软件等产品创新迭代不断加快，供给能力持续增强。我国软件著作权登记量从 2017 年的 70 万件增长至 2021 年的 228 万件。

三是产业结构实现新突破。党的十九大以来，我国电子信息行业结构不断优化。2021 年，14 家中国软件名城软件和信息技术服务业业务收入占全国软件业比重达78.4%，产业集聚效应凸显。手机、彩电、计算机、可穿戴设备等智能终端产品供给能力稳步增长，内需升级趋势明显。其中，4K 电视机普及速度加快，2021 年我国 4K 电视机出货占比达到 72%。国内多条全球最高世代液晶面板生产线投产，全柔性有源矩阵有机发光二极管（Active Matrix Organic Light Emitting Diode，AMOLED）面板生产线批量出货，8K 超高清、窄边框、全面屏、折叠屏、透明屏等多款创新产品全球首发。

四是融合应用探索新空间。党的十九大以来，我国新一代信息技术产业赋能、赋值、赋智作用深度显现。面向教育、金融、能源、医疗、交通等领域的典型应用场景的软件产品和解决方案不断涌现。汽车电子、智能安防、智能可穿戴、智慧健康养老等新产品新应用发展取得扎实成效，虚拟现实、超高清视频等应用场景丰富用户体验。

二、2021—2022 年行业发展回顾

（一）2021 年行业发展回顾

我国电子信息行业坚持以习近平新时代中国特色社会主义思想为指导，认真贯彻落实党中央、国务院决策部署，砥砺攻坚、奋发作为，实现了电子信息行业的稳定发展和“十四五”的良好开局。2021 年上半年，电子信息行业的生产、投资、进出口等主要经济指标快速增长，运行态势良好；2021 年下半年，基数效应减弱，不确定因素增多，例如芯片及元器件短缺、原材料价格大幅上涨等问题，在一定程度上影响了电子信息行业的平稳发展，部分指标增速放缓，2021 年电子信息行业运行呈现前高后稳态势。

1. 行业规模持续扩大

2021 年，我国规模以上电子信息制造业实现营业收入 141285 亿元，同比增长 14.7%；软件和信息技术服务业实现软件业务收入 94994 亿元，同比增长 17.7%。电子信息行业整体收入规模达到 236279 亿元，同比增长 16.6%。从 2021

年全年电子信息制造业增加值增速及软件和信息技术服务业收入增速来看，2021年第一季度、2021年上半年、2021年前三季度及2021年全年，电子信息制造业增加值累计增速分别为30.0%、19.8%、16.8%和15.7%；软件和信息技术服务业收入累计增速分别为26.5%、23.2%、20.5%和17.7%。电子信息行业整体运行呈现前高后稳态势。

2. 产业链上下游态势分化

2021年，受原材料价格上涨和芯片短缺等因素的影响，电子制造业中，处于产业链不同环节的主要细分领域发展呈较为明显的分化态势。从主要产品产量来看，上游基础类产品产量增长较快，例如锂离子电池产量增长22.4%、光伏电池产量增长42.1%、集成电路产量增长33.3%、光缆产量增长11.6%。此外，终端消费类产品和通信系统设备的产量增势缓慢或同比下降，例如手机产量小幅增长7.0%、彩电产量同比下降3.6%、程控交换机产量下降2.0%、移动通信基站产量下降39.4%。

3. 投资保持快速增长

2021年，我国规模以上电子信息制造业完成固定资产投资额同比增长22.3%，增速比2020年提高9.8个百分点，高于全国工业平均增速11.0个百分点。在全球集成电路制造产能持续紧张的背景下，近两年我国集成电路相关领域投资活跃，实现半导体器件设备、电子元器件及电子专用材料制造投资额的大幅增长，带动电子信息制造业固定资产投资两年平均增长17.3%，远高于制造业5.8%的两年平均增速。

4. 外贸市场态势良好

2021年，我国电子信息制造业外贸进出口双双保持较快增长。从国家统计局数据来看，规模以上电子信息制造业企业出口交货值比2020年增长12.7%，增速较2020年加快6.3个百分点，从海关总署统计数据来看，2021年1～12月，我国高新技术产品出口额为9795.8亿美元，同比增长26.2%，增速比2020年提高19.9个百分点；进口额为8373.3亿美元，同比增长22.8%，增速比2020年提高15.8个百分点。从主要产品来看，计算机及零部件出口额为2552.9亿美元，同比增长21.0%；手机出口额为1463.2亿美元，同比增长16.6%；集成电路出口额为1537.9亿美元，同比增长32.0%；液晶显示板出口额为277.7亿美元，同比增长39.8%。

5. 科研创新加快突破

2021 年，我国电子信息行业的基础性、通用性技术研发取得重要进展。在量子计算、高端芯片、高性能计算机、网络架构、基础操作系统、卫星互联网、工业互联网及智能制造等领域取得一批重大科技成果，成为推动数字变革的重要力量。在人工智能领域，我国在自然语言处理、芯片技术、机器学习等 10 多个人工智能子领域的科研产出水平已位居世界前列。在新型显示领域，多条 8.6 代及以上高世代薄膜晶体管液晶显示（Thin Film Transistor Liquid Crystal Display，TFT-LCD）生产线满产满销。在新技术的加持下，显示性能不断优化，低温多晶硅、氧化物等产品量产能力不断提升，折叠屏、屏下指纹、动态背光等新技术的开发进一步提升了我国在 TFT-LCD 领域的优势地位。全柔性 AMOLED 面板生产线批量出货，8K 超高清、窄边框、全面屏、折叠屏、透明屏等多款创新产品全球首发。在 ICT 领域，阿里云分布式数据库 PolarDB 首次进入 Gartner 全球数据库领导者象限，市场份额位居全球云数据库第三。京津冀、上海、贵州等 8 个国家大数据综合试验区先行先试，布局建设了 11 个大数据领域国家新型工业化产业示范基地，有力地推动了大数据产业集聚，集聚示范效应显著增强。

6. 支撑带动作用突出

2021 年，电子信息技术不断为其他产业赋能，已成为融合发展的“润滑剂”“加速器”，在推动绿色制造、智能制造、现代农业、现代服务业发展方面发挥了重要的作用。在绿色发展方面，新一代信息技术与工业正在加速深度融合，助力提高绿色转型发展的效率和效益，在电力、钢铁、石化等传统行业涌现出一批数字技术改造带动能源资源效率系统化提升的典型应用。在智能制造方面，制造业重点领域关键工序数控化率、数字化研发设计工具普及率大幅提升，协同研发设计、无人智能巡检、数字工厂、智慧矿山等新场景、新模式、新业态蓬勃兴起。可以说，从田间到车间、从舌尖到指尖、从地下到天上，生产、生活的每一幕都留下了电子信息技术为经济赋能的痕迹。当前，社会经济正在加速数字化转型，电子信息技术发展速度之快、辐射范围之广、影响程度之深前所未有，日益成为经济社会发展的重要驱动力。

（二）2022 年以来行业发展情况

2022 年以来，在党中央坚强领导下，我国电子信息行业认真贯彻落实相关决策部署，坚持稳字当头、稳中求进，行业运行总体平稳。

1. 收入规模持续扩大

2022 年，我国规模以上电子信息制造业实现营业收入 154487 亿元，同比增长 5.5%；软件和信息技术服务业实现软件业务收入 108126 亿元，同比增长 11.2%。电子信息行业整体收入规模达到 262613 亿元，同比增长 7.8%。从 2022 年全年电子信息制造业增加值增速及软件和信息技术服务业收入增速来看，2022 年第一季度、2022 年上半年、2022 年前三季度及 2022 年全年，电子信息制造业增加值累计增速分别为 12.7%、10.2%、9.5%和 7.6%，行业运行呈现前高后低态势；软件和信息技术服务业收入累计增速分别为 11.6%、10.9%、9.8%和 11.2%。电子信息行业整体运行总体平稳。

2. 生产增速保持领先

2022 年，规模以上电子信息制造业增加值同比增长 7.6%，分别超出工业、高技术制造业 4.0 个百分点、0.2 个百分点。从主要产品看，微型计算机产量 4.3 亿台，下降 8.3%；手机产量 15.6 亿部，下降 6.2%；集成电路产量 3242 亿块，下降 11.6%。与新基建、新能源相关的移动通信基站、程控交换机、单晶硅、多晶硅、太阳能电池、环境监测仪表等产品的产量增长较快，成为支撑行业发展的新兴力量。

3. 投资保持较快增长

2022 年，我国规模以上电子信息制造业完成固定资产投资额同比增长 18.8%，增速高于全国工业平均增速 8.5 个百分点。当前，为提升产业链、供应链的稳定性，产业上游基础领域，例如集成电路、电子元器件、电子材料等受关注度不断提升；同时，绿色低碳理念进一步深化，新型基础设施建设步伐加快，带动了电子信息行业相关领域的投资较快增长。

4. 对外贸易形势低迷

2022 年，我国高新技术产品出口额为 9513 亿美元，同比下降 2.8%，低于同期全国货物贸易出口增速 9.8 个百分点；进口额为 7635 亿美元，同比下降 8.8%，低于同期全国货物贸易进口增速 9.9 个百分点。从主要产品看，计算机及零部件出口额为 2360 亿美元，下降 7.5%；手机出口额为 1427 亿美元，下降 2.5%；集成电路出口额为 1539 亿美元，增长 0.3%；音视频设备出口额为 380 亿美元，下降 7.0%。

三、当前行业发展需要关注的问题

虽然我国电子信息行业发展取得了突出的成绩，但电子信息行业发展面临的短期困难和长期结构性问题依然较多，影响也不容忽视，亟待予以关注。

（一）芯片短缺和原材料价格上涨带来严峻压力

芯片短缺和原材料价格上涨在 2021 年对电子信息行业发展带来巨大冲击。在芯片供需层面，全球芯片厂的产能不足，而使用芯片的数量呈爆发式增长，同时，芯片制造技术门槛高且投入产出周期长，产能很难在短期实现扩大，因此供需不匹配情形仍将维持一段时间。在原材料价格方面，原材料价格上涨对手机、彩电等下游整机企业带来巨大压力，以彩电为例，2021 年以来电子原材料和面板价格快速上涨，整机企业产量和利润双双下降。展望下一阶段，仍需做好应对芯片短缺和电子原材料价格波动的准备。

原材料价格不断上涨，我国电子制造业的整体利润率仅在 5%左右，企业的经营和研发面临巨大压力。对此，电子信息制造业需要紧密跟踪市场价格，保持对全球原材料和芯片的市场敏感度，加强产业链上下游对接功能，最大程度上保障关键产品的市场供给。

（二）关键核心技术国产化替代面临挑战

从国产替代来看，近年来，在电子信息行业关键核心技术领域，国产传感器、无线通信芯片及部分应用软件等有明显的突破。例如，国产办公软件在国务院组织机构中的覆盖率超过 95%，在商业银行的覆盖率超过 90%；在数据库方面，一系列自主产品已广泛应用于公安、航空、金融、电力、电子政务等领域；在操作系统和云计算方面，麒麟信安的云桌面系统在国防和电力调度领域推进部署。

当前关键核心技术国产化替代面临的挑战和困难主要有以下 3 点：一是国

产产品的质量和稳定性还有待提升；二是产业生态建设能力还有待加强，产品间的适配性、上下游相关产品的兼容性有待提升；三是持续培养经验丰富的专业人才。国产替代是一个长期的系统工程，要充分发挥社会主义市场经济的优势，以市场经济规律为基础，辅以调控措施，才能取得积极成效。当前，电子信息行业需要在复杂的环境中保持定力，争取发展时间和空间；同时积极关注未来技术领域，提前布局，加大研发投入力度。

（三）产业国际竞争趋势进一步加剧

2021 年 3 月，欧盟提出“数字罗盘”计划，计划投入 1300 亿欧元发展数字工业，聚焦芯片制造和人工智能等领域。欧盟还公布了《数字服务法案》《数字市场法案》，加大对数字经济反垄断的管理。2021 年 5 月，韩国公布“K 半导体战略”，计划未来 10 年投资约 4500 亿美元，将韩国建设成全球最大的半导体制造基地。2021 年 6 月，日本发布“半导体新战略”，包括确保尖端半导体制造能力、加快数字投资和加强逻辑芯片设计与开发、促进绿色创新等方向，以期强振日本半导体产业。欧、日、韩等地区和国家纷纷出台战略及扶持政策，加大在半导体、人工智能、数字经济等信息技术相关领域布局，这将对未来的全球信息技术创新与产业链合作带来巨大影响，同时可以预见的是，信息技术领域的国际竞争也将愈演愈烈。

（四）竞争秩序亟待改善，投资秩序有待规范

一方面，伴随制造产能的不断扩大，我国部分电子产品已经进入过剩阶段，尤其是中低端产品，在价格战中陷入恶性循环。很多中小企业已经习惯了以量补价，依靠大量消耗资源实现外延式增长，缺乏依靠企业内部的研发、管理、营销等提高企业竞争力的能力和意愿。另一方面，资本市场缺乏有效引导。有些资本方趁机炒作投机，芯片、操作系统和人工智能等都不同程度地受到了资本炒作的不良影响，亟待关注和规范。

四、2023 年行业发展形势展望

2021 年，我国经济发展实现了较高增长、较低通胀、较多就业的优化组合。

2022 年，我国经济运行面临的困难增多，挑战上升。从国内看，经济发展面临需求收缩、供给冲击、预期转弱三重压力，存在缺煤、缺电、缺芯、缺柜、缺工等问题；从国际看，外部环境更趋不确定。

我国整体经济发展也有很多有利的条件。一是我国经济发展韧性强、潜力大、前景广阔、长期向好的特点没有变，完全有基础、有条件、有能力保持经济平稳可持续发展。2021 年我国经济总量超过 114 万亿元，人均 GDP 突破 1.2 万美元，全年就业保持基本稳定，居民收入水平持续提高，为宏观经济运行稳步前进打下了坚实基础。二是我国坚定实施的扩大内需战略，将为经济发展注入内生动力。一系列重大项目已在 2021 年年初开工落地，而专项债资金的提前、提速下达保证了基建投资能尽早见效。县域乡村消费、新零售等新业态新模式为消费注入新活力。5G、新能源汽车等新兴产业有望合力提振工业经济。另外，随着更大力度地保障和改善民生，并推动城乡区域协调发展，更多内需潜力还将逐步释放。三是我国充足的宏观政策空间，以及较多的政策工具将有力防范外部冲击，确保经济平稳运行。2022 年，减税降费政策精准聚焦支持中小微企业、个体工商户，稳健的货币政策也加大了对实体经济的支持力度。

从电子信息行业角度来看，近年来，我国积极推动新基建发展，把电子信息、智能制造列为重点方向，出台了大量的政策规划，为电子信息制造业以及下游应用行业提供了有利的政策支持和良好的发展机遇。

2023 年，电子信息行业总体运行态势平稳，生产和投资增速在工业行业中继续保持领先地位，对外贸易面临的挑战仍旧较大。

五、当前和下一步行业发展需要关注的重点任务

当前，面对复杂的发展环境，电子信息行业必须坚持创新驱动战略，采取有效措施提高产业链供应链安全保障水平，夯实产业发展基础，加快培育新动能，以保障电子信息行业平稳运行。

（一）完善产业体系，夯实发展基础

一是以畅通经济循环为重点，加大力度打造和完善供应链体系。以夯实产

业基础能力为根本，聚焦核心基础零部件、关键基础材料、先进基础工艺、产业技术基础、基础软件“五基”领域实施核心技术攻关行动，补齐国内产业链循环中的短板，实现产业链循环畅通。

二是在市场应用中不断完善自主可控技术。用好规模巨大的国内市场来支撑自主创新能力，发挥我国能够定义产品和标准的市场优势，通过进一步完善政府采购、首台套政策、强制性标准等政策工具，扩大国产自主可控技术和产品的规模化应用。

三是着眼长远全面布局基础研究，增强科技发展后劲。基础研究是整个科学体系的源头，是科技创新的原动力。应对科技脱钩，在注意“抓关键、补短板、保急需”的同时，要着眼长远全面布局基础研究及打基础工作。

四是加大信息技术领域人才培养力度。依托“产、学、研、用”建设实训基地，创建一批特色化示范性新学科学院，搭建产教协同育人平台，突破人才结构性短缺瓶颈。

（二）加快融合渗透，拓展需求空间

一是加快新型基础设施投资建设。加大物联网、工业互联网、工业机器人、大数据、云计算、人工智能、区块链等新兴产业投资建设力度，大力推进智慧城市建设，加快推进“东数西算”工程，带动电子信息制造业相关产品和服务的供给。

二是加快释放新兴消费潜力。聚焦各行业各领域数字化发展需求，加大5G、大数据、人工智能等新技术应用力度，深入拓展数字化生产、生活和社会治理新应用。

（三）坚持对外开放，拓宽国际合作

一是坚定不移对外开放，开辟国际科技合作与交流新渠道。不能关起门来搞创新，要利用开源创新等方式，不断开辟国际科技交流合作的新渠道，以打破“单一数据来源”困局。

二是稳定行业外贸出口。简化对外经贸管理程序，适时扩大出口退税政策覆盖面和出口补贴力度。推动加工贸易从组装向技术、品牌、服务和营销转变，提高外向型企业在国际产业链供应链中的竞争力。

三是积极拓展“一带一路”市场。加大政策支持力度，鼓励大型企业以直接投资的形式、中小企业以出口或契约的方式进入“一带一路”沿线国家，与东道国企业一道深化在生产供应、技术研发、标准制定乃至国际并购等领域的合作。

（四）规范市场秩序，激发市场活力

一是完善顶层设计，坚持有序发展。新兴技术领域的投资和发展，应做好统筹规划，因地制宜，量力而行，避免一拥而上造成产能过剩和重复建设。

二是发挥优质企业在产业链供应链中的重要作用。培育一批具有全球竞争力的世界一流企业和一批具有生态主导力的产业链“链主”企业，在产业链重要节点形成一批“专精特新”小巨人企业和单项冠军企业，促进大中小企业融通发展。同时，在产业政策制定上，尽量向优质企业倾斜。

三是以落实《中华人民共和国外商投资法》《优化营商环境条例》等为契机，加快建设市场化、法治化、国际化、便利化的营商环境，增强外资企业在我国投资运营的信心。我国目前已实施准入前国民待遇加负面清单管理模式，应进一步大幅缩减负面清单，允许外资控股或独资经营，吸引更多全球产业链相关企业落户我国、加入区域产业链集群。

（五）行业发展重点领域

1．集成电路行业

2022 年，在全球半导体市场都陷入低迷后，国内需求也相对不振，集成电路的产量更是大幅降低。国家统计局的数据显示，2022 年，我国集成电路产量 3241.9 亿块，同比下降 9.8%，这是自 2009 年以来首次出现下滑。对外贸易方面，2022 年我国集成电路进口金额总额 4156 亿美元，同比下降 3.9%；出口金额总额 1539 亿美元，同比上涨 0.3%；贸易逆差 2616 亿美元，同比下降 6.1%。我国作为全球电子信息产品重要的生产和出口基地，对外需求依旧巨大。受下游应用端市场需求量降低的影响，消费电子、工业等下游应用市场的变化直接传导到集成电路产业。2022 年，我国集成电路进出口数量普遍下滑，同时单个集成电路的进出口价值有所增加，我国集成电路出口优势已经初步显现，产品价值有所提高，国产化有一定效果，但仍然存在集成电路进口产品价值大，出

口产品价值小的现象，我国在价值链中仍处于弱势。

2. 新型显示行业

2022 年，我国新型显示产业稳中有进，继续引领全球新型显示产业发展。中国光学光电子行业协会液晶分会的数据显示，截至 2022 年年底，我国已经建成显示面板年产能达到 2 亿平方米，全年实现产值约 5000 亿元，全球市场占比超过 38%。在行业快速发展的同时，我国也围绕新型显示形成全球少有的超大规模内需市场，有力支撑了智能手机、彩电和显示器等传统领域应用。我国新型显示产业投资结构明显改善，在材料上的投资首次超过器件投资，投资重点从 LCD 向 OLED、Micro LED 及产业链上游延伸。

2022 年，众多外资企业继续加大对我国显示市场的投资。德国默克宣布在江苏张家港新建半导体一体化基地，我国首个 OLED 材料生产基地在上海浦东新区落成。康宁显示集团宣布将全球总部落户上海，并成立显示科技创新体验中心。日本电气硝子拟在福建厦门投资 5.7 亿元进行增资扩产，建设高世代液晶玻璃基板加工厂。OLED 装备企业科迪华首座中国工厂在浙江绍兴正式投入运营。一系列投资和项目落地，彰显出中国市场对全球显示行业的吸引力。

3. 光伏行业

2022 年，我国光伏行业保持平稳向好的发展势头。一是产业规模实现持续增长。根据行业规范公告企业信息和行业协会测算，2022 年，光伏产业链各环节产量再创历史新高，全国多晶硅、硅片、电池、组件产量分别达到 82.7 万吨、357 吉瓦、318 吉瓦、288.7 吉瓦，同比增长均超过55%。行业总产值突破1.4 万亿元。二是技术创新水平加快提升。2022 年，国内主流企业 P 型 PERC 电池量产平均转换效率达到 23.2%；N 型 TOPCon 电池初具量产规模，平均转换效率达到 24.5%；HJT 电池量产速度加快，硅异质结太阳能电池转换效率创造 26.81% 的世界新纪录，钙钛矿及叠层电池研发及中试取得新突破。三是智能光伏示范引领初见成效。新一代信息技术与光伏产业加快融合创新，第三批智能光伏试点示范名单适时扩围，工业、建筑、交通、农业、能源等领域系统化解决方案层出不穷，光伏产业智能制造、智能运维、智能调度、光储融合等水平有效提升。四是市场应用持续拓展扩大。2022 年，我国光伏大基地建设及分布式光伏应用稳步提升，光伏新增装机超过 87 吉瓦；全年光伏产品出口额超过 512 亿美元，光伏组件出口额超过 153 吉瓦，有效支撑国内外光伏市场增长和全球新能源需求。

4. 大数据

我国大数据经过多年高速发展，产业规模高速增长，创新能力不断增强，生态体系持续优化，市场前景广受认可，呈现良好发展态势。近一年，我国在政策、人才、资金等方面持续加码，为大数据后续发展注入强劲动力。一是产业规模高速发展，2021 年，我国大数据产业规模增加到 1.3 万亿元，复合增长率超过 30%。二是创新能力不断增强，2021 年我国大数据领域论文发表量占全球的 31%，大数据相关专利受理总数占全球的 50%，均位居第一。三是生态体系持续优化，2021 年，我国大数据市场主体总量超 18 万家，一批大数据头部产业快速崛起，初步形成大企业引领、中小企业协同、创新企业不断涌现的发展格局。四是市场前景广受认可，我国大数据领域投融资金额多年来总体呈现上升趋势，2021 年大数据相关企业获投总金额超过 800 亿元，再创历史新高。

5. 云计算

近年来，在国家政策的支持和市场需求的刺激下，相关企业不断加速云计算领域的布局，推动了我国云计算产业的发展步伐。一方面，在整个数字经济的环境下，各行各业加快了数字化转型进程，市场对云计算的需求不断增加。另一方面，在新基建、东数西算等利好政策的引导下，云计算发展获得了历史性的发展机会，我国云市场呈现快速发展态势。在国家政策方面，国务院印发《“十四五”数字经济发展规划》，重点提出推行普惠性“上云用数赋智”服务，推动企业上云、上平台，降低技术和资金壁垒，加快企业数字化转型。此外，更多企业选择成本更低、更绿色的云计算代替传统 IT 基础设备，为云计算市场持续增长创造了条件。在市场和政策的双重作用下，我国云计算市场也取得了一定的成绩，根据中国信息通信研究院的统计，2022 年我国云计算市场增速约 45%，规模将达到 4682 亿元。

6. 人工智能

作为新一轮科技革命和产业变革的核心驱动力，人工智能已经深刻影响人民生活和社会的发展。工业和信息化部的数据显示，截至 2022 年 6 月，我国人工智能核心产业规模超过 4000 亿元，企业数量超过 3000 家，我国人工智能产业在全球的影响力不断增强。2022 中国人工智能创新发展指数显示，2017—2021 年，我国人工智能产业规模增长了2.6倍，专利申请量全球比重持续扩大，从 2012

年的 13%增长到 2021 年的 70.9%。目前，人工智能已经深入千行百业，成为驱动产业转型升级、赋能数字经济发展的新动能，我国人工智能已进入与经济深度融合应用的新阶段。

（作者：中国电子信息行业联合会　李　杰）

专 题 篇

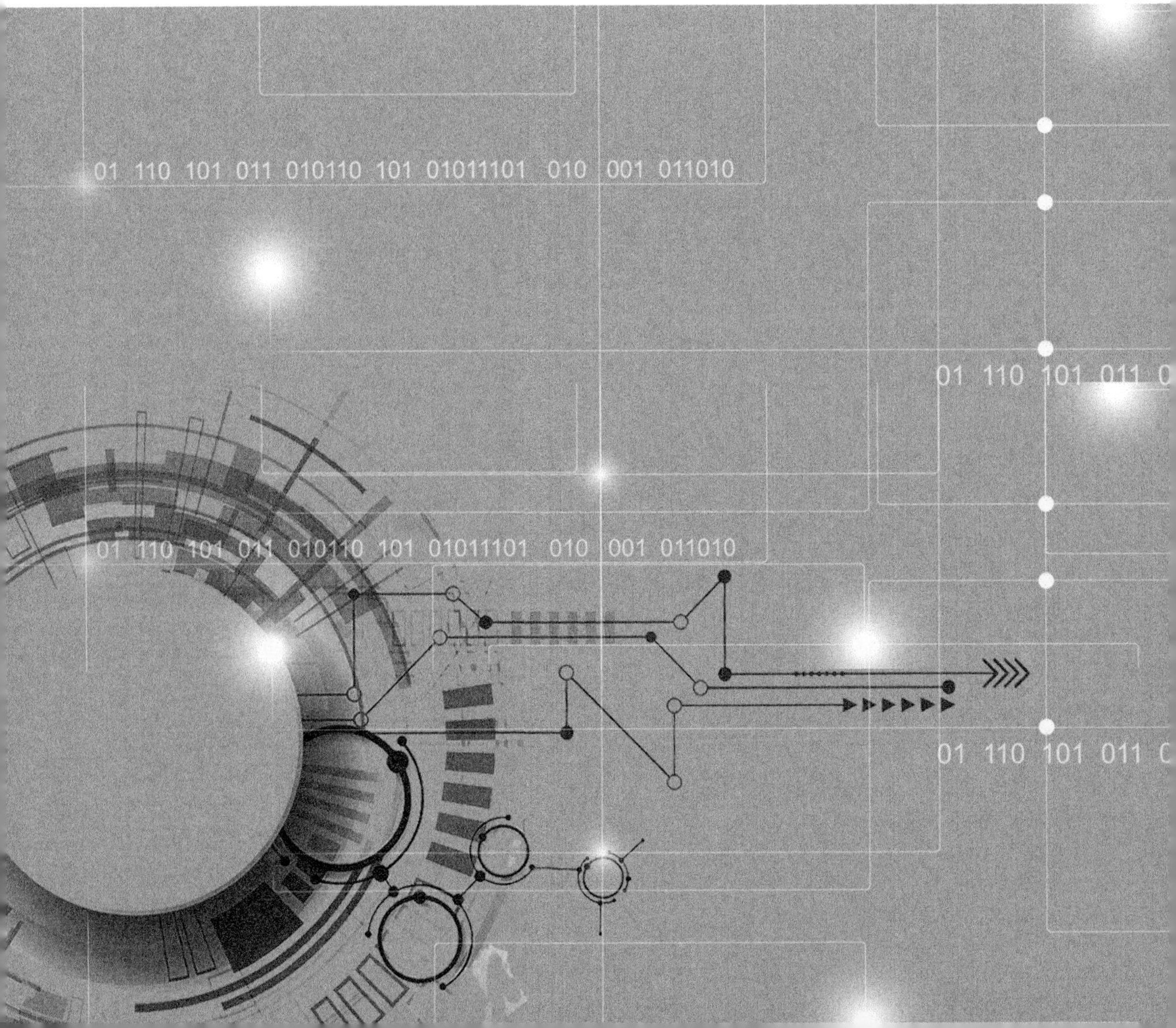
01 110 101 011 010110 101 01011101 010 001 011010
01 110 101 011 010110 101 01011101 010 001 011010
01 110 101 011
01 110 101 011

专题一

第十五章　中国工业园区低碳转型现状、趋势和对策研究

工业园区具有产业空间集聚、企业协同创新、机构网状协作等特点，其基础设施集约共享，产业共生潜力凸显，行政管理体系相对独立高效，这些本质特征为工业园区低碳转型奠定良好基础。同时，工业园区也是资源能源集中消耗的大户、工业企业安全防范的重要场所，更是工业污染集中排放的主要单元，这也将倒逼工业园区低碳转型发展。工业园区逐渐成为低碳技术创新和应用的重要载体、低碳高附加值产业主要孵育基地和独立高效低碳管理经验的发源地。作为先进要素高度集聚、创新活动蓬勃发展、生产生活汇聚繁荣的工业园区必将在“双碳”战略实践中发挥至关重要的作用，成为碳达峰、碳中和的先锋队和主力军。

一、我国工业园区低碳转型现状

（一）政策发力点集中在能源、产业和基础设施三方面

为推动实现碳达峰、碳中和目标，我国陆续发布重点领域和行业碳达峰实施方案，以及一系列支撑保障措施，构建起碳达峰、碳中和“1+*N*”政策体系。我国工业园区低碳转型发展的推进力度持续加大，政策体系日趋完善。从政策部署看，在能源转型方面，更加强调园区清洁低碳安全能源体系构建；在产业转型方面，更加聚焦园区产业结构清洁化调整和循环化发展；在基础设施方面，则愈加关注工业园区内部交通设施和建筑设施低碳管理体系的构建与运行。我国低碳转型相关政策情况见表15-1。

表 15–1　我国低碳转型相关政策情况

能源低碳转型		产业低碳转型		基础设施低碳升级	
文件名称	重点	文件名称	重点	文件名称	重点
2009年《关于在国家生态工业示范园区中加强发展低碳经济的通知》	能源利用结构优化	2009 年《关于在国家生态工业示范园区中加强发展低碳经济的通知》	产业结构调整升级	2013 年《国家低碳工业园区试点工作方案》	低碳基础设施建设
2015年《国家生态工业示范园区标准》	资源能源节约	2013年《国家低碳工业园区试点工作方案》	低碳生产	2020 年《“十四五”建筑节能与绿色建筑发展规划》	超低能耗建筑
2021年《关于加快建立健全绿色低碳循环发展经济体系的指导意见》	能源梯次利用	2015年《国家生态工业示范园区标准》	产业共生	2020 年《新能源汽车产业发展规划（2021—2035 年）》	发展新能源汽车
2021年《关于推进国家生态工业示范园区碳达峰碳中和相关工作的通知》	优化能源结构	2021年《关于推进国家生态工业示范园区碳达峰碳中和相关工作的通知》	优化产业结构	2021 年《关于加快建立健全绿色低碳循环发展经济体系的指导意见》	基础设施绿色升级
2021 年《2030 年前碳达峰行动方案》	节能降低增效转型	2021 年《2030 年前碳达峰行动方案》	循环经济	2021 年《2030 年前碳达峰行动方案》	交通运输绿色低碳
2021 年《中共中央国务院关于完整准确全面贯彻新发展理念做好碳达峰碳中和工作的意见》	清洁低碳安全能源体系	2021 年《中共中央国务院关于完整准确全面贯彻新发展理念做好碳达峰碳中和工作的意见》	产业结构优化升级	2021 年《中共中央国务院关于完整准确全面贯彻新发展理念做好碳达峰碳中和工作的意见》	低碳交通运输体系建设

资料来源：中国信息通信研究院整理。

（二）东部地区国家低碳工业园区数量领跑全国

目前 67 个园区入选国家低碳工业园区试点名单，其中，东部地区 30 个，占全国总量的 44.78%，中部地区 13 个，西部地区 17 个，东北地区 7 个。东部地区平均每个省（直辖市）拥有国家低碳工业园区 2.9 个，在全国处于领先水平。国家低碳工业园区地区分布如图 15-1 所示。

（三）工业园区用能结构“去煤化”趋势明显

我国资源禀赋呈现“富煤、缺油、少气”特征，工业园区能源结构仍以煤炭为主体。近年来，我国工业园区内煤炭、石油等化石能源消费比重不断下降，天然气、电力及其他能源消费量逐步提升，用能结构“去煤化”趋势明显。随着我国可再生能源技术迅速发展，风电、光伏等新能源优势持续增强，蓄冷、蓄热、化学储能等商业应用模式逐步成熟，园区能源供给也加速从单一煤炭主体向煤、油、气、电、核、新能源和可再生能源等多轮驱动结构转变。

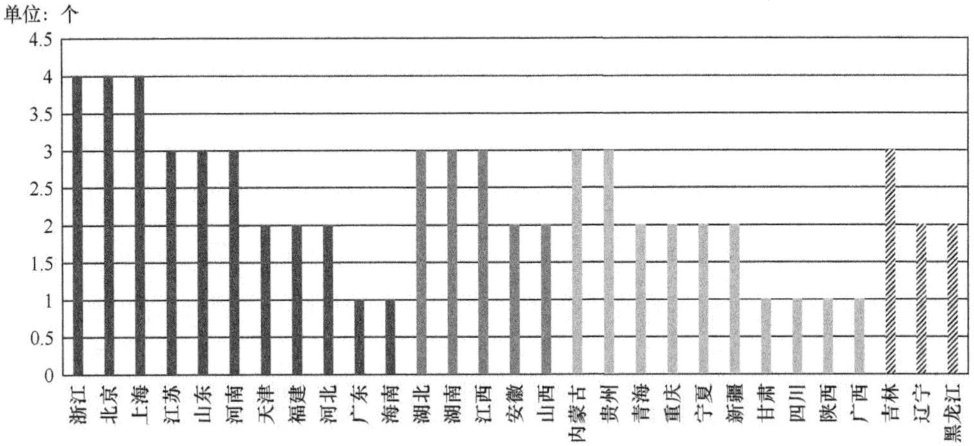

数据来源：中央政府门户网站。

图 15-1　国家低碳工业园区地区分布

（四）上游原材料类园区是节能降耗的重中之重

我国工业园区能耗强度与主导产业属性高度相关，以化学原料和化学制品制造业、有色金属冶炼和压延加工业、黑色金属冶炼和压延加工业、金属制品业为主导行业的工业园区能耗强度高于园区平均水平；以计算机、通信和其他电子设备制造业，医药制造业，电气机械和器材制造业，船舶、航空航天和其他运输设备制造业，以及食品制造业等为主导行业的工业园区能耗强度远低于园区平均水平。分地区而言，我国东部、中部地区工业园区平均单位工业增加值能耗水平显著低于西部地区和东北部地区。西部地区的石油、煤炭、有色金属、黑色金属、专用设备等工业园区平均能耗普遍高于中部和东部地区。

二、我国工业园区低碳转型典型经验

根据所承载主导产业不同，工业园区可分为高新产业型园区、传统产业型园区、资源禀赋型园区、城市功能型园区、化工产业园区，以及静脉产业园区 6 类工业园区的低碳转型典型经验。本节拟从工业园区能源转型、产业转型及基础设施升级 3 个方面探索上述 6 类工业园区的绿色低碳转型经验做法。

（一）高新产业型园区：逐步打出智慧能源组合拳，注重制造业与生产性服务业双轮驱动

高新产业型园区以高技术产业、生产性服务业等清洁低碳产业为主体，多分布于我国经济较为发达的东部地区。一方面，随着数字化管理平台系统等智能化管理工具的深入应用，该类园区逐渐实现能源供给、储能与智能微网三者有效协同，为提高能源管理水平和园区低碳绿色运营奠定扎实的基础。例如，苏州工业园区逐步推进能源智能化管理，建成能源公共服务平台，并采取分布式清洁能源微电网系统，实现能源智能化管理“一网通”。另一方面，该类园区致力于发展高技术产业、节能环保产业等清洁型产业，同时加快产业生产向服务环节延伸，通过制造与服务双轮驱动，促进园区清洁低碳加速发展。例如，上海金桥经济技术开发区在培育电子信息设备制造业等高技术产业的同时，引导电子信息产业从硬件研发、装备制造向终端应用和运营服务环节延伸，进而实现产业发展和节能降耗双重目标。

（二）传统产业型园区：普遍采用绿色低碳技术助推传统产业低碳化改造

传统产业型园区一般以纺织、机械制造、化工、冶金等传统高碳行业为主体，普遍通过自主创新、多方合作等手段整合国内外相关清洁技术资源，采用绿色低碳技术，实施节能技改项目推动产业低碳升级。例如，中西部的内蒙古鄂托克经济开发区，通过加强与院校合作，推进绿色低碳科技攻关，先后实施约 8000 吨的多晶硅技改、无短网结构新型矿热炉开发应用技术等 57 项升级改造工程。青海格尔木昆仑经济技术开发区围绕盐湖化工、油气化工和冶金工业等重点传统产业，通过清洁生产改造和节能技术改进，推动传统产业增效升级，并同步实施了一批企业技术改造及清洁能源项目。相较于中西部而言，东部传统产业园区更多采用信息化、数字技术手段实现高碳产业低碳化改造。例如，浙江绍兴柯桥经济技术开发区积极推进高碳产业智慧低碳化改造，园区内的迎丰科技采用先进的超滤膜反渗透方法处理污水，其纺织品印染全流程智慧化绿色制造关键技术开发与系统集成项目入选国家项目；嘉兴经济技术开发区开发“城市大脑”综合系统，运用大数据助力园区产业智慧低碳管理，在促进行业精密智控常态化、环境管理精细化等方面取得实效。

（三）资源禀赋型园区：发展优势特色产业助推产业结构低碳转型，加强清洁能源基础设施建设保障园区用能

资源禀赋型园区是具有适合发展新能源产业或地区特色低碳产业的自然资源禀赋的园区，多分布于我国西部地区。一方面，该类园区普遍具有较好的新能源产业基础，包括太阳能、风能、地热能等，该类园区凭此发展新能源产业，能够实现园区产业清洁化升级；部分园区能够依托资源禀赋优势，发展地方特色轻工产业，助推产业结构低碳升级。例如，青海格尔木昆仑经济技术开发区大力发展光伏、风能等清洁产业和矿泉水开发、农畜产品加工等地方特色轻工业，促进园区产业结构优化。另一方面，该类园区基于自然资源禀赋优势，大力扩建光伏发电设施、地热能设施、加氢站等可再生能源基础设施，保障园区用能低碳化需求。例如，鄂尔多斯产业园区大力推动氢气、电力基础设施建设，园区建成世界首条 ±660 千伏直流输电工程，外送能力达到 1400 万千瓦。贵阳国家高新技术产业开发区以太阳能、浅层地热能建筑和清洁能源建筑应用为重点，因地制宜推广可再生能源建筑应用园区建设的新型节能环保多功能热泵产业化建设项目，将形成年产 2 万台多功能热泵的生产能力。

（四）城市功能型园区：因地制宜打造“产自”融合新生态，依托交通智能化系统助力绿色通勤

城市功能型园区是产业门类复杂、居住人口较多，兼顾产业与生活两方面的碳排放控制产业园区。该类园区突出宜业宜居生态建设，提倡产业生态与自然生态相结合，倡导“花园办公、绿地办公”，因地制宜打造产业与自然融合新生态。例如，安徽安庆经济技术开发区着力提升生态宜业宜居水平，积极推进产城融合，围绕景观带布置丰富的景观活动和生态功能，致力于打造一个活力、宜人、休闲和生态友好型城市开放空间。此外，部分东部发达地区的城市功能型园区开始注重交通数字化智能化管理，探索建立绿色综合交通系统，优化居民出行方式，推进节能低碳出行。苏州工业园区致力于建设低碳高效绿色综合交通系统，为市民提供优质的通勤服务。苏州工业园区在强调清洁交通的同时，还致力于为市民提供个性化、可负担的出行选择，其推行的绿色低碳公交系统模式也助力苏州赢得“国家公交都市建设示范城市”的荣誉。

（五）化工产业园区：推动产业“高端化”和“纵深化”发展，促进产业链条由“开式线型”向“闭式环形”转变

化工产业园区是以化工企业为主体，通过物质、能量集成，在更多同类企业或相关行业企业间建立共生关系而形成的工业园区。东部地区的化工产业园区主要通过发展低碳高端环节替代高碳低端环节，填补关键核心环节和实施绿色项目，拓展产业链条，促进产业高端化集聚化发展。例如，上海化工产业园区积极发展精细化工，打造高端制造产业链。而中西部地区的化工产业园区则通过拓展延伸产业链条，发展绿色低碳产业环节等促进产业园区低碳转型。兰州新区化工园区从纵向和横向两个维度构建多方面全覆盖的低碳型现代产业体系，同时积极打造循环产业链，促进园区内企业与企业之间、产品与副产品之间形成较完善的产业链关系，实现园区内部产业链条“闭式环形”循环化发展，改变原来产业链条关联程度低的问题，实现园区的绿色低碳转型。岳阳绿色化工产业园区通过采用一体化污染集中处理设施和清洁低碳技术，推动污染治理由过去的“末端削减”向现在的“全面控制”转变。

（六）静脉产业园区：共生型产业体系推动能效提升，产业由“独立线性”向“共生循环”转型

静脉产业园区是建立以静脉产业为主导的生态工业园。一方面，该类园区主要采取产业共生合作方式，实现物质、资源与能源的交换闭环，激发跨行业协作能效。静脉产业园区以垃圾焚烧发电为核心节能手段，可以实现能量流和物流利用最大化，促进循环经济，助力碳减排。例如，北京市朝阳循环经济产业园逐步实现固废处理、废水处理、余热回收利用等产业共生体系，园区内部实现材料、水资源和能源流的交换闭环，跨行业合作提升系统能效和循环。另一方面，静脉产业园区的产业体系逐渐向低碳化转型。中西部静脉产业园区除了强调固废综合处置，更加注重构建共生型、循环型产业体系，实现废物回收利用，控制碳排放。在强调产业共生、循环发展的同时，部分东部园区还突出集固废综合处置、资源循环利用、环卫科技研发推广、环保宣传教育等多功能于一体的综合性产业功能布局。例如，上海老港静脉产业园区致力于打造工业、研发和管理功能于一体的综合性园区。杭州大江东循环经济产业园致力于打造集固废处理、固废产业、资源再利用、科教培训和文化旅游于一体的综合性园区。

三、我国工业园区低碳转型趋势

（一）将普遍实现能源供需高效协同联动

未来，工业园区将普遍依托开放互联、多源协同、多能互补、能源与信息深度耦合的互联网统筹能源需求侧资源，使其由分散、混乱、无序状态转型为具有规模化、可调节性、有序特征的灵活性资源，增加新能源消纳，加快实现能源消费与能源生产、能源供给的高效联动协同。同时，部分能源资源禀赋型园区用能将由以前的“外界购买”向“自给自足”转变。随着全球绿色低碳科技创新步伐加快，以可再生能源为代表的分布式能源发展日新月异，能源供需一体化成为未来能源变革新趋势，未来工业园区将依靠发展可再生能源和智慧能源系统实现园区用能的自给自足。

（二）将由产业共生向城市共生转型发展

工业园区产业低碳发展一般要经历 4 个阶段。一是生产集聚阶段，通过低价的土地、劳动力成本和国家优惠政策吸引产业入驻产业园区，该阶段主要推动产业集群集聚。二是产业主导阶段，工业园区仍以产业建设为主，但会不断吸引资本密集型、技术密集型产业促进产业低碳发展。三是产业完善阶段，该阶段的园区主要吸引汇聚高新技术产业、生产性服务业等清洁产业，建设完善的低碳产业体系，推动实现园区内部产业耦合循环共生发展。四是产城共生阶段，该阶段是产业园区的高级形态，更加注重产业与城市并行发展和产城融合的一体化发展。未来，工业园区的低碳转型不仅局限于园区内部，还将与所在城市、地区充分融合，能源流、物质流实现域内循环，促进产业共生发展逐步向城市共生发展转型。

（三）园区联盟或将成为推动低碳转型的主要模式

近年来，工业园区之间开始探索建立合作同盟，共同推进园区低碳转型发展。2016 年 8 月，由天津、北京、苏州、广州等 36 个国家级经济技术开发区共同发起成立国家级经济技术开发区绿色发展联盟。2018年12月《南京市推进高新园区高质量发展行动方案》提出要设立一系列“伙伴园区”，探索跨区域联动发展模式，这是“伙伴园区”一词首次在地方政府政策文件中出现。2021年12月，长沙市通过《把握实施强省会战略机遇，引领推动长株潭产业园区合作》提案，积极探索“自贸区+长株潭开放平台”“自贸核心区+联动园区”等模式，探索园区低碳发展模式。未来，在地区一体化发展的大背景下，工业园区将更加倾向于寻求园区与园区之间的合作，建立起园区绿色低碳发展联盟，以此开展低碳清洁技术研发和基础设施共享，推动园区低碳转型发展。

（四）零碳工业园区成为低碳转型的主要目标

零碳工业园区是指在园区规划、建设、管理、运营全方位系统性融入“碳中和”理念，依托零碳操作系统，以精准化核算规划“碳中和”目标设定和实践路径，以泛在化感知全面监测碳元素生成和消减过程，以数字化手段整合节能、减排、固碳、碳汇等碳中和措施，以智慧化管理实现产业低碳化发展、能源绿色化转型、设施集聚化共享、资源循环化利用，实现园区内部碳排放与吸收自我平衡，生产生态生活深度融合的新型产业园区。我国各级政府部门相继对发展近零碳工业园区、零碳工业园区提出相关要求，发布政策文件、持续完善规制治理体系。工业园区也加快从低碳工业园区向近零碳工业园区再向零碳工业园区转变。

四、我国工业园区低碳转型对策建议

（一）国家层面

1. 加强顶层设计，统筹推进低碳转型发展

根据国家低碳工业园区、绿色园区等发展经验，按照“科学规划，合理布局，准确定位，突出特色”的指导原则，结合地区资源能源禀赋、经济发展规划、园区总体规划，制定前瞻性的园区绿色转型指导意见和相关政策措施，科学统筹推进和指导园区低碳转型。

2. 树立低碳标杆，发挥榜样园区引领作用

各政府部门深化合作，组织开展工业园区低碳转型典型案例征集，自下而上总结经验做法，为工业园区开展减污降碳协同治理提供借鉴。选择一批绿色低碳转型基础好、意愿强的工业园区，孵育打造成为国际领先、国内一流的“碳达峰、碳中和”标杆园区，形成一套最佳的实践低碳技术和管理体系，带动更多工业园区实现整体性低碳发展。

3. 发挥市场机制，健全碳排放权交易制度

建立完善统一的全国碳市场，适时推进碳交易覆盖钢铁、有色金属、石油化工等全行业范围。整合交易、登记和结算等市场基础设施，实现碳排放数据的可监测与可核查，促使工业园区企业自愿参与温室气体减排活动。建立分工明确、协同推进的碳市场建设工作机制，明确碳减排及碳市场配额总量目标，严格落实超标处罚机制。

（二）地方政府层面

1. 推进创新驱动，打造低碳技术研发高地

加快建立“政、产、学、研、用”有效结合机制，引导企业与高等院校、科研院所建立低碳技术创新联盟，推进“碳达峰”基础性研究，强化关键技术研发和集成示范，推动“降碳”技术突破，发展一批关键技术与装备。鼓励工业园区制定人才引进优惠政策、创新创业政策，提供良好的发展环境和创新平台，奠定坚实的创新基础。

2. 拓宽融资渠道，增强园区低碳“造血”功能

加大财政资金支持力度，充分利用各级清洁技术改造、园区循环低碳化、节能减排和科技计划等资金渠道，以及政府和社会资本合作模式，加大绿色制造专项支持力度。鼓励银行、担保机构等为工业园区中小企业绿色创新与低碳转型提供担保服务和信贷支持，探索建立适合产业绿色发展的风险投资市场，支持符合条件的绿色产业企业上市融资。

3. 完善产业政策，支持产业集聚共生发展

结合国家产业发展的相关政策及其工业园区产业集群发展的需要，有重点地建立健全园区产业集聚的补贴及激励政策，将产业关联度纳入园区考核评价体系，通过政策引导形成企业关联性强、专业化分工程度高的特色产业链，促

进园区内产业绿色集聚及耦合共生发展。

（三）工业园区层面

1. 倡导科学施策，编制低碳转型规划方案

按照工业园区的绿色发展水平、经济规模、主导产业、基础设施建设状况等属性进行分级分类，明确工业园区低碳转型的工作重点，以“一园一策”方式开展工业园区低碳转型规划或工作方案编制。

2. 加强数字赋能，依托智慧平台低碳管理

搭建工业园区用能管理平台、碳排放信息统计监测平台等智慧化管理平台，全面负责行业能耗和碳排放数据的统计和管理工作，帮助工业园区及企业统筹低碳管理和科学分析合理决策，引导企业碳盘查，帮助企业发现和挖掘低碳减排潜力生成碳资产，推进工业园区全面深化低碳发展，形成管理长效机制。

3. 强化信息公开，健全环境风险防控体系

要加强工业园区产业发展、环境保护等信息的公开透明，接受政府、社会公众及企业对工业园区各项数据和管理的监督。工业园区管委会可考虑创建工业园区绿色转型专栏，定期发布各项推进和管理工作信息。鼓励企业制定年度环境绩效与社会责任报告，并进行公开。切实增强工业园区、企业应对突发环境事件的能力，提升工业园区环境应急管理水平。

（作者：中国信息通信研究院　裴　宇　胡佳华）

专题二

第十六章 中国制造业集群竞争力提升研究

产业集群是指一群在空间上临近且具有产业关联关系的企业或机构，通过正式与非正式联系及互补互动合作形成的竞合共生网络化组织。培育和打造先进制造业集群已经成为我国参与全球化发展、形成国际竞争新优势的重要途径之一，对维护产业链供应链的安全稳定、畅通制造业国内国际双循环具有重要意义。

一、制造业集群新内涵

当前国际政治经济环境日趋复杂，全球贸易保护主义“抬头”，全球价值链重构加快，带来了新一轮科技革命和产业变革，全球化发展至今，面临新一轮不确定性。我国的区域经济发展新形势，赋予了我国制造业集群发展的新要求和新内涵。

（一）拉动地区经济增长的重要引擎

当前国内的发展新形势要求先进制造业集群能够带动区域经济稳步提升。先进制造业集群实际上是把产业发展与区域经济通过分工专业化与交易便利性有效结合起来，从而形成一种有效的生产组织方式。先进制造业集群是推动地方区域经济增长的重要力量。**一是能够提高区域生产效率。**大中小企业集聚发展，能够有效降低生产成本和交通成本，促进主体间分工协作，增强企业根植性。**二是能够发挥经济聚集效应。**制造业集群原有企业规模扩大以及新企业不断进入，集群整体规模将不断扩大，能够有效地发挥外部规模经济作用和范围经济作用。**三是能够促进新企业快速衍生与成长。**制造业集群内部大量研发服务机构以及专业人才不断汇聚发展，将促进专业技能技术不断进步，促进衍生产业发展，从而提供更多的发展机会。

（二）催生群体式技术创新的关键载体

当前，我国制造业附加值整体不高，关键环节仍然存在问题，这要求制造业能够形成创新合力，实现创新驱动发展。先进制造业集群有助于形成由企业、科研机构、创新环境（例如，科技中介服务、体制机制和政策环境、文化氛围等）等核心要素组成的创新网络和打造优质协同创新生态，促进群体式技术突破。**一是技术交流推动持续创新。**制造业集群内部企业、高等院校、科研院所、新型创新组织等主体活跃，能够掌握某一领域关键核心技术，主体间的相互交流将推动技术广泛传播，增强整体持续创新能力。**二是利于形成协同创新机制。**制造业集群网状协作、专业分工的基本特征，促进形成良好的“产、学、研”协同创新、产业链上下游协同创新机制。**三是便于创新环境要素功能发挥。**优良的科技中介服务水平满足制造业集群创新需求，支持创新的政策和制度，易于形成宽容、开放、信任的创新文化氛围。

（三）提高区域制造业黏性的有效手段

我国制造业部分环节存在外流现象，外资将目光瞄向了越南、柬埔寨等东南亚国家以及印度等南亚国家，例如理光、Fred Perrotta、三星、SK 集团、苹果、安森美均向东南亚国家及南亚国家转移，这要求区域供应链保持稳定，能够吸附产业稳定发展。先进制造业集群是产业链供应链的超级节点，这种节点特有的网状协作、区域根植、弹性专精等属性能够加强制造业的区域黏性，增强企业对集群所在区域的依赖程度，抵御制造业外迁风险。**一是制造业集群具有产业黏性。**产业黏性依附于行业特有的市场结构，主要影响因素包括供应商议价的实力、新进入者的威胁、替代品或服务的威胁等。**二是制造业集群具有地理黏性。**地理黏性来源于集群本身自然条件和要素禀赋、人文习俗和非正式关系、劳动力与供应商资源等。三是制造业集群具有组织黏性。组织黏性数据来源于产业组织间合作降低风险成本、主体合作易于形成特定技能，以及集体间合作形成的集体技能等。

（四）锻造产业韧性的重要组织形式

当前，国际环境逆全球化趋势明显，地缘政治不稳定因素依然存在，国内新旧动能转换和产业结构转型的压力凸显，产业区域协同布局有待提高。国内外复杂的发展环境和发展形势为我国制造业发展带来一定的风险冲击。产业集群作为独特的经济组织形式，是特定区域内地理集中、有交互关联性的各类企业与机构组成的网络体系。先进制造业集群具有抵御风险冲击的韧性，即集群因内部网络结构特征而产生的应对风险冲击的能力。**一是具有对风险的吸收和适应能力。**集群主体专业分工和竞争合作，能够促进信息知识传播和技术转移扩散，营造创新氛围，促进技术进步，提高集群产业链各环节发展质量，增强对风险的吸收和适应能力。**二是具有遭受冲击后的恢复更新能力。**随着集群内部企业受到冲击，集群网络结构应急调整，部分企业将退出集群，而剩余企业往往产业实力和创新能力较强，网络结构将逐步搭建，促进集群网络恢复更新，促进集群韧性不断提高。

（五）畅通国内国际双循环的战略节点

先进制造业集群是一个根植于地方特色，具有强大组织包容性的开放系统，体现出超越集群的地理边界和行政边界的重合思维，注重产业发展与区域功能互动共生，能够实现区域融合发展，这对畅通制造业国内国际双循环具有重要意义。**一是畅通区域产业内循环。**先进制造业集群使主导产业及其配套产业相关环节在区域范围内高度聚集，激发群体式协同创新，增强柔性化制造能力，促进研发、生产、制造、销售等环节在区域内的循环畅通，实现区域内部产业有序循环。**二是推动内部循环与国际循环高效衔接。**集群化发展能够有效促进先进制造业跨域协同发展，通过不同集群间的互动合作，实现国内制造业高效循环。同时，先进制造业集群凭借高质量“引进来”和高水平“走出去”，强化全球背景下的产业水平分工和垂直整合，实现国内循环与国际循环的高效衔接。

二、我国制造业集群发展现状

（一）政策指导日趋规范，集群机制有待完善

我国制造业集群培育发展的顶层设计逐步完善，集群政策的科学性、有效性日趋规范，制造业集群特别是先进制造业集群发展步伐加快。中央出台一系

列政策引导制造业集群发展，地方政府多措并举推动制造业集群培育，全国 31 个省（自治区、直辖市）均已明确提出要培育产业集群，确定集群培育的主要目标和重点任务。但我国产业集群的培育发展机制尚需进一步完善。一是政府部门对引导产业集群发展经验不足，过度依赖土地供给和优惠政策，导致园区普遍存在用地浪费、产业缺乏特色、专业化生产性服务业欠缺、无法形成有效创新氛围等问题。二是集群发展评估指标片面，重视招商引资的产值、税收、出口等数量指标，较少关注集群内在竞争力、发展可持续性及创新能力等质量指标。我国相关省（自治区、直辖市）先进制造业集群重点梳理见表 16-1。

表 16-1 我国相关省（自治区、直辖市）先进制造业集群重点梳理

名称	省（自治区、直辖市）	举例
先进制造业集群	四川、广西、天津、江苏、浙江、广东、湖北	**广西：**坚持强龙头、补链条、聚集群，推动产业链迈向中高端，壮大先进制造业集群
战略性新兴产业集群	重庆、陕西、山西、安徽、湖北、福建、广东	**广东：**10 个战略性支柱产业集群和10 个战略性新兴产业集群建设
新兴业态集群发展	河南	**河南：**推动中原科技城、郑开科创走廊等创新功能区综合开发，促进新兴业态集群发展
百亿/千亿/万亿级产业集群	甘肃、广西、新疆、河南、湖北、河北、广东	**广西：**打造先进装备制造和绿色新材料两个万亿级产业集群
县域/区域特色产业集群/成长型产业集群	黑龙江、安徽、河北、山东	**黑龙江：**加快提升 107 个省级县域特色产业集群竞争力。 **湖北：**支持 112 个重点成长型产业集群扩规提质，带动形成“一县一品”“一业一品”
协同创新/创新平台企业产业集群/科学装置等创新基础设施集群	四川、河南、北京、天津、陕西、广东	**河南：**高端轴承等优势领域争创国家级创新平台，努力打造充满活力的创新平台集群。 **陕西：**布局建设空间分布上集聚、功能方向上关联的重大科技基础设施集群
开放型产业集群/沿边经济带产业集群	重庆、新疆	**重庆：**壮大开放型产业集群，拓展“一带一路”沿线市场
数字产业集群/互联网产业集群/大型数据中心集群/大数据集群	甘肃、吉林、安徽、辽宁、上海、浙江、山东、贵州、湖北	**吉林：**加快企业数字化转型，打造具有较强竞争力的数字产业集群。 **贵州：**建成全国一体化大数据中心协同创新体系枢纽节点，形成超大型数据中心集群

资料来源：中国信息通信研究院整理。

（二）科技支撑体系初建，创新资源整合不足

当前，我国制造业集群内部科技创新资源快速集聚，产业链协同创新机制、

"产、学、研"合作机制逐步完善，初步形成由企业、科研机构和创新环境等核心要素组成的科技创新支撑体系。对于纺织、建材等传统产业集群，由于其发展起步早，集群规模大，产业链上下游配套能力强，初步形成以龙头企业为主体、跨区域、多基地的技术创新支撑体系。对于电子信息、高端装备等新兴产业集群，科技创新资源快速集聚，产业链协同创新体系逐步形成，"产、学、研"合作机制逐步完善，以企业为主体的产业链协同创新态势逐步显现。但我国制造业集群协同创新仍存在以下 3 个问题：一是创新主体之间缺乏长期稳定的合作机制和合作氛围；二是技术原创性较差，创新成果转化能力不足，对集群高新技术研究与开发支持力度不够；三是创新载体功能亟待发挥，尚未成为重要技术突破载体和科技创新发源地。

（三）产业链基本完整，关键环节仍存短板

当前，我国先进制造业集群产业链供应链整体较为完整，但关键核心环节和关键零部件依然掌握在部分发达国家手中。其中主要包括核心基础零部件元器件、关键基础材料、基础检测设备、先进基础制造工艺和装备的自主可控水平不高，即使在 5G、超高清视频、新能源汽车等优势产业领域，也存在受到限制的情况，重点产业链自主可控能力仍需提升。一些核心产业（例如，汽车制造、电子信息、高端装备、生物医药等）的中间品和核心零部件高度依赖海外市场。以我国新一代信息技术集群为例，90%以上的高端工业软件仍需进口，因缺少自主软件支撑，影响我国先进制造业核心竞争力的铸造。

（四）不同主体互利合作，融通协作水平偏低

我国先进制造业集群建设经验有限，一是集群企业之间尚未形成良好共融共生发展态势，某些集群多为同类企业横向集聚，在产业定位、空间布局和招商引资时往往忽略产业间的纵向联系，头部企业与中小企业协同发展的良好生态尚未形成。二是促进组织建设经验依然欠缺，在技术研发、法律支撑、信息交流、管理经验、产品推广等方面的支撑力度不够。

三、先进制造业集群国际对标分析

产业集群竞争力是以集群的各种要素，以企业、资源、基础设施和技术条件等为基础，以企业间的动态网络关系及其层次性递进为运行方式，具有对环境的利用能力，在全球市场竞争中能为产业集群的整体绩效带来实质性功效的强劲竞争优势。产业集群竞争力重点体现在以下 5 个方面：市场规模力、价值链嵌入力、协同创新力、网状协作力和环境支持力。其中，市场规模力是指能够抢占全球或全国市场份额的能力；价值链嵌入力是嵌入全球价值链中高端的实力；协同创新力是打造多元协同创新生态的能力；网状协作力是依托网络优化资源配置的能力；环境支持力是健全集群治理和支撑集群发展的政策及要素环境支持力。在数据资料能够体现产业集群内涵本质和定性定量结合的原则下，从集群竞争力“五力”维度对国内外代表性制造业集群展开对标评价，分析我国制造业集群竞争的优劣势。

（一）电子信息产业集群：在政策支撑和促进组织功能发挥方面具有竞争优势

美国硅谷位于美国加利福尼亚北部大都会区旧金山湾区南面，集聚了美国大部分的半导体公司，是美国电子信息业和计算机工业的中心，是世界知名的电子信息产业集聚区。与美国硅谷电子信息产业集群相比，我国电子信息产业集群在公共服务体系建设方面具有一定的优势。在集群发展顶层设计方面，例如，深圳市新一代信息技术产业集群的发展政策较为完善，实行联席会议制度，出台完善行动计划、工作方案，并设立集群配套基金。在促进组织功能发挥方面，深圳市新一代信息技术产业集群构建“1+*N*”集群，强化发挥促进组织功能。但我国电子信息产业集群尚未形成高效的创新网络系统，产业关键核心技术与世界先进水平存在差距，产业整体处于价值链中低端。同时，我国集群企业基于产业链联系初步形成合作网络，与其他服务机构、客户之间尚未形成稳定关系，资源配置效率有待提升。电子信息产业集群国际对标分析见表 16-2。

表 16-2 电子信息产业集群国际对标分析

类别	美国硅谷电子信息产业集群	中国电子信息产业集群	分析结果
市场规模力	**规模：**1998年集群总产值规模达到万亿级；集群上万家企业，目前达百万亿级。 **效益：**营业额增长保持在4%左右	**规模：**深圳、成渝集群均达到万亿级规模，与世界一流集群存在差距。 **效益：**国内领先集群能够实现20%以上的增长	与世界级存在差距
价值链嵌入力	**头部企业：**谷歌、Facebook、英特尔、惠普、思科系统、苹果、英伟达、甲骨文、雅虎、SUN微系统等国际品牌。 **特色领域：**晶体管、半导体、电子信息、计算机、网络技术等方面具有优势	**头部企业：**华为、中兴、中芯国际、京东方等头部企业。 **特色领域：**智能手机、计算机整机生产、封装测试、特色工艺、通信设备等领域具有优势	缺乏世界级企业、品牌；整体处于价值链中低端
协同创新力	**创新网络：**构建区域创新网络系统，企业、高等院校、研究院所、政府之间相互作用、相互激发。高度完善和发达的创新网络使知识创新和技术创新两大系统高度协同。 **典型模式：**高校产业园区+高校技术转化	**创新体系：**形成"协会+高等院校+研究院所+功能平台"的科技创新体系。 **典型模式：**以企业为主，协同建设共性技术创新平台	缺乏市场活力，协同创新合力差，不具备优势
网状协作力	**分工协作：**注重打造合作网络，在生产商、供应商、服务机构、客户等集群主体间形成规范网络关系，着力培育供应商与客户间的稳定关系	**促进组织：**构建"1+N"集群促进体系，包括核心创新层、促进运作层、促进协作层，强化发挥促进组织功能。 **分工协作：**具有高效的集群促进网络，为各类企业提供生产和技术指导、管理和人才培训、资金和信息服务	尚处于起步阶段，企业主体间合作不紧密，不具备竞争优势
环境支持力	**政策环境：**强调市场的巨大作用，充分利用市场实现集群发展，政策作用发挥有限。 **要素环境：**利于创新的社会文化环境，鼓励冒险、善待失败、乐于合作等，鼓励风险投资	**政策环境：**产业政策较完善，实行集群联席会议制度，出台行动计划、工作方案，配套资金支持。 **要素环境：**实施"孔雀计划"，引进国内外人才，建立电子商务配套体系	政策扶持具有优势，但要素配套方面不具备优势

资料来源：中国信息通信研究院整理。

（二）生物医药产业集群：基础创新能力不强，政策支撑体系有待完善

瑞士生物医药产业集群作为欧洲最强大、最具创新力的生命科学基地之一，具有"人均生物技术专利世界前列""全球新药注册程序最快的国家之一""全球税率最低"等众多标签。与瑞士生物医药产业集群相比，我国京津冀生物医药产业集群等国内领先集群产业规模达到千亿级水平，具有一定的产业规模实力优势。在化学原料及制剂、中药、原料药、医药中间体、医学影像、体外诊断、心血管器械等领域逐步形成产业优势。生物医药产业集群初步形成以

科研机构和工业企业协同的科技创新体系，但其主体创新模式和协同创新能力不强，促进组织通过举办会议活动推进成果展示、合作交流的服务功能尚未完全发挥。此外，我国生物医药产业集群政策的稳定性和持续性较差，缺乏针对产业全生命周期的系统性和体系化政策支持。生物医药产业集群国际对标分析见表 16-3。

表 16-3　生物医药产业集群国际对标分析

类别	瑞士生物医药产业集群	中国生物医药产业集群	分析结果
市场规模力	**规模**：集群总产值规模达到千亿级；集群千余家研发企业。 **效益**：科技初创企业在 2020 年增长 31%以上	**规模**：京津冀集群达到千亿级，深圳、上海达到百亿级。 **效益**：深圳集群实现53%增长，多数实现 30%左右增长	初步具有领先集群规模和效益，具备一定的竞争优势
价值链嵌入力	**头部企业**：集群集聚 11 家国际型头部企业，包括诺华、罗氏、先正达、Indigo、Alnylam 等。 **特色领域**：瑞士生物技术和制药产业涵盖了整个价值链质量检查互认，国际认可度高	**头部企业**：迈瑞、药明康德、恒瑞、北京诺华等。 **特色领域**：化学原料及制剂、中药、原料药、医药中间体、医学影像、体外诊断、心血管器械等。双抗、ADC、基因细胞治疗有望领先全球	前沿和源头性创新能力薄弱，不具备竞争优势
协同创新力	**创新资源**：研发投入强度全球第一，人均生物技术专利全球第一。 **创新网络**：组建技术创新专业管理协调机构；完善知识产权保护制度；形成校企联合及企业联合研发网络。 **典型模式**：跨国飞地+内部聚合集成创新模式	**创新体系**：初步形成以科研机构和企业相互协同的科技创新体系。 **典型模式**：共建创新联盟、合作平台	缺乏有效协同的创新模式，与国外存在一定差距，不具备竞争优势
网状协作力	**促进组织**：完善组织管理体系，成立生物技术协会、技术协调中心、瑞士科技园和企业孵化器协会等中间服务机构，主体合作紧密。 **分工协作**：集群内园区与企业孵化中心共同组成网络或协会，形成优势互补、分工协作态势	**促进组织**：推进先行先试、成果展示、合作交流等。 **分工协作**：产业链上下游企业初步实现融通发展，发挥公共服务平台功能	促进组织功能亟待发挥，集群主体协作性存在差距，不具备竞争优势
环境支持力	**政策环境**：政策持续性强，促进生物医学研究和技术发展的总体规划；医疗行业催化计划；全球税率最低税制、审批制度优化。 **要素环境**：多渠道资金支持，例如科学基金，引入风险资本。 **典型模式**：高等院校 + 公司链式人才输送模式	**政策环境**：简化审评审批、构建资源共享机制，集群政策逐步完善。 **要素环境**：加强人才招引、打造营商环境	缺乏长期政策跟踪，要素保障也存在一定差距，不具备竞争优势

资料来源：中国信息通信研究院整理。

（三）新能源汽车产业集群：在市场规模、电车制造和政策环境方面具备优势

德国斯图加特汽车产业集群聚集了2000多家汽车相关企业，其中包括戴姆勒集团、保时捷、艾瓦客车等世界级汽车头部企业，博世、采埃孚集团等众多汽车零配件头部生产企业，是全球四大汽车产业集群之一。与德国斯图加特汽车产业集群相比，我国领先的新能源汽车集群有湖北新能源汽车产业集群，主导产业产值达到千亿级规模，新能源汽车制造具有一定的优势，其产销量、产业增速、市场份额等方面位居全球前列。国家及各地政府大力推动新能源汽车产业发展，出台一系列支持集群发展的产业规划、实施方案、指导意见等政策。我国在传统汽车整车、零部件等领域处于价值链的中下游，集群内部初步形成以科研机构为源头创新主体、以企业为技术转化主体的协同发展格局。但集群主体协同创新合力尚未形成，“整零”合作水平与国外集群存在差距。新能源汽车产业集群国际对标分析见表16-4。

表16–4 新能源汽车产业集群国际对标分析

类别	德国斯图加特汽车产业集群	中国新能源汽车产业集群	分析结果
市场规模力	**规模**：集群总产值规模达到千亿级；集群上千家企业。 **效益**：在2020年增长2.6%左右	**规模**：湖北、宁波、广州集群均达到千亿级规模。 **效益**：领先集群能够实现10%以上的产值增长	产销量、增速、市场份额均位居全球第一，具备竞争优势
价值链嵌入力	**头部企业**：世界级头部和高端品牌集聚。戴姆勒、保时捷、梅赛德斯-奔驰汽车、迈巴赫等。 **特色领域**：在整车、零部件等领域具备优势，逐步向电动化、数字化方向转型，在多项数字技术领域具有领先优势	**头部企业**：广汽集团、一汽集团、东风日产等头部企业。 **特色领域**：新能源电动车领域具有先发优势，市场国际领先、智能网联具备先发优势	缺乏世界级企业、品牌，但在新能源电动车领域具有竞争优势
协同创新力	**创新体系**：形成从基础研究到应用研究的创新研发网络体系。 **创新网络**：斯图加特大学发挥了重要的创新源头作用。 **典型模式**：企业研发中心与独立研发机构的有效配合模式，“高新化+能力中心”升级模式，成立行业能力中心	**创新体系**：形成以科研机构为源头的创新主体、以企业为技术转化主体的协同发展格局。 **典型模式**：搭建整车与零部件企业信息交流平台，推进“整零”协同创新，建立整车与零部件协同创新激励机制	企业间的协同创新合力尚未形成，不具竞争优势

续表

类别	德国斯图加特汽车产业集群	中国新能源汽车产业集群	分析结果
网状协作力	**分工协作**：形成以整车头部企业为核心，中小型零部件企业配套发展的汽车产业网络，上下游企业协同发展效应明显	**促进组织**：促进本地配套替代，推动集群产业链上下游协同复工，发挥一定的服务功能。 **分工协作**：初步形成完整产业链，“整零”具备一定的紧密合作关系	促进组织能够推动主体合作，企业间形成紧密联系，初步具备优势
环境支持力	**政策环境**：从“了解集群—鉴别集群—卓越集群—集群进一步发展”管理战略体系，通过集群计划和集群管理工具等手段直接推动产业集群的发展。 **要素环境**：“企业+院校”双元教育模式，双元教育体制培育高技能汽车人才	**政策环境**：国家及各地出台产业规划、实施方案、指导意见等体系化政策文件。 **要素环境**：创新金融模式，支持中小企业协同发展，采取联合培养、定向培养、订单培养等方式，协同培育人才	大力支持新能源汽车产业集群发展，具备竞争优势

资料来源：中国信息通信研究院整理。

（四）纺织服装产业集群：产业链完善度高，但缺乏国际特色品牌

意大利比埃拉纺织产业集群产业链不断向下游延伸，涌现出一批优秀的服装服饰及家纺成品企业，诞生了众多世界知名时尚品牌，例如 Ermenegildo Zenga、Loro Piana、FILA、Cerruti 1881 等。与意大利比埃拉纺织产业集群相比，我国在市场规模、产业链完善度等方面具有一定的优势。在市场规模方面，我国领先的纺织服装产业集群已达千亿级产业规模，年均增长率达 15%以上；在产业链方面，我国覆盖原料、纺织、印染、服装等全产业链环节，具有较高的产业链完善度。但我国纺织服装产业集群头部企业主要有恒力、盛虹、七匹狼、大唐袜业等，缺乏世界级引领型企业，与世界级龙头Gucci、Prada 等存在较大差距。同时，意大利比埃拉纺织产业集群集聚了众多时尚奢侈品牌，品牌溢价能力强大，例如 Ermenegildo Zenga、Cerruti 1881 等，而我国纺织服装质量品牌打造意识较弱，世界级品牌尚未形成。此外，我国纺织服装产业集群已形成高等院校+科研院所+企业的科技创新体系，但未能充分激发群体式技术创新。纺织服装产业集群国际对标分析见表 16-5。

表 16-5　纺织服装产业集群国际对标分析

类别	意大利比埃拉纺织产业集群	我国纺织服装产业集群	分析结果
市场规模力	**规模**：集群总产值规模达到千亿级；集群上千家企业。 **效益**：在 2020 年营业额增长 28.7%	**规模**：江苏、绍兴、福建集群均达到千亿级规模。 **效益**：国内领先集群能够实现 15.6%的增长	个别集群达到世界级水平，初步具备竞争优势
价值链嵌入力	**头部企业**：世界级龙头和高端品牌集聚，例如 Gucci、Prada 等。 **特色领域**：集聚众多时尚奢侈品牌，品牌溢价能力强大，例如 Ermenegildo Zenga、Cerruti 1881、Loro Piana 等。生产流程自动化、智能化水平高	**头部企业**：恒力、盛虹、七匹狼、大唐袜业等头部企业。 **特色领域**：高性能纺织纤维、品牌服装、高端纺机和产业用纺织品等具有优势	缺乏世界级企业、品牌。聚焦制造环节，但智能制造水平较低，处于价值链中低端，不具备竞争优势
协同创新力	**创新网络**：通过头部企业、创新型企业和外资企业关联、示范和竞争效应促进协同创新。 **典型模式**：科技先导模式，组织+工艺+产品创新模式	**创新体系**：具备集高等院校+科研院所+企业的科技创新体系。 **典型模式**：扎实做好“人才+平台+产业”协同创新，但集群内部协同创新程度较低	缺乏协同创新合力，不具备竞争优势
网状协作力	**促进组织**：产业服务专业机构提供业务发展的全方位服务。 **分工协作**：头部企业与其供应商签订长期合同，维护供应链稳定，保持紧密联系	**促进组织**：促进组织（先进功能纤维创新中心）以“公司+联盟”的组织形式，推动互联互通、共建共享和业务协同。 **分工协作**：依托“产业+市场”的独特优势，拥有一条完整的产业链和市场产销体系，能够形成配套供应	国内集群存在简单扎堆现象，企业主体间合作不紧密，不具备竞争优势
环境支持力	**政策环境**：政府形成较为完善的政策支持体系，围绕企业、科研机构、资本扶持、品牌建设等多方面给予相应的支持。 **要素环境**：“职业高中+精细培训”模式，保障人才供应	**政策环境**：具备一定的产业发展政策。 **要素环境**：“英才计划”“经纬计划”提供人才支撑，构建了包括股权融资、产业基金、银行贷款、保险服务等综合性金融服务体系	初步形成一定的政策培育和要素扶持体系，具有一定的竞争优势

资料来源：中国信息通信研究院整理。

四、我国制造业集群竞争力提升对策

（一）电子信息产业集群：需加强龙头企业带动和完善协同创新网络

以龙头企业带动形成稳定的产业链分工体系。引导中型企业做大以及具有发展潜力的小型企业走“专精特新”发展道路，推动产业集群内各种规模企业之间的综合配套和交互影响。加快技术攻关、完善协同创新网络。加快培育若干标志性科技创新企业，转化形成具有市场核心竞争力的产品和服务，抢占发展制高点，提高产业集群创新水平和创新质量。

（二）生物医药产业集群：需加强核心技术攻关和数字化转型

以创新驱动加速关键核心技术攻关。可针对基础研究环节薄弱等痛点问题，在合成生物学、脑科学、生物医学大数据等领域加快建设重大科技基础设施，引领原始技术创新。以数字经济助推生物医药产业实现“弯道超车”。在研发和生产环节引入数字化新基建，让“产业大脑+未来工厂”成为生物医药产业园区标配，提升研发效率和生产工艺水平。

（三）新能源汽车产业集群：需加强整零协同、推动融合创新

加强零部件产业协同，提高行业竞争力。引导和支持优秀零部件企业落户，对新落户企业给予土地出让和税收优惠政策。支持领军企业组建创新联合体，推动互联网、大数据、云计算、人工智能和园区内实体经济深度融合，加强企业供应链数字化建设，推动产业集群融合创新发展。

（四）纺织服装产业集群：需加强质量品牌建设和发挥知名品牌企业引领作用

运用创新手段加强产业集群质量品牌建设。促进产业集群内企业从贴牌制造向原始设计制造和自有品牌制造转变，培育产业集群特色产品，形成知名区域品牌。发挥重点企业在产业集群质量品牌方面的引领作用，采取关于品牌打造引领的激励措施，为龙头企业提供品牌打造与引领原动力；激发企业创新活力，推动研发具有国际引领性的世界知名品牌，推动创新型企业成为国际品牌孵化器；积极引进外资企业投资建厂，学习国外先进经验，为我国纺织服装企业提供示范标杆。

（作者：中国信息通信研究院　裴　宇）

专题三

第十七章　2022年中国工业百强县（市）、百强区发展图景

一、县（市）工业迈入高质量发展新时代

（一）县（市）新型城镇化提速，筑牢更坚实发展基石

县城新型城镇化建设既是全国层面补短板、强弱项的重要载体，又是充分提升县（市）经济发展能级，夯实县（市）工业基础，破解“引才难、留才难”等可持续发展问题的关键举措。2022年5月，中共中央办公厅、国务院办公厅印发了《关于推进以县城为重要载体的城镇化建设的意见》（以下简称《意见》），全面系统部署县（市）建设内容，为县（市）工业发展提供了新机遇。**一是科学合理的功能定位指引产业发展方向。**《意见》将县城分为五大功能类型：大城市周边型县城、专业功能型县城、农产品主产区县城、重点生态功能区县城、人口流失县城，不同类型县城的发展路径各有侧重，能够有效解决重复投资、过度竞争、产能过剩等诸多问题。**二是坚实的平台载体支撑产业发展行稳致远。**《意见》从提升产业平台功能、健全商贸流通网络、完善消费基础设施、强化职业技能培训等方面，强化对产业发展的支撑力，畅通“生产—流通—消费”的内外经济循环。**三是优良宜居环境增强对人才的全面吸引力。**人才在县（市）经济高质量发展全局中的战略地位日益凸显，塑造引才留才的环境是关键。《意见》坚持以人为核心，从完善市政设施体系、强化公共服务供给、提升居住环境质量等方面营造良好的宜居环境。

（二）产业转移承接扩展，培育铸造经济新增长极

工业是产业转移承接的主要领域，做好工业领域的产业转移承接有利于充分释放战略纵深优势，推动县城由发展洼地跃升为经济增长极。新一轮产业具有4个方面的显著特征。**一是产业供给源头更多元。**在传统迁出地区例如浙江

省、江苏省等沿海发达省份开启新一轮“腾笼换鸟”的同时，部分内陆中心城区和强县成为新供给方，已有安徽、湖南、陕西等 14 个省（自治区、直辖市）开展“亩均评价”工作，有序推动劳动密集型和高载能等领域制造业溢出。**二是产业供给层级更高端。**原先产业转移承接多以服装鞋帽、家具等劳动密集型产业为主力，目前以新能源、新材料等为代表的战略性新兴产业扩展步伐加快，扩展承接形成“天长光伏”“枝江锂电”“浏阳碳基新材料”等县（市）经济新地标。**三是我国内陆县（市）的承接基础更扎实。**本地发展条件不断优化，我国很多内陆县（市）在经历了 2006 年、2012 年两轮沿海产业转移承接后，完成了“无中生有”“有中扩能”的产业精进过程，产业配套生态愈加完善。2021 年，我国 43 个 GDP“千亿县”中有 8 个位于中西部。**四是“归雁经济”的纽带作用更紧密。**在政策支持的驱动下，多地掀起了农民工、青年等返乡创新创业热潮，其带来的资金、技术、管理经验、新观念等发展要素，既创造了增量空间，又盘活了存量产业和资源，带动了“正安吉他”“南康家具”“潜山制刷”等一批特色品牌崛起。

（三）科技创新快步入县（市），培植更持久发展强动能

得益于各类创新要素溢出，县（市）正在从区域创新体系的“神经末梢”走向协同创新的“热土节点”。**一是引进来，依托高等院校、研究院所等补齐本地创新短板。**高等院校、研究院所等加快落地县（市），建立起分支机构、联合实验室、院士工作站、产业技术研究院等研发平台，开展共建科技成果转化中心、设立中试基地、创办企业等科技成果转化活动，推动了传统产业转型升级和新兴产业培育，例如慈溪高端医疗器械、邳州半导体材料和设备、偃师分子筛等。**二是走出去，向外建设“科创飞地”融接一流创新资源。**东部部分发达县（市）为进一步连接外部创新资源，率先探索在省会城市—国内创新高地—海外发达地区等多个层次，设立各类“科创飞地”，构建外部研发设计孵化—本地成果落地转化的协作格局，例如“新昌—杭州紫金科创港”“江阴高新区（上海张江）科创孵化器”“张家港欧洲海外创新中心”等，湖北、安徽、四川等中西部县（市）也纷纷设立“创新飞地”“人才飞地”等。**三是强固本，本地创新生态活力稳步增强。**创新主体数量持续增长，截至 2021 年年底，昆山、张家港等多个长三角县（市）的高新技术企业数量突破 700 家，有些甚至达到 2000 家，

肥西、宁乡等多个中西部县（市）也突破了400家。创新载体发展持续深入，各类高能级创新平台建设从东部发达县（市）扩展至浏阳、巩义等中西部县（市），“众创空间—孵化器—加速器—产业园”等孵化模式加速迭代，“双创”支撑力显著提升。

（四）区域合作持续深化，结成更紧密发展共同体

深化区域合作是促进区域协调发展的重要手段，能够有效缩小地区差距，推动更大范围、更深层次、更高水平的共同富裕，带动薄弱地区县（市）摆脱发展限制，有利于构建新发展格局。近年来，区域合作涌现出一大批成效显著、可持续性强的协作模式。**一是新一轮省际合作机制构建起多层次的广域产业协作。**以粤黔协作为代表的东西部协作开启了“四加”（“东部企业+西部资源”“东部研发+西部制造”“东部总部+西部基地”“东部市场+西部产品”）新模式，联动推进了新型工业化、新型城镇化、农业现代化、旅游产业化，激活了薄弱县（市）的“造血”功能。**二是省内合作持续升级加快补齐区域协调发展短板弱项。**例如福建围绕“山海协作”战略，集成了产业发展协作、基础设施、公共服务、生态保护、社会治理等功能，构建了闽东北和闽西南两大协同发展区；浙江打造了“山海协作”工程升级版，以三类飞地、教共体、医共体等为抓手，推动山区26县（市）跨越式高质量发展；江苏和安徽以南北共建园区为重点，充分发挥产业载体的汇聚集成功能，带动了苏中苏北、皖北地区发展再上新台阶。**三是临近县（市）同城化加速促进形成错位互补区域发展格局。**例如“以区带县”模式（安徽“阜阳—阜南同城化”）、“强县引领”模式（四川凉山州“一市三县同城化”）、“强县联合”模式（广东“台山开平一体化”）、“跨市域协作”模式（山东“莱西莱阳一体化”）等，组团式发展激活了各自的发展潜力，组成更大范围内的区域协作共同体。

（五）数字经济赋能扩散，激发县（市）动能活力

数字经济已成为我国经济增长新引擎，《中国数字经济发展报告（2022年）》显示，2021年我国数字经济规模达到45.5万亿元，占GDP比重达到39.8%，规模位居全球第二。随着发展成熟度的不断提升，数字经济加速向县（市）扩散，开辟了新的主战场和潜力空间。**产业数字化有效提升既有动能。**以“智

改数转”为代表的产业数字化行动在各地展开，新一代信息技术应用和智能制造加快扩散，既对冲了人口红利消退的要素供给压力，又带动了传统产业模式再造和效率提升。以网络直播为代表的电商经济在县（市）扎根结果，产业打开了终端销售渠道，特别是消费品领域，更加紧密地融入了全国统一大市场乃至全球分工体系，例如肃宁、曹县等县（市）借此实现了崛起。**数字产业化培育壮大新兴动能。**部分中西部县（市）在承接上一轮电子信息制造业转移的基础上，加快向上游的关键原材料和零部件领域攻坚，例如浏阳市重点突破电子材料、高端芯片和关键元器件等方向，冲刺千亿级电子信息产业集群。部分东部发达县（市）依托整体发展优势和产业基础优势，加速布局特色化软件和信息服务业，例如慈溪、新昌等发展工业软件、大数据等相关领域。**数字化治理构筑夯实发展基石。**以“城市大脑”为代表的综合性数据平台和以“工业大脑”为代表的产业大数据平台快速向县（市）扩展，“用数据决策、用数据服务、用数据管理”的产业治理机制逐步形成，例如余姚智能家电云平台、海宁“经编云”、醴陵“思伯云”等正在成为促进本地经济和行业发展的关键支撑。

二、2022 年中国工业百强县（市）发展图景

（一）县（市）支撑增长牢固，工业压舱石作用深化

百强县（市）在稳定全国经济大盘的基石作用进一步凸显。中国工业百强县（市）覆盖 75 个县级市、22 个县和 3 个旗，GDP 合计达到 9.9 万亿元，一般公共预算收入 7237 万亿元，工业增加值达到 4.5 万亿元。工业百强县（市）以全国 3.5%的县级行政区划数、6.6%的人口及超过 14%的规模以上的从业人员，贡献了全国近 10%的 GDP、14%以上的工业增加值和近 16%的规模以上工业企业利润总额，经济社会贡献显著。工业百强县（市）在全国消费、出口占比分别达到 8.6%和 12.5%，稳增长马车支撑作用保持稳定，成为促进经济增长的重要基石。

百强县（市）工业支撑县（市）经济增长的动力持续强化。为应对三重压力和超预期事件带来的不利影响，百强县（市）坚持稳中求进的总基调，迎难而上，在压力中育新机，在变局中开新局，稳定经济增长的成效显著，其中工业经济发挥了关键支撑作用。工业百强县（市）中，92 个县（市）的全部工业

增加值增速实现了正增长，其中 88 个高于全国平均水平，10 个增速保持在 8% 以上,为区域乃至全国的经济增长贡献了重要力量。2022 年中国工业百强县(市) 主要指标占全国比重如图 17-1 所示，2022 年中国工业百强县（市）全部工业增速概览如图 17-2 所示。

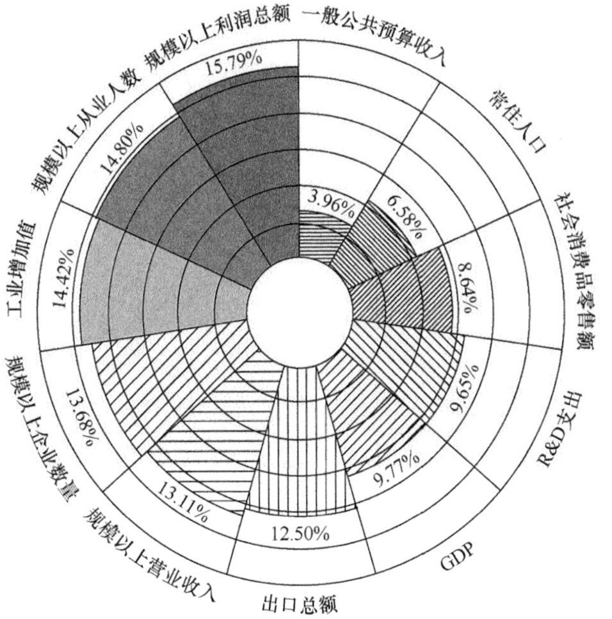

数据来源：中国信息通信研究院整理。

图 17-1　2022 年中国工业百强县（市）主要指标占全国比重

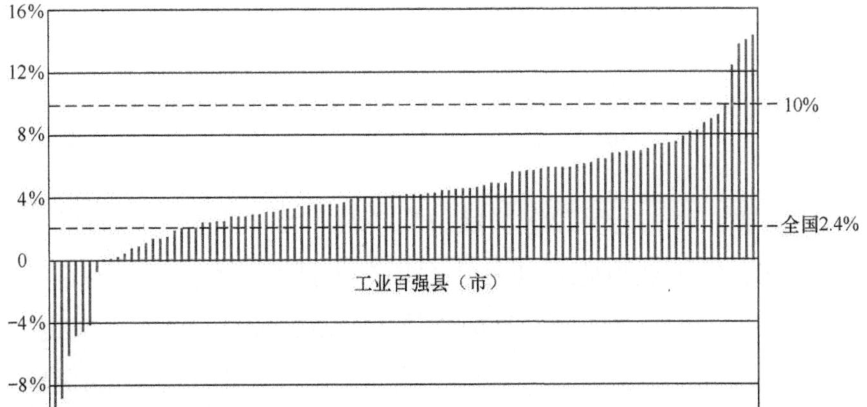

数据来源：中国信息通信研究院整理。

图 17-2　2022 年中国工业百强县（市）全部工业增速概览

（二）东部巩固先发优势，都市圈牵引带动提速

东部县（市）占比七成，中部县（市）稍有下滑。东多西少、南强北弱依然是我国工业百强县（市）的区域板块分布特征。2022 年，东部地区扭转了近年来入围百强县（市）数量略有下滑的趋势，较 2021 年新增 4 个，强县（市）最大聚集地的地位进一步巩固，拥有的百强县（市）数量合计达到 70 个，占百强县（市）总数的 70%，其中，前十强中占据 8 席；中部入围百强县（市）数量为 20 个，较 2021 年减少 3 个，崛起势头亟待进一步巩固；西部入围百强县（市）数量为 9 个，较 2021 年减少 1 个，延续了近年来的平稳态势；东北地区入围百强县（市）数量仍为 1 个，新兴县（市）增长乏力。2018—2022 年我国四大板块工业百强县（市）数量分布变化如图 17-3 所示。

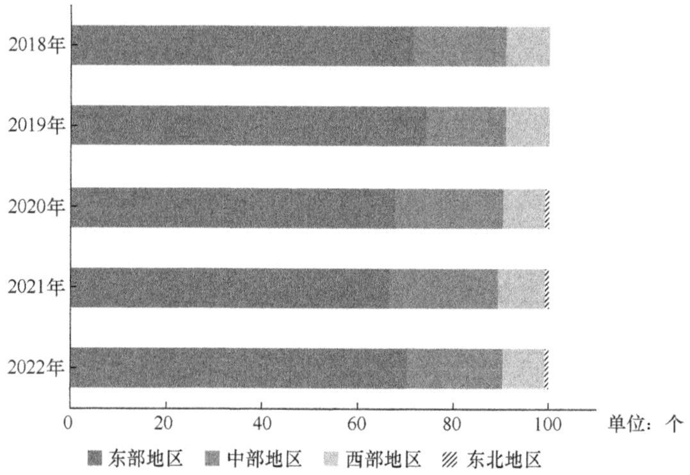

数据来源：中国信息通信研究院整理。

图 17-3　2018—2022 年我国四大板块工业百强县（市）数量分布变化

工业百强县（市）呈现四级梯队分布。县（市）工业竞争力指数聚类分析结果显示，2022 年工业百强县（市）可以分为四级梯队：第 1～6 名构成第一梯队，格局较为稳定；第 7～36 名构成第二梯队，头部成员波动较小；第 37～80 名构成第三梯队，第81～100 名构成第四梯队，三四梯队间的级差较小，内部调整活跃。**江苏、浙江、福建包揽第一梯队，江苏占据三分之二。**第一梯队 6 个县（市）中，江苏有 4 个，福建、浙江各有 1 个，依次是昆山市、江阴市、张家港市、晋江市、常熟市和慈溪市，其中昆山市首次占据榜首。**东部县（市）**

仍主导第二梯队，梯队阵容加速扩展。第二梯队包含 30 个县（市），比 2021 年增加 9 个，其中江苏和浙江各有 9 个，福建、湖南各有 3 个，山东有 2 个，陕西、贵州、内蒙古、河北各有 1 个。东部县（市）合计占比 80%，中部长沙县、浏阳市均位于前 20 名，西部入围的有神木市、仁怀市和准格尔旗。**中西部县（市）在第三梯队中的占比超四成。**44 个县（市）中浙江有 11 个，江苏有 7 个，河南、山东各有 4 个，湖北有 3 个，内蒙古、福建、江西、安徽各有 2 个，湖南、河北、陕西、新疆、辽宁、宁夏、云南各有 1 个，中西部县（市）占比超 40%。**第四梯队全部由东中部县（市）组成，中部县（市）约占四分之一。**第四梯队的 20 个县（市）中，东部和中部的县（市）数量分别有 15 个和 5 个。其中，江西的百强县（市）全部落入第三梯队，河南、安徽和湖北的百强县（市）在三四梯队均有分布。2022 年中国工业百强县（市）梯队分布如图 17-4 所示。

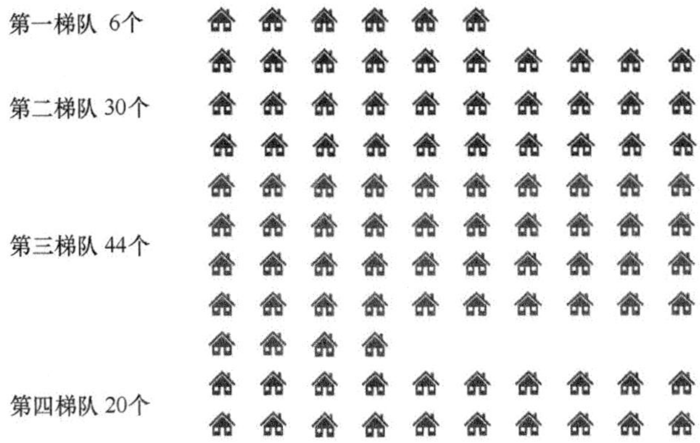

数据来源：中国信息通信研究院整理。

图 17-4　2022 年中国工业百强县（市）梯队分布

城市群和都市圈带动百强县（市）的作用凸显。以万亿级城市为主要引擎的城市群和都市圈加速迭代，“十四五”规划提出了 19 个主要城市群，国家发展和改革委员会已先后批复了 6 个国家级都市圈的规划，抱团发展、核心带动正在成为区域经济发展的重要模式和趋势。在中国工业百强县（市）中，长江三角洲城市群独揽 46 个，其中，苏锡常都市圈有 7 个，南京都市圈有 8 个，杭州都市圈有 11 个，宁波都市圈有 8 个，合肥都市圈有 1 个；长江中游城市群占据 12 个，其中，武汉都市圈有 3 个，长株潭都市圈有 4 个，南昌都市圈有 1 个；粤闽浙沿海城市群占据 10 个，其中，厦漳泉都市圈有 5 个，福州都市圈有 2 个；山东半岛城市群有 9 个，其中，青岛都市圈有 4 个，济南都市圈有 1 个；中原城市群和呼包鄂榆城市群各有 5 个，其中，郑州都市圈有 5 个；淮海经济区有 4 个；京津冀城市群和珠三角城市群各有 2 个，其中，广州都市圈和深圳都市圈各有 1 个；黔中城市群、宁夏沿黄城市群、辽中南城市群、滇中城市群各有 1 个，其中，银川都市圈、大连都市圈和昆明都市圈各有 1 个。国家级城市群集聚了绝大多数百强县（市），且随着都市圈培育成长速度加快，将引领区域内县（市）工业发展再上新台阶。2022 年工业百强县（市）城市群和都市圈分布示意如图 17-5 所示。

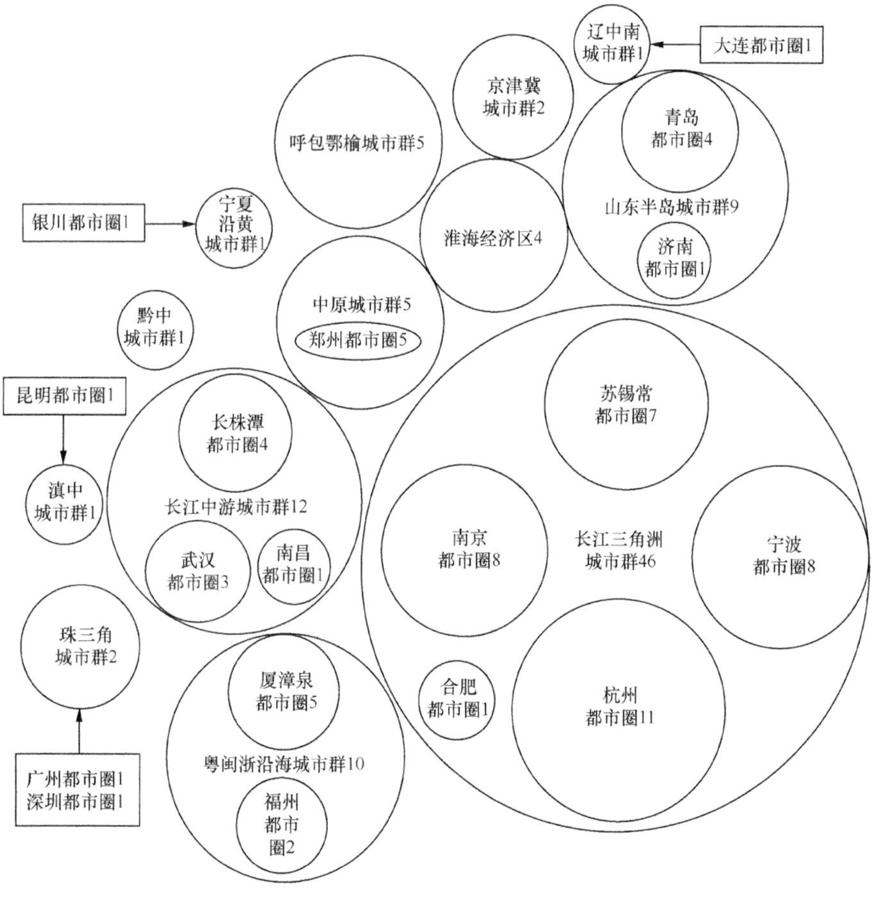

数据来源：中国信息通信研究院整理。

图 17-5　2022 年工业百强县（市）城市群和都市圈分布示意

（三）江浙保持领跑地位，山东强县（市）数量强复苏

百强县（市）分布于 **18** 个省（自治区），江苏和浙江合计拥有 **48** 个。浙

江和江苏的工业百强县（市）数量长期居于各省份的前列，2022 年分别入围 25 个和 23 个，两省合计达到 48 个，是我国百强县（市）数量的近半数。山东的百强县（市）数量强势复苏，增长到 11 个，近年的下滑态势得以逆转，表明新旧动能转换取得了良好成效。福建有 7 个，中部的河南、湖南、湖北各有 5 个，内蒙古、安徽各有 3 个，陕西、河北、江西、广东各有 2 个，贵州、新疆、宁夏、辽宁、云南各有 1 个。除了 4 个直辖市不参选，山西、吉林、黑龙江、广西、海南、四川、西藏、甘肃、青海等 9 个省（自治区）尚无百强县（市）。近 5 年来，江苏百强县（市）数量保持高位，浙江延续良好增长势头，比 2021 年增加 1 个，长三角南翼开始与北翼并驾齐驱；2022 年，湖北、广东百强县（市）数量有一定上涨，前者反映了其经济发展重回正轨，后者表明在珠三角区域前期的强县撤县（市）设区后，积蓄的县（市）发展动能开始显现。2022 年中国工业百强县（市）省域分布如图 17-6 所示。

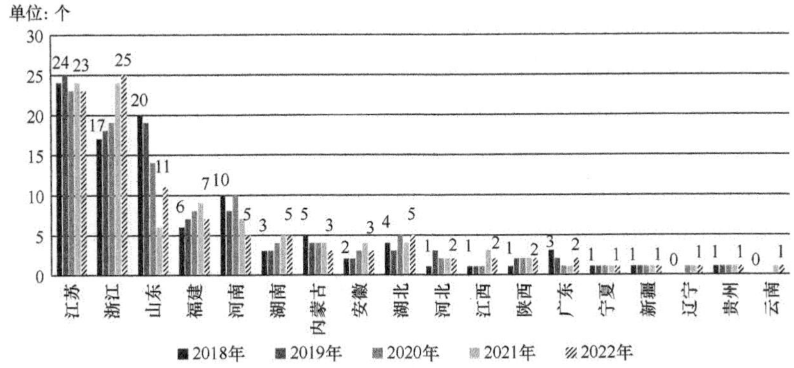

数据来源：中国信息通信研究院整理。

图 17-6　2022 年中国工业百强县（市）省域分布

各省（自治区）县（市）工业协调发展程度差异大，苏浙强县本地覆盖扩围成片。山东、河南、河北、湖南是工业大省中县（市）数量较多的省份，普遍在 75 个以上，其中河南突破了 100 个；江苏、浙江、安徽、福建均在 60 个以下。省际百强县（市）数量的全省占比差异程度高。苏浙域内县（市）工业协调发展程度居于领先地位，在江苏 40 个县（市）中，百强县（市）数量占比超过 50%，即江苏平均 7 个县（市）中就有 4 个是工业百强县（市），苏南的苏州、无锡、常州、镇江和苏中的扬州、泰州、南通 7 个市实现了所辖县（市）全覆盖，形成苏南与苏中的全域强县分布带；在浙江 53 个县（市）中，该比重接近半数，环杭州湾两侧的嘉兴、湖州、宁波、绍兴 4 市保持所辖县（市）全覆盖格局，舟山和温州均有新增百强县（市）；与此同时，河南、安徽、湖南工业百强县（市）占比不到6%，湖北亦低于8%，省会城市的集聚效应显著，亟待增强其对其他地区的辐射带动力和提升副中心城市的能级。2022年中国工业百强县（市）重点省（自治区）县（市）数量对比如图17-7所示。

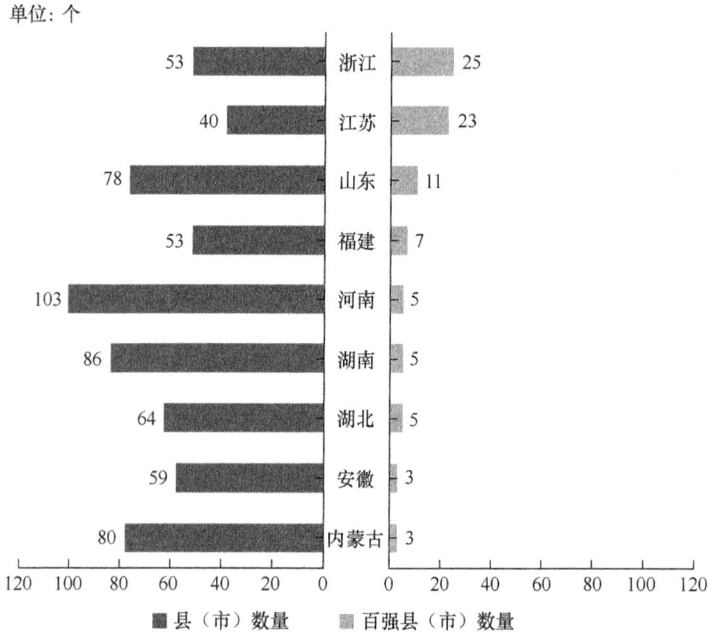

数据来源：中国信息通信研究院整理。

图17-7　2022年中国工业百强县（市）重点省（自治区）县（市）数量对比

（四）科技创新加力提效，新兴动能培育快成长

研发投入强度和产出成效持续强化。工业百强县（市）R&D经费支出合计突破2300亿元，约占全国10%，昆山市、江阴市等11个县（市）的全社会研发投入均超过40亿元，其中有4个县（市）超过80亿元，长沙县、新昌县、余姚市等8个县（市）全社会研发投入占地区生产总值比重为3.5%以上的高水平。百强县（市）专利授权累计数合计超过300万件，新昌县、昆山市、太仓市等14个县（市）万人发明专利拥有量高于40件，其中有7个县（市）达到60件以上。**新兴动能蓄积更厚实。**新兴产业规模持续提升，2021年昆山市、张家港市、宁乡市等县（市）的高新技术产业产值超过1000亿元，余姚市、乐清市、平湖市等县（市）战略性新兴产业增加值达到150亿元以上。全社会研发经费投入40亿元以上的县（市）如图17-8所示。

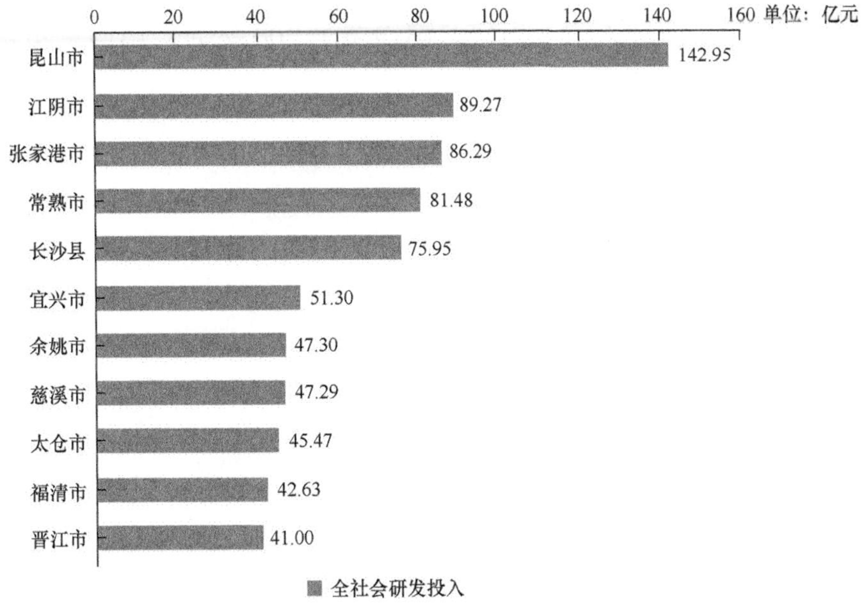

数据来源：中国信息通信研究院整理。

图 17-8 全社会研发经费投入 40 亿元以上的县（市）

（五）工业投资量稳质升，对外开放承压前行

工业投资规模平稳叠加质量提升，有力支撑经济大盘。投资增速保持较高水平。百强县（市）中有近八成实现了工业投资正增长，80%以上超过全国平均水平。其中，常熟市、长葛市、邳州市等 21 个县（市）增速保持在 15%以上。投资结构持续优化，2021 年，昆山市、平湖市等县（市）的新兴产业投资规模超过 50 亿元，常熟市、太仓市高新技术产业投资占工业投资比重均超过了 30%，工业技改投资、装备制造业投资等方面总体也保持较快增长，夯实了工业投资增长的可持续性基础。部分工业投资总量较大的县（市）如图 17-9 所示。

更高水平开放释放县（市）发展新空间。目前，深入推进对外开放仍面临较大压力，“脱钩断链”、贸易壁垒高涨等不利因素仍未减弱。然而与此同时，内部开放环境持续优化。一方面，以中欧班列、西部陆海新通道、多式联运为代表的开放通道纵深发展，推动开放由沿海沿江沿边向内部腹地的县（市）扩展，使之深度融入全球经济大循环。另一方面，随着自贸区及其联动发展区、保税物流中心等开放载体的扩能提效，更多县（市）参与到国际大分工中，对外贸易、外商投资、“走出去”等开放水平跨进新阶段。昆山市、义乌市、胶州市等 10 个百强县（市）出口总额均超过 500 亿元，海宁市、仙桃市、广饶县等 19 个县（市）出口总额均超过 200 亿元。出口总额超过 300 亿元的县（市）如图 17-10 所示。

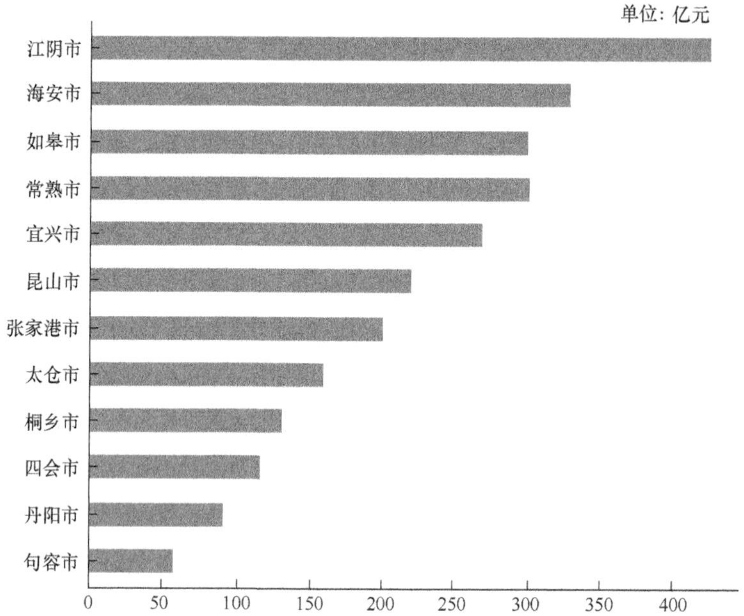

数据来源：中国信息通信研究院整理。

图 17-9　部分工业投资总量较大的县（市）

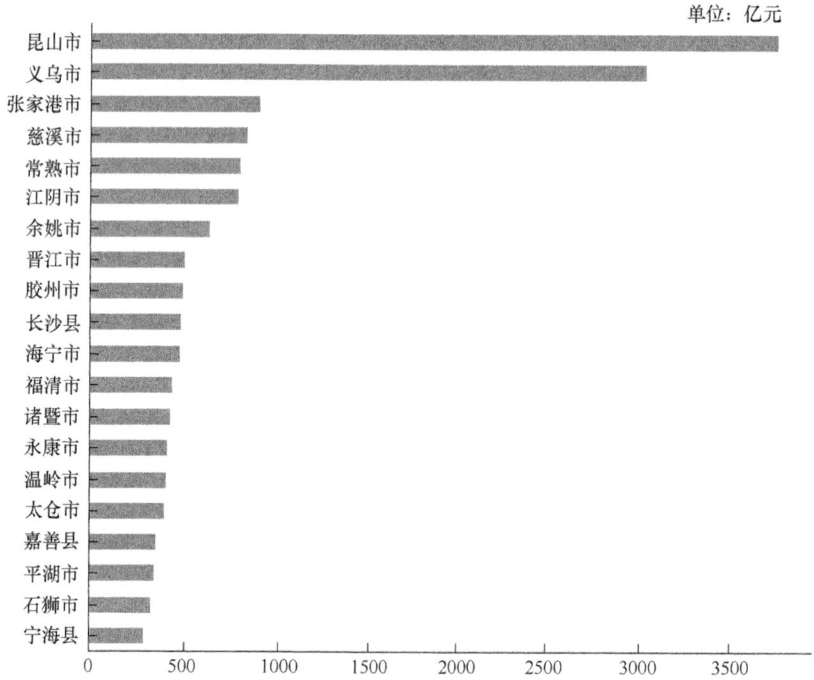

数据来源：中国信息通信研究院整理。

图 17-10　出口总额超过 300 亿元的县（市）

（六）发展红利共享攀升，释放扩内需巨大空间

百强县（市）居民分享充分发展红利。随着脱贫攻坚战的圆满收官和乡村振兴战略的深入实施，以及县（市）产业经济的长足发展，县（市）居民进一步享受社会发展的时代红利，收入水平稳步提高。工业百强县（市）中，69个县（市）的城镇居民人均可支配收入超过全国平均水平，其中，义乌市、乐清市、石狮市等47个县（市）达到5万元以上，可以比肩浙江、广东等发达省。居民收入的增长不仅使人民的获得感增强，还为促进县乡消费提供了有力支撑。2022年中国工业百强县（市）城镇居民人均可支配收入如图17-11所示。

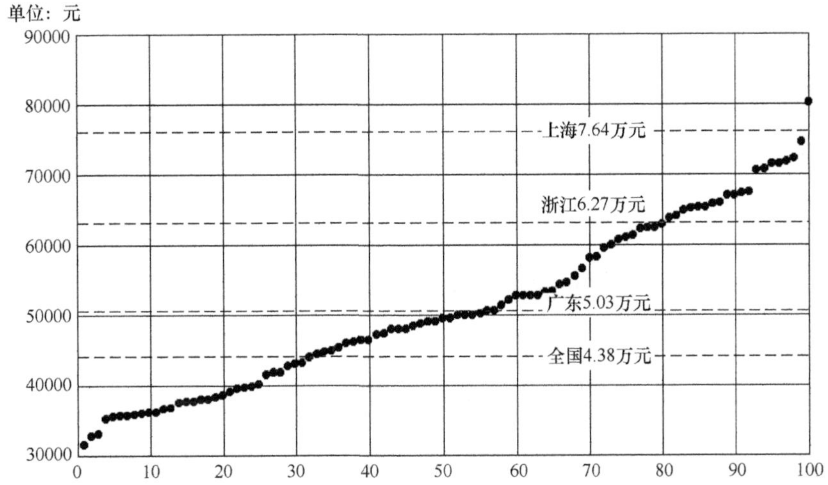

数据来源：中国信息通信研究院整理。

图 17-11　2022 年中国工业百强县（市）城镇居民人均可支配收入

提振县（市）消费是内需扩容提质的重要抓手。近年来，商业综合体、特色街区、快递驿站等消费基础设施在县（市）广泛铺开，构建起县（市）消费生态的基础支撑。首店经济、夜间经济、直播带货等新消费模式在县（市）不断涌现和推陈出新，营造了多样化、个性化的消费场景，县（市）消费表现出强劲的发展势头。2020年全国2083个县（市）网络零售额达3.53万亿元，同比增长14.0%，占全国网络零售额比重为30%。中国工业百强县（市）社会消费品零售总额合计约3.4万亿元，占全国社会消费品零售总额比重约为9%，其中晋江市、昆山市、常熟市超过千亿元。社会消费品零售总额超过500亿元的县（市）如图17-12所示。

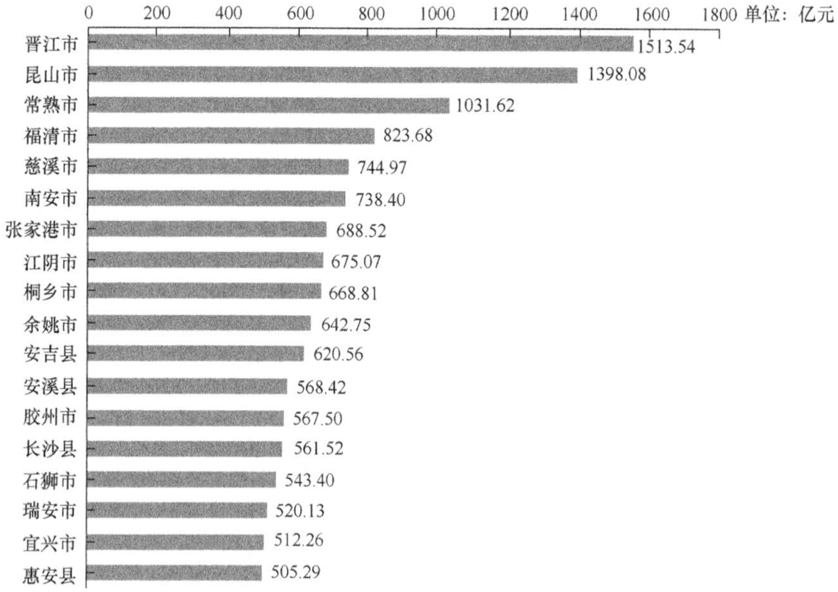

数据来源：中国信息通信研究院整理。

图 17-12 社会消费品零售总额超过 500 亿元的县（市）

三、促进县（市）工业高质量发展对策建议

（一）积极培育新兴动能，拓宽发展空间

着力盘活传统增长存量。加大设备更新和技术改造的力度，加快制造业数字化转型，发展智能制造和绿色制造，提高产品质量和档次，打造高知名度品牌，提升产业价值链，以及传统产业在国际分工中的地位和竞争力。**加大新兴产业引培力度。**紧紧把握全球新一轮科技革命和产业变革重大机遇，把握区位、资源、产业基础等优势，瞄准前沿新兴方向，对接高等院校、研究院所等，积极承接成熟度较高、带动性强、与本地产业关联性强的科技成果转化落地，培育新增长点。**加大企业培育支持力度。**细化企业培育支持政策，加大对“专精特新”等优质企业在投资、研发、人才、增资扩产等方面的支持力度，激活市场创新活力，以小企业撬动大空间。

（二）深化区域融合发展，提升竞争优势

积极融入区域发展战略。围绕都市圈和城市群发展战略要求，推进临近区域一体规划发展，推动新基建、民生、产业发展平台等基础设施一体化建

设。错位规划布局区域产业链建设，强化区域特色产业链，融入城市群现代产业体系构建。**推进跨区域产业集群打造。**依托优势产业，围绕产业集群培育总体方向，建设重点产业大中小企业融通服务平台，联合区域重点企业建设产业投资基金，支撑县（市）产业集群融入国内、国际大区域集群发展。**推进产城深度融合。**围绕新型城镇化发展目标，依托产业载体建设，加快形成创新引领、配套设施完善、宜居宜业的产业生态综合体，推进产业核心承载区能级跃升。

（三）创新产业合作模式，加速要素流动

多层次推进“科创飞地”建设。支持市级层面统筹推进所属县（市）开展组团式建设，为薄弱县开辟创新发展通道。聚焦县（市）特色优势产业，围绕研发、中试、产业化等环节，探索建立线上线下相结合的专家团队、科研载体与县（市）的合作机制，拓宽高端科研资源的流动渠道。**加快数字化模式带动。**加快县（市）产业数字化转型，着力推动企业智能化改造和数字化转型，协同推进园区载体的数字化转型，加快促进中心、产业大脑等平台建设，积极推广网络化协同模式，开展数字化产业创新场景应用，汇聚集成人才、资金、技术等高端要素。**着力促进县（市）内外流通。**统筹一、二、三产业的优质企业，打造一批经营规模大、辐射带动能力强的龙头企业，联合搭建县（市）流通平台，畅通要素流动，助推形成统一大市场。

（四）有序推进产业转移，筑牢特色优势

积极落实新一轮产业转移政策。落实《关于促进制造业有序转移的指导意见》，支持中西部县（市）积极承接东部产业有序转移，推动实现东中西县（市）产业协同互动，提升跨区域产业链群建设乘数效应。**优化县（市）产业承接环境**，提升产业承接本地根植性和延展性。以省为单位统一规划，最大限度地发挥区域产业基础和资源优势。**优化产业承接布局。**依托产业园区建设，优化承接产业转移空间布局，发挥功能区特色定位，支持“一县一产业”“一园区一特色”的承接发展格局，引导和储备有特色的新兴产业生态，培育和打造有竞争力的特色产业集群，打造区域经济新的增长点。

四、2022 年中国工业百强区发展图景

（一）工业增长稳中有进，经济体量再上台阶

工业百强区对全国经济贡献总体超过 10%。工业百强区 GDP 合计达到 14.4 万亿元，工业增加值 6.0 万亿元，一般公共预算收入 1.0 万亿元，规模以上工业企业 6.8 万家。总体上，工业百强区以不足全国 8%的人口，1%的行政区划面积，贡献了全国 14.2%的 GDP、19.1%的工业增加值和 23%的规模以上工业企业利润总额，经济贡献突出。

工业百强区较快增长有力支撑了全国工业稳增长。面对国内外风险挑战明显上升的复杂局面，作为市辖区工业经济发展的重要稳定器，工业百强区稳增长取得明显成效。工业百强区中，95 个市辖区两年平均工业增加值实现正增长，其中，66 个市辖区高于全国平均水平，19 个市辖区保持两位数增长，81 个市辖区近两年均保持正增长，有力地支撑了本地区乃至全国工业平稳运行。2022 年工业百强区主要经济指标与全国对比如图 17-13 所示。2022 年工业百强区近两年工业增速情况如图 17-14 所示。

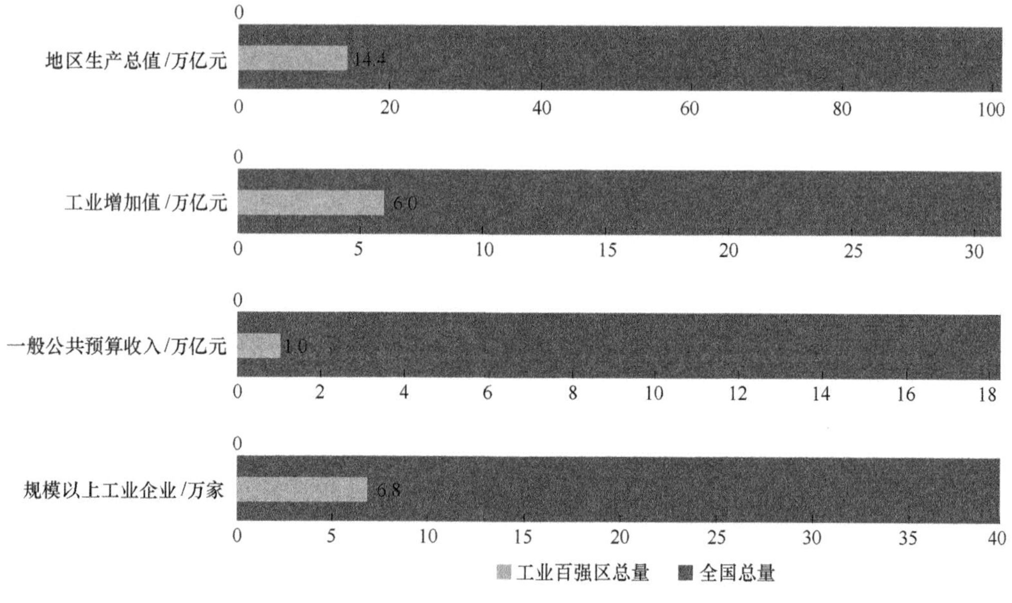

数据来源：中国信息通信研究院。

图 17-15　2022 年工业百强区主要经济指标与全国对比

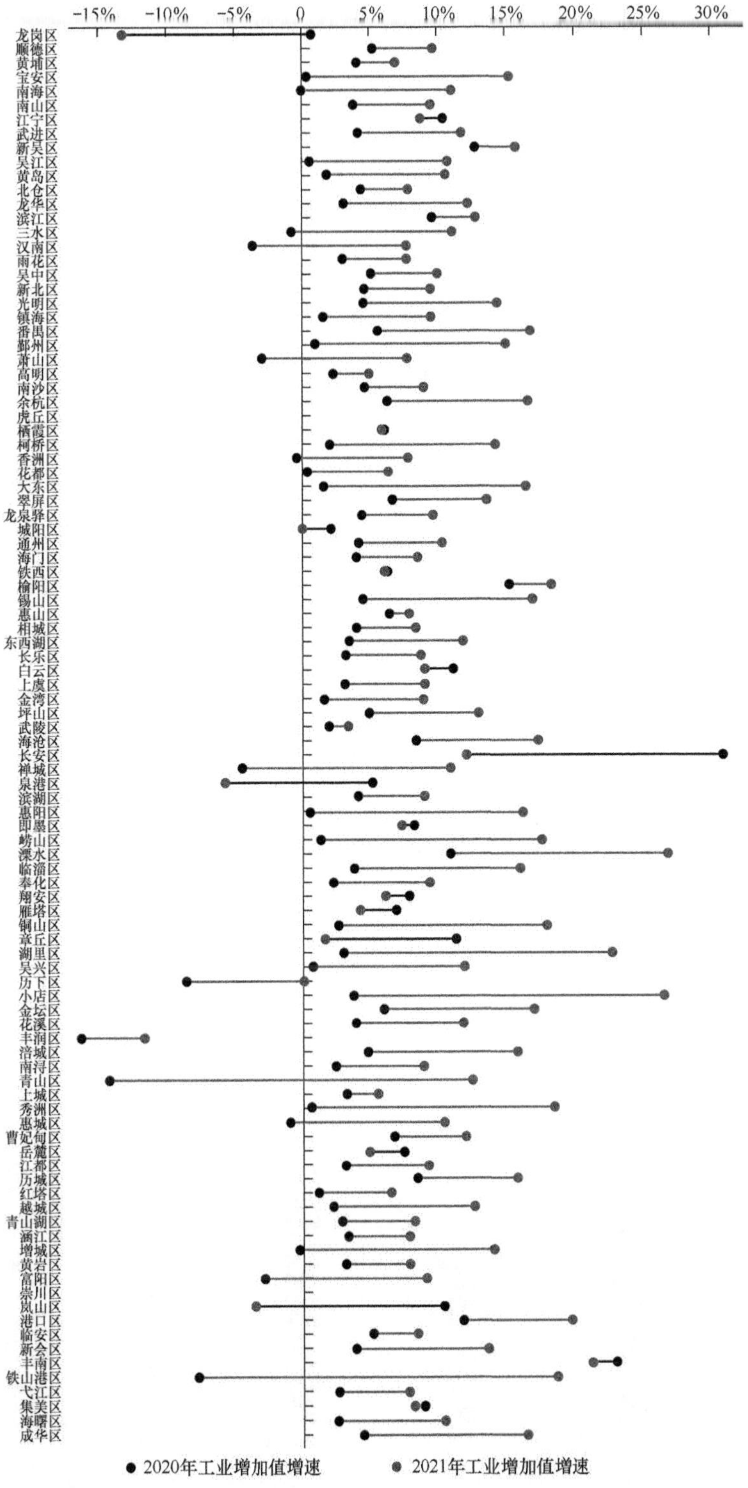

数据来源：中国信息通信研究院。

图 17-14　2022 年工业百强区近两年工业增速情况

（二）工业质效稳步提升，利润贡献成效显著

工业百强区质效并进稳健前行。工业百强区有效应对复杂严峻的国际环境和国内各种风险挑战，保持工业经济稳定发展，工业质效稳步提升。**从人均工业增加值看，**94 个工业百强区人均工业增加值超过全国平均水平，其中 13 个市辖区人均工业增加值超过 10 万元，分别位于广东、江苏、浙江、湖北、福建、河北、广西，覆盖东中西部地区。**从工业企业劳动生产率看，**工业百强区工业企业劳动生产率平均水平达 72.7 万元/人，其中 12 个市辖区工业企业劳动生产率超过 100 万元/人。

工业百强区有效支撑全国工业企业利润稳定恢复。工业百强区近 2 年规模以上工业企业利润总额均值约 2.2 万亿元，约占全国规模以上工业企业利润总额的 3 成，其中 49 个市辖区近 2 年规模以上工业企业利润总额均值超过 100 亿元。从规模以上工业企业利润率来看，工业百强区工业企业利润率均值达到 8.4%，高于全国水平 2 个百分点，其中，28 个市辖区工业企业利润率超过 10%。**分地区看，东部地区利润总额领先，东北地区利润率领先。**具体看，东部地区工业百强区工业企业利润总额均值 251.8 亿元，工业企业利润率均值 7.6%；中部地区工业百强区工业企业利润总额均值 101.5 亿元，工业企业利润率均值 9.5%；西部地区工业百强区工业企业利润总额均值 142.4 亿元，工业企业利润率均值 12.4%；东北地区工业百强区工业企业利润总额均值 189.5 亿元，工业企业利润率均值 22.2%。分地区百强区规模以上工业企业利润情况如图 17-15 所示。

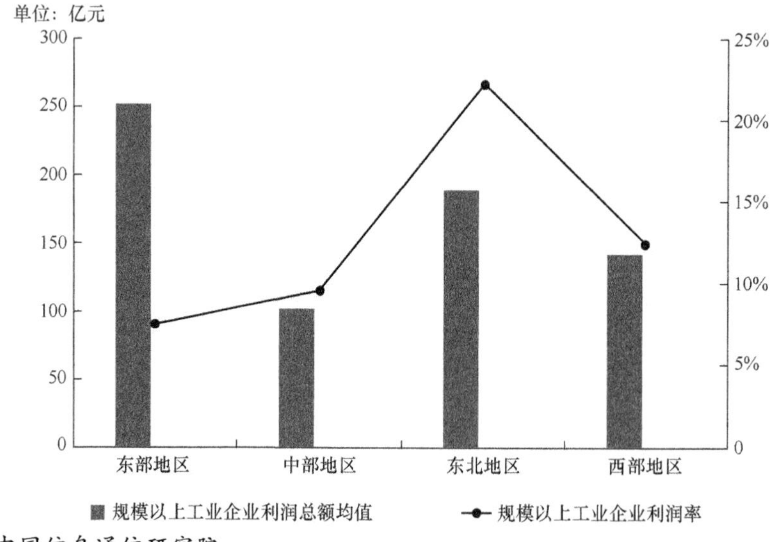

数据来源：中国信息通信研究院。

图 17-15　分地区百强区规模以上工业企业利润情况

（三）创新活力日益增强，市场主体发展活跃

工业百强区创新能力位居前列。活跃的创新逐步成为市辖区打造发展新引擎、培育发展新动能的重要支撑力量。从专利产出来看，百强区专利累计数合计 578.0 万件，占全国专利总量的 5.4%，其中发明专利数 173.3 万件，占全国发明专利总量的11.7%。从万人发明专利拥有量看，百强区每万人发明专利拥有量 56.5 件，远高于全国平均水平。其中，14 个市辖区万人发明专利拥有量超过 100 件，崂山区、滨湖区、滨江区、历下区万人发明专利拥有量超过 200 件。

工业百强区创新主体蓬勃发展。工业百强区共有 919 家专精特新“小巨人”企业约占全国的 20%。其中，龙岗区、黄埔区、宝安区、南山区、黄岛区、北仑区、镇海区、鄞州区、城阳区、雁塔区、小店区、岳麓区等的“小巨人”企业已超过 20 家。工业百强区中 59 个市辖区获批国家技术创新示范企业，共 146 家。2022 年工业百强区专利总量前 20 名如图 17-16 所示，2022 年工业百强区万人发明专利拥有量前 20 名如图 17-17 所示。

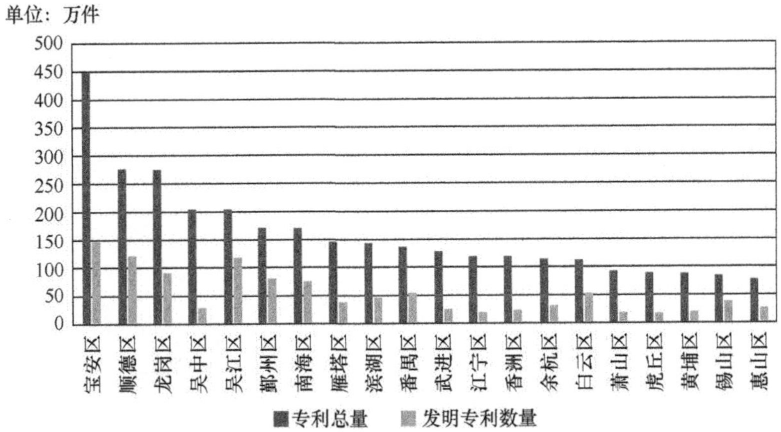

数据来源：中国信息通信研究院。

图 17-16　2022 年工业百强区专利总量前 20 名

（四）城镇建设先行引领，共同富裕稳步推进

工业百强区走在城镇化建设最前沿。城镇化是现代化的必经之路，既是经济发展的结果，又是经济发展的动力。工业百强区中 82 个城镇化率超过全国平均水平，其中，35 个市辖区城镇化率在 90%以上。2022 年工业百强区 90%以上城

镇化率市辖区分布情况如图 17-18 所示。

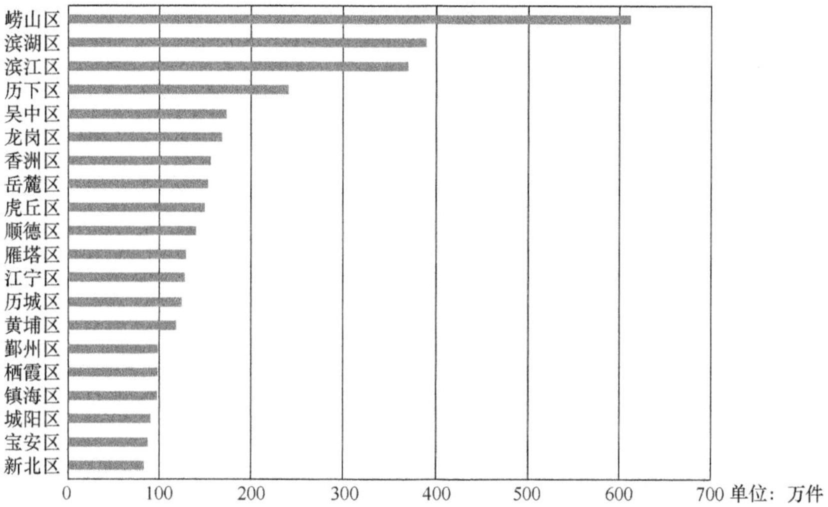

数据来源：中国信息通信研究院。

图 17-17　2022 年工业百强区万人发明专利拥有量前 20 名

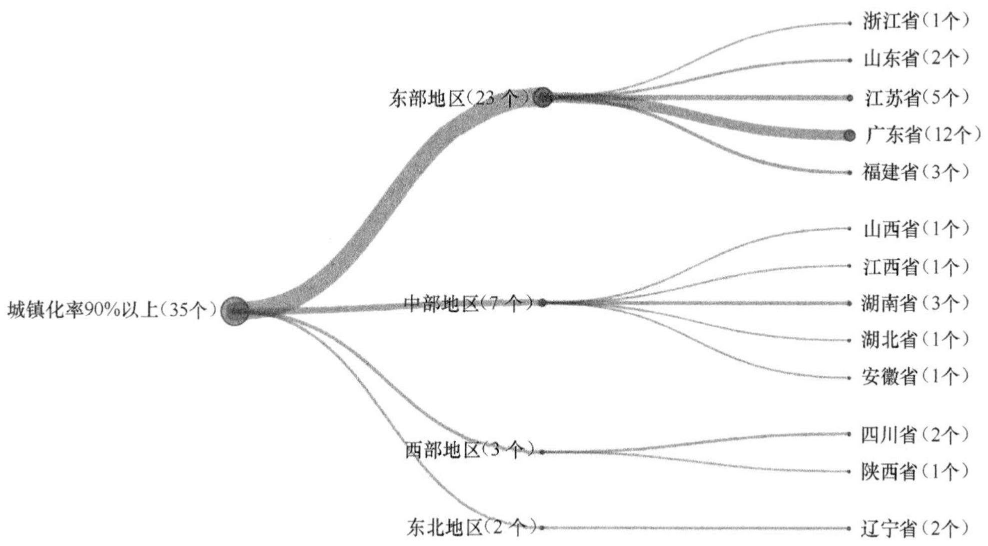

数据来源：中国信息通信研究院。

图 17-18　2022 年工业百强区 90%以上城镇化率市辖区分布情况

工业百强区是促进共同富裕的主阵地。2020 年我国第一次在全会文件中突出强调“扎实推动共同富裕”，2021年，中共中央、国务院提出《关于支持浙江高质量发展建设共同富裕示范区的意见》，2022年，国家发展和改革委员会提出要推动制定出台促进共同富裕行动纲要，共同富裕成为我国经济发展的重要主题。当前，工业百强区经济实力、人民生活水平迈上新台阶，经济总量已突破 14 万亿元，实现共同富裕的物质基础更加坚实。**从人均 GDP 看，**工业百强区约 12 万元，其中黄埔区、南山区、新吴区等 15 个市辖区人均 GDP 超过 21 万元，达到发达国家水平（根据国际货币基金组织测算 2021 发达国家人均 GDP 约 3 万美元）。**从可支配收入看，**工业百强区城镇居民人均可支配收入均值 5.5 万元，是全国均值水平的近 2 倍。**从人均消费看，**工业百强区人均社会消费品零售总额为 4.6 万元，高于全国平均水平近 2 万元。其中、滨江区、镇海区、崂山区、历下区、涵江区、铁山港区这 6 个区的人均社会消费品零售总额超过10 万元。2022 年工业百强区人均指标情况如图 17-19 所示。

单位：万元

数据来源：中国信息通信研究院。

图 17-19　2022 年工业百强区人均指标情况

（五）新发展格局融入提速，发展动能持续提升

“双循环”背景下，工业百强区经济发展迎来新机遇。“加快构建以国内大循环为主体、国内国际双循环相互促进的新发展格局”，这是党中央基于国内外形势做出的重大战略部署。城市是构建“双循环”发展格局的核心力量，市辖区作为城市主体的核心组成部分是促进内外循环互动发展的重要节点。

工业百强区消费市场广阔，具有促进循环顺畅的重要基础。工业百强区社会消费品零售总额合计达到46061.1 亿元，约占全国社会消费品零售总额的 11.8%。超过 500 亿元的市辖区共 34 个，其中龙岗区、顺德区、黄埔区等 11 个市辖区超过 1000 亿元。工业百强区社会消费品零售总额合计占 GDP 比重为 31.9%，其中 24 个市辖区社会消费品零售总额占 GDP 比重超过全国平均水平。2022 年工业强区社会消费品零售总额占GDP比重超平均水平市辖区如图 17-20

所示。

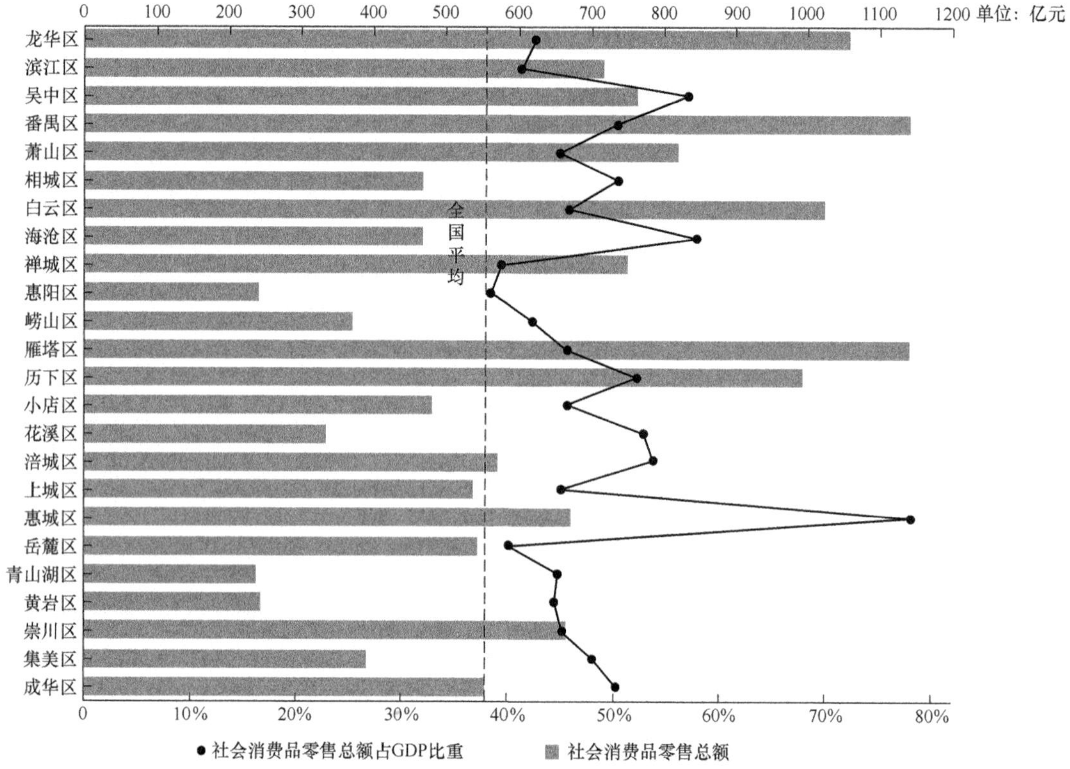

数据来源：中国信息通信研究院。

图 17-20　2022 年工业强区社会消费品零售总额占 GDP 比重超平均水平市辖区

工业百强区贸易和资本开放程度高，助力打通国内国际双循环。从进出口规模看，工业百强区进出口总额达到 4.9 万亿元，约占全国 15.4%。其中，顺德区、黄埔区、南海区、江宁区、新吴区、吴江区、黄岛区、北仑区、番禺区、鄞州区、南沙区、虎丘区、翠屏区、禅城区、港口区 15 个市辖区进出口总额超过 1000 亿元。**从实际利用外资水平看，**2022 年工业百强区实际利用外资约为 455.1 亿美元，约占全国实际利用外资金额的 31.5%，是吸引外商投资、融入国际循环的重要阵地。2022 年工业百强区中 30 个市辖区的实际利用外资超过 5 亿美元，其中黄埔区、南山区、江宁区、新吴区、黄岛区、滨江区、汉南区、南沙区、余杭区、城阳区、东西湖区、涵江区、集美区 13 个市辖区的实际利用外资超过 10 亿美元。2022 年工业百强区进出口总额及实际利用外资情况如图 17-21 所示。

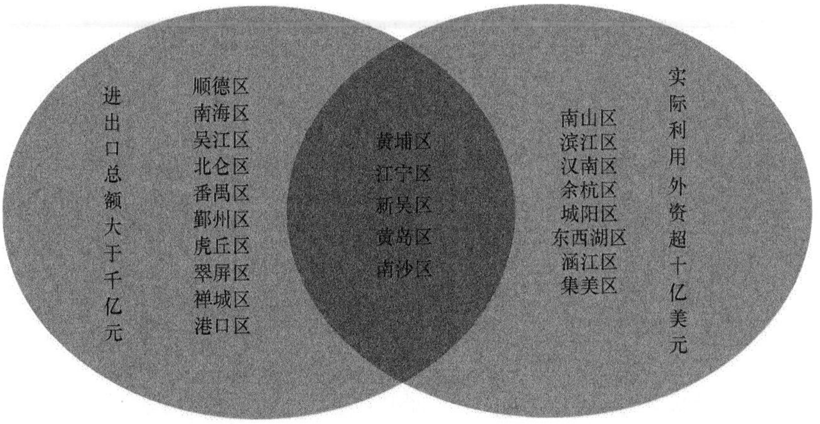

数据来源：中国信息通信研究院。

图 17-21　2022 年工业百强区进出口总额及实际利用外资情况

五、促进市辖区工业高质量发展建议

（一）加速提升科技创新能力

一是注重紧缺人才及创业团队引进。产业引人，抢先引进创新创业领军人才、产业紧缺高层次人才、企业家人才、高技能人才、资本金融人才、社会事业人才。**二是加快高等院校、研究院所等科技成果转化落地。**支持创新团队与辖区内的企业联合开展重大科研项目，实施科技成果转化研发的科技计划，加强技术转移体系建设，促进成果转化。**三是积极推动规模以上企业设立研发机构。**鼓励规模以上企业通过企业单建、多企联建、产业共建、平台代建等多模式建设企业工程（技术）中心、企业高新技术研发中心和企业研究院等各类企业研发机构。**四是培育科技创新主体。**强化高新技术企业源头培育，加快孵化一批高层次人才创业项目，形成内部科技优势。

（二）扎实推进新型城镇化建设

一是深化以产城融合为主线的城镇化路径。优先发展先进制造业，推动特色产业做优做强、加快传统产业转型升级，提升先进产业与城市功能的融合水平，做到产业、城市与人之间良性互动，为提升以人为核心的新型城镇化建设质量提供“以产促城、以城兴产”的发展格局。**二是建设智慧城市，促进城乡普惠。**

坚持信息化全方位赋能，推动信息技术的深度运用。一方面，加强信息基础设施建设，完善信息基础设施空间布局规划，适度超前加强新一代数字信息基础设施建设，提高辖区内信息网络覆盖深度。另一方面，加快城市治理智能化发展，充分运用大数据、人工智能等技术提升“城市大脑”智慧化水平，为政府决策、城市治理、公共服务、产业发展提供支撑。

（三）有序促进生产要素流动

一是破除市辖区内制约要素合理流动的堵点。矫正资源要素失衡错配，促进工业发展，畅通经济循环。提高金融服务工业经济能力，创新直达工业经济的金融产品和服务，增强多层次资本市场融资功能。**二是健全城乡要素自由流动机制。**强化市辖区内产业梯度布局，促进城乡区域良性互动。建立城乡技术要素自由扩散共享机制，通过引入城市人才、资金、技术实现城乡市场一体化，同时在城乡管理和公共服务上逐步实现均等化，弥合城乡差距，助力全国统一大市场建设。**三是突破地域壁垒，促进要素跨区域流动。**一方面，利用飞地经济、共建产业园区等重大体制机制改革，突破人才、资金、土地等生产要素在区域间的流动限制。另一方面，逐步建立完善区域要素共用收益分享机制，并建立区域协同发展绩效联合考核机制，从区域一体化层面对经济发展进行考核，形成具有凝聚力的发展共同体。

附表 1

2022 年中国工业百强县（市）[1]

排名	省（自治区、直辖市）	地级市	县（市）
1	江苏省	苏州市	昆山市★
2	江苏省	无锡市	江阴市
3	江苏省	苏州市	张家港市
4	福建省	泉州市	晋江市★
5	江苏省	苏州市	常熟市
6	浙江省	宁波市	慈溪市★
7	湖南省	长沙市	长沙县★
8	江苏省	无锡市	宜兴市
9	陕西省	榆林市	神木市★
10	江苏省	苏州市	太仓市
11	福建省	泉州市	南安市
12	贵州省	遵义市	仁怀市★
13	浙江省	宁波市	余姚市
14	湖南省	长沙市	浏阳市
15	浙江省	温州市	乐清市
16	福建省	泉州市	惠安县
17	江苏省	南通市	海安市
18	江苏省	常州市	溧阳市
19	浙江省	绍兴市	诸暨市
20	江苏省	镇江市	丹阳市
21	浙江省	嘉兴市	海宁市
22	浙江省	金华市	义乌市
23	江苏省	南通市	如皋市
24	江苏省	南通市	如东县
25	浙江省	嘉兴市	桐乡市
26	福建省	福州市	福清市

1 报告中行政区划统计截至 2022 年 7 月 31 日。
带★表示为省内第一名。

续表

排名	省（自治区、直辖市）	地级市	县（市）
27	内蒙古自治区	鄂尔多斯市	准格尔旗★
28	湖南省	长沙市	宁乡市
29	江苏省	徐州市	邳州市
30	浙江省	嘉兴市	平湖市
31	山东省	烟台市	龙口市★
32	江苏省	泰州市	泰兴市
33	山东省	青岛市	胶州市
34	浙江省	台州市	温岭市
35	河北省	唐山市	迁安市★
36	浙江省	温州市	瑞安市
37	内蒙古自治区	鄂尔多斯市	伊金霍洛旗
38	江苏省	南通市	启东市
39	浙江省	嘉兴市	嘉善县
40	江西省	南昌市	南昌县★
41	河南省	郑州市	巩义市★
42	河南省	许昌市	长葛市
43	浙江省	湖州市	长兴县
44	福建省	泉州市	石狮市
45	江苏省	泰州市	靖江市
46	浙江省	湖州市	德清县
47	浙江省	宁波市	宁海县
48	浙江省	嘉兴市	海盐县
49	浙江省	金华市	永康市
50	内蒙古自治区	鄂尔多斯市	鄂托克旗
51	安徽省	合肥市	肥西县★
52	江苏省	扬州市	仪征市
53	福建省	福州市	闽侯县
54	江苏省	镇江市	扬中市
55	浙江省	台州市	玉环市
56	山东省	济宁市	邹城市
57	陕西省	榆林市	府谷县
58	浙江省	湖州市	安吉县

续表

排名	省（自治区、直辖市）	地级市	县（市）
59	新疆维吾尔自治区	巴音郭楞	库尔勒市★
60	辽宁省	大连市	瓦房店市★
61	浙江省	台州市	临海市
62	宁夏回族自治区	银川市	灵武市★
63	江苏省	扬州市	高邮市
64	山东省	东营市	广饶县
65	河南省	许昌市	禹州市
66	湖南省	株洲市	醴陵市
67	浙江省	绍兴市	新昌县
68	江西省	鹰潭市	贵溪市
69	山东省	威海市	荣成市
70	河南省	郑州市	新郑市
71	江苏省	盐城市	东台市
72	江苏省	宿迁市	沭阳县
73	河北省	邯郸市	武安市
74	湖北省	省直管	仙桃市★
75	湖北省	宜昌市	宜都市
76	山东省	潍坊市	寿光市
77	云南省	昆明市	安宁市★
78	湖北省	宜昌市	枝江市
79	安徽省	滁州市	天长市
80	浙江省	金华市	东阳市
81	河南省	省直管	济源市
82	福建省	泉州市	安溪县
83	湖北省	黄石市	大冶市
84	山东省	滨州市	邹平市
85	山东省	烟台市	招远市
86	浙江省	宁波市	象山县
87	安徽省	宣城市	宁国市
88	广东省	惠州市	博罗县★
89	浙江省	绍兴市	嵊州市
90	山东省	青岛市	平度市

续表

排名	省（自治区、直辖市）	地级市	县（市）
91	江苏省	镇江市	句容市
92	江苏省	泰州市	兴化市
93	江苏省	扬州市	宝应县
94	山东省	枣庄市	滕州市
95	湖北省	孝感市	汉川市
96	湖南省	邵阳市	邵东市
97	浙江省	温州市	平阳县
98	浙江省	舟山市	岱山县
99	山东省	潍坊市	诸城市
100	广东省	肇庆市	四会市

数据来源：中国信息通信研究院。

附表 2

2022 年中国工业百强区[1]

排名	省（自治区、直辖市）	地级市	市辖区
1	广东省	深圳市	龙岗区★
2	广东省	佛山市	顺德区
3	广东省	广州市	黄埔区
4	广东省	深圳市	宝安区
5	广东省	佛山市	南海区
6	广东省	深圳市	南山区
7	江苏省	南京市	江宁区★
8	江苏省	常州市	武进区
9	江苏省	无锡市	新吴区
10	江苏省	苏州市	吴江区
11	山东省	青岛市	黄岛区★
12	浙江省	宁波市	北仑区★
13	广东省	深圳市	龙华区
14	浙江省	杭州市	滨江区
15	广东省	佛山市	三水区
16	湖北省	武汉市	汉南区★
17	湖南省	长沙市	雨花区★
18	江苏省	苏州市	吴中区
19	江苏省	常州市	新北区
20	广东省	深圳市	光明区
21	浙江省	宁波市	镇海区
22	广东省	广州市	番禺区
23	浙江省	宁波市	鄞州区
24	浙江省	杭州市	萧山区
25	广东省	佛山市	高明区
26	广东省	广州市	南沙区

1 报告中行政区划统计截至 2022 年 7 月 31 日。
带★表示为省内第一名。

续表

排名	省（自治区、直辖市）	地级市	市辖区
27	浙江省	杭州市	余杭区
28	江苏省	苏州市	虎丘区
29	江苏省	南京市	栖霞区
30	浙江省	绍兴市	柯桥区
31	广东省	珠海市	香洲区
32	广东省	广州市	花都区
33	四川省	宜宾市	翠屏区★
34	四川省	成都市	龙泉驿区
35	山东省	青岛市	城阳区
36	辽宁省	沈阳市	大东区★
37	江苏省	南通市	通州区
38	江苏省	南通市	海门区
39	辽宁省	沈阳市	铁西区
40	陕西省	榆林市	榆阳区★
41	江苏省	无锡市	锡山区
42	江苏省	无锡市	惠山区
43	江苏省	苏州市	相城区
44	湖北省	武汉市	东西湖区
45	福建省	福州市	长乐区★
46	广东省	广州市	白云区
47	浙江省	绍兴市	上虞区
48	广东省	珠海市	金湾区
49	广东省	深圳市	坪山区
50	湖南省	常德市	武陵区
51	福建省	厦门市	海沧区
52	陕西省	西安市	长安区
53	广东省	佛山市	禅城区
54	福建省	泉州市	泉港区
55	江苏省	无锡市	滨湖区
56	广东省	惠州市	惠阳区
57	山东省	青岛市	即墨区
58	山东省	青岛市	崂山区

续表

排名	省（自治区、直辖市）	地级市	市辖区
59	江苏省	南京市	溧水区
60	山东省	淄博市	临淄区
61	浙江省	宁波市	奉化区
62	福建省	厦门市	翔安区
63	陕西省	西安市	雁塔区
64	江苏省	徐州市	铜山区
65	山东省	济南市	章丘区
66	福建省	厦门市	湖里区
67	浙江省	湖州市	吴兴区
68	山东省	济南市	历下区
69	山西省	太原市	小店区★
70	江苏省	常州市	金坛区
71	贵州省	贵阳市	花溪区★
72	河北省	唐山市	丰润区★
73	四川省	绵阳市	涪城区
74	浙江省	湖州市	南浔区
75	湖北省	武汉市	青山区
76	浙江省	杭州市	上城区
77	浙江省	嘉兴市	秀洲区
78	广东省	惠州市	惠城区
79	河北省	唐山市	曹妃甸区
80	湖南省	长沙市	岳麓区
81	江苏省	扬州市	江都区
82	山东省	济南市	历城区
83	云南省	玉溪市	红塔区★
84	浙江省	绍兴市	越城区
85	江西省	南昌市	青山湖区★
86	福建省	莆田市	涵江区
87	广东省	广州市	增城区
88	浙江省	台州市	黄岩区
89	浙江省	杭州市	富阳区
90	江苏省	南通市	崇川区

续表

排名	省（自治区、直辖市）	地级市	市辖区
91	山东省	日照市	岚山区
92	广西壮族自治区	防城港市	港口区★
93	浙江省	杭州市	临安区
94	广东省	江门市	新会区
95	河北省	唐山市	丰南区
96	广西壮族自治区	北海市	铁山港区
97	安徽省	芜湖市	弋江区★
98	福建省	厦门市	集美区
99	浙江省	宁波市	海曙区
100	四川省	成都市	成华区

数据来源：中国信息通信研究院。

（作者：中国信息通信研究院　周晓亚　张成功）

专题四

第十八章　城市制造业高质量发展评价研究

党的二十大报告强调，高质量发展是全面建设社会主义现代化国家的首要任务。制造业是立国之本、强国之基，是实体经济的基础，是经济高质量发展的核心。推动制造业高质量发展，是建设现代化经济体系、实现中国式现代化的本质要求，是提升我国综合实力和国际竞争力、抢占新一轮全球制造业发展主导权的必由之路。城市作为制造业高质量发展的重要空间载体，是发展先进制造业和打造世界级产业集群的重要依托，承载制造业转变发展方式、优化产业结构、转换增长动力的重要使命。推动制造业高质量发展，必须牢牢抓住城市制造业高质量发展这个关键。

开展城市制造业高质量发展评价，有助于通过综合运用评价指标“指挥棒”和评价结果“体检表”作用，引导城市转变制造业发展理念、加快制造业创新升级，推动加快形成一批具有全球影响力的制造业城市乃至城市群。中国信息通信研究院长期跟踪研究制造业高质量发展前沿，在综合分析比较国内外制造业高质量发展评价的基础上，建立了一套结构合理、标准统一、横向可比的城市制造业高质量发展评价体系，旨在客观评价城市制造业高质量发展水平，增强城市对标意识、赶超意识、引领意识，为地方加快建设制造业高质量发展先行城市提供参考借鉴。

一、开展城市制造业高质量发展评价的时代背景和重要意义

（一）城市制造业高质量发展是我国实现高质量发展的重要载体

高质量发展是全面建设社会主义现代化国家的首要任务。党的二十大报告

对推动高质量发展进行了战略谋划和战略部署。这进一步凸显了高质量发展的全局和长远意义，为推动经济发展质量变革、效率变革、动力变革指明了前进方向。面向全面建设社会主义现代化国家新征程，必须牢牢把握将高质量发展作为首要任务，以解决质的问题为根本遵循，推动经济社会高质量发展，为建设社会主义现代化强国奠定坚实的基础。

制造业高质量发展是实现经济高质量发展的关键核心。制造业是实体经济的主体，是供给侧结构性改革的重要领域和技术创新的主战场，也是现代化经济体系建设的主要内容。制造业高质量发展是经济高质量发展的关键支撑，关系到建设制造强国、实现中华民族伟大复兴、实现第二个百年奋斗目标等重大战略，从根本上决定着我国未来的综合实力和国际地位。在新发展格局下，要完整、准确、全面贯彻新发展理念，顺应产业变革大势，把握产业发展规律，不断强化制造业核心竞争力。

城市是推动制造业高质量发展的重要载体。近年来，各地纷纷将“工业立市”“制造强市”“制造业当家”作为战略目标，将推进制造业高质量发展摆在更重要的位置。城市作为制造业高质量发展的重要空间载体，承载着制造业转变发展方式、优化产业结构、转换增长动力的重要使命，是发展先进制造业和打造世界级产业集群的重要依托。城市制造业高质量发展不仅对城市推动制造业结构转型与产业升级有着重要的现实意义，更对推动我国制造业高质量发展和加快建设制造强国有着重要的战略意义。

（二）开展综合评价是引导城市制造业高质量发展的重要手段

开展城市制造业高质量发展综合评价作为一项创新性工作手段，对于推动我国制造业高质量发展具有重要意义。

有助于全面掌握城市制造业高质量发展成效。通过开展城市制造业综合评价，构建一套基于新发展理念、全新视角下的城市制造业高质量发展评价体系，可以全方位掌握我国城市制造业高质量发展形势，摸清各大城市制造业家底，及时发现苗头性倾向性问题，为研判发展形势、保障平稳运行和进一步引导区域、行业、企业实现高质量发展提供决策参考。

有助于为地方推进制造业高质量发展提供工作抓手。通过开展城市制造业高质量发展评价，可以充分发挥评价指标“指挥棒”作用和评价结果“体检表”作用，引导资源要素向高效领域和优质城市聚集，推动各方加快提升制造业发展质量、增强竞争力，更好地助力城市监测评估本地区制造业高质量发展水平和发展成效。

有助于引导城市之间形成对标比拼赶超的工作氛围。一套结构合理、标准统一、横向可比的城市制造业高质量发展评价指标体系，能够客观评价城市制造业高质量发展水平，引导各地自觉地对标高质量发展，发掘标杆城市、优势领域和优质企业，促进要素资源合理配置、优质配置、高效配置，调动各方积极性，助力各地加快建设制造业高质量发展先行城市。

二、城市制造业高质量发展评价指标体系基本框架

（一）城市制造业高质量发展的主要内涵

一是以规模速度为发展前提。我国正处于新旧动能转换的关键时期，保持经济体量稳定扩张，才能为产业转型升级、更好地实现高质量发展提供稳定的经济大盘支撑。“十四五”规划明确提出，要“深入实施制造强国战略，保持制造业比重基本稳定”。党的二十大报告提出，要“推动经济实现质的有效提升和量的合理增长”。2022 年以来，我国经济内外部环境的复杂性进一步加剧、经济运行中的不确定性依然较多，面临较大的下行压力，稳增长必要性上升。因此，城市制造业要实现高质量发展，需要以保持一定经济增长速度和规模为前提，二者是相辅相成、相得益彰的。

二是以发展质效为关键核心。虽然我国制造业规模全球第一，但制造业整体仍然处于全球价值链的中低端水平，效益水平不高，无论是质量、品牌还是人力、资本的投入产出效率，与国际先进水平相比均有较大的差距，难以满足不断升级的多样化、个性化、定制化需求。党的二十大报告也提出，要加快建设制造强国、质量强国。因此，城市制造业高质量发展必须以提升效益效率为核心，着力推动质量变革、效率变革、动力变革，不断提升本地制造业产品品质和效益效率，大力发展新产品，激发新需求，在更好地满足国内需求的同时，推动本地制造业向全球价值链中高端迈进。

三是以自主创新为第一动力。创新是五大发展理念之首，城市制造业高质量发展必须以创新为第一发展动力。改革开放特别是党的十八大以来，我国城市制造业创新能力显著提升，部分重点领域实现突破，但仍存在总体创新能力不强、关键核心技术受限等问题。因此，提升城市创新能力十分迫切。党的二十大报告提出“创新是第一动力”，深入实施创新驱动发展战略，不断塑造发展新动能新优势，以城市制造业为发展对象，引导加大创新投入、激发创新活力，加快突破关键核心技术，产出更多原创科技成果，加快技术产业化应用步伐，切实提高全要素生产率和制造业竞争力，促进实现由“城市制造”向“城市创造”转变。

四是以绿色低碳为内在要求。城市制造业作为碳排放的重点领域，必须顺应“双碳”发展目标要求，积极调整产业结构，加快形成绿色低碳生产方式和产业体系，持续打造绿色园区、绿色工厂，着力挖掘绿色增长潜能，同时深入实施全面节约战略，降低生产能耗，提高废弃物循环利用效率。这是破解资源环境对城市制造业发展约束的根本途径，也是培育城市制造业竞争新优势的内在要求。

五是以开放发展为必由之路。开放发展的核心是解决发展内外联动问题，目标是提高对外开放质量、发展更高层次的开放型经济。党的二十大报告提出，要“推进高水平对外开放”。当前，经济全球化仍是不可逆转的时代潮流，不论是区域“小循环”还是国际“大循环”，只有加大开放力度，坚持“走出去”与“引进来”并举，通过丰富国内市场供给满足消费者个性化、多元化、高品质的消费升级需要，促使全球优质资源要素进入中国，并积极对接国家重大区域发展战略和参与国内外市场循环竞争，才能不断增强城市制造业的产品竞争力，有效提升城市制造业竞争优势和产业发展水平。

六是以数字转型为发展动能。近年来，数字经济发展进入快车道，数据及数字技术作为一种新型生产要素，正在成为重组要素资源、重塑经济结构、改变竞争格局的关键力量。城市制造业必须抢抓科技革命和产业变革的战略机遇，加快推进新一代信息技术与制造业深度融合，利用数字技术对本地传统产业进行全方位、全链条改造，提高研发设计、生产制造和企业运维等产业链环节的数字化水平和运行效率，推动制造业数字化转型、智能化升级，加快发展新一代智能制造，从而大幅提升城市制造业的产出水平和供给质量，充分发挥数字技术对城市制造业发展的放大、叠加、倍增作用，加快壮大城市制造业高质量发展新动能。

七是以产业集聚为重要路径。产业集聚能够促进专业化分工和创新资源汇聚，是我国建设制造强国、促进产业迈向价值链中高端的重要路径。在新发展阶段，产业集聚对制造业高质量发展具有重要意义，可推动产业链供应链体系的发展，有利于在未来的发展过程中提升产业发展的稳定性，增强自身的内生动力。促进城市产业高效集聚，不但能够实现创新驱动、高质量供给引领和创造新需求，还能够抓住国际产业存量布局调整和新工业革命下新兴产业发展的机遇，推进国内产业链、价值链、创新链的本土化，更好地支撑国内国际双循环相互促进的新发展格局。

八是以企业能力为提升重点。经济要高质量发展，企业是当之无愧的排头兵和第一方阵。要实现城市制造业高质量发展，必须以实现制造业企业高质量发展为引领，通过质量变革、效率变革和动力变革 3 个方面共同发力，全面激发制造业企业内生动力，不断增强制造业企业的竞争力、创新力、控制力、影响力和抗风险能力。要充分发挥以行业龙头企业、产业链供应链主导型企业、单项冠军和专精特新“小巨人”企业为代表的优质制造业企业在发展过程中的主导和引领作用，不断提升制造业企业综合竞争实力，将持续打造大中小企业融通发展的产业生态作为城市制造业高质量发展的重要载体。

九是以安全稳定为基本保障。当前，我国产业链供应链的核心竞争力不断增强，产业发展环境不断优化，在全球产业链供应链中的地位大幅攀升，但区域产业链供应链发展不平衡的情况较为突出，不同地区、不同产业在发展速度、发展阶段和现代化水平上有明显差异。党的二十大报告提出，要“着力提升产业链供应链韧性和安全水平”“营造市场化、法治化、国际化一流营商环境”。城市是关键产业链发展的核心载体，是链主企业和上下游企业协同创新和技术攻关的主阵地，城市制造业产业链的安全稳定发展、链主企业牵引的集智攻关和不断优化完善的制造业营商环境，是保障全国制造业安全稳定发展的重要基石。

（二）构建基本原则

坚持五大发展理念导向。推动经济高质量发展是“十四五”时期我国经济发展的主题。城市制造业高质量发展是经济高质量发展的重要载体和支撑。要坚持新发展理念，强化创新、协调、绿色、开放、共享在推动城市制造业发展中的导向作用，推动城市切实转变发展观念，积极推动本地制造业高质量发展。

坚持系统性科学性原则。城市制造业高质量发展是发展方式、经济结构、增长动力等发生系统性转变的过程。城市制造业高质量发展评价指标体系必须是一个结构合理的有机整体，能够充分体现城市高质量发展不同阶段对制造业发展的系统性要求。城市制造业迈向高质量发展是一个动态和长期的过程，评价指标体系也需要根据实践的深入、发展阶段的变化，以及高质量发展统计体系的逐步建立而不断调整完善，具有可扩展性。

坚持数据可得总量可控。城市制造业高质量发展评价指标体系要能够动态监测和评估城市制造业高质量发展水平，这就要求所选择的指标要有稳定可靠的数据来源。考虑到评价指标体系主要体现导向性，评价指标不宜设置过多过细，尽量采用每个维度的核心导向性指标，既要充分准确地反映城市制造业高质量发展的丰富内涵，又务必使纳入该体系的各项指标概念明确，内容清晰，能够实际计量或测算，以便进行定量分析和实际应用。

（三）城市制造业高质量发展评价指标体系

对照城市制造业高质量发展的主要内涵，紧扣高质量发展的总体要求，突出城市载体性质和制造业的行业特性，按照指标体系构建基本原则，我们最终确定了由 9 项一级指标、22 项二级指标组成的城市制造业高质量发展评价指标体系。城市制造业高质量发展评价指标体系见表 18-1。

表 18–1　城市制造业高质量发展评价指标体系

序号	一级指标	二级指标
1	规模速度	制造业增加值
2		制造业增加值增速
3		人均制造业增加值
4	发展质效	规模以上制造业企业利润率
5		规模以上制造业企业劳产率
6		制造业增加值占 GDP 比重

续表

序号	一级指标	二级指标
7	创新发展	规模以上制造业企业 R&D 经费占比
8		制造业万人有效发明专利数
9		制造业技术合同成交额占 GDP 比重
10	绿色发展	单位工业增加值能耗
11		一般工业固体废物综合利用率
12		绿色制造示范项目数
13	开放发展	制造业人均实际利用外资额
14		制造业人均出口总额
15	数字转型	制造业与信息技术融合示范项目数
16		智能制造示范项目数
17	产业集聚	示范集群数量
18		亩均产出水平
19	企业能力	制造业 500 强企业数量
20		制造业优质企业数量
21	安全稳定	产业链关键环节企业竞争力水平
22		制造业营商环境水平

数据来源：中国信息通信研究院。

三、2022 年城市制造业高质量发展特征

根据初步构建的城市制造业高质量发展评价指标体系，我们系统地采集了各城市统计年鉴、统计公报、政府工作报告及权威榜单等多渠道数据，经加工处理获取全国城市评价指标数据，根据“主次分类赋权法+专家调查法”确定各项指标权重，并结合城市所处发展阶段进行了分类赋权，运用指数加权法测算得出全国主要城市制造业高质量发展指数（评价主体对象是全国地级城市）。经测算，2022 年全国制造业高质量发展 50 强城市榜单见表 18-2，本节重点聚焦该 50 强城市，总结分析其区域分布、发展特点、分项表现及典型做法，以便为全国各城市推进制造业高质量发展提供参考借鉴。

表 18-2　2022 年全国制造业高质量发展 50 强城市榜单

地区	城市	50 强排名		地区	城市	50 强排名	
		全国排名	地区排名			全国排名	地区排名
江苏省	苏州市	1	苏 1	江苏省	镇江市	26	苏 6
广东省	深圳市	2	粤 1	安徽省	芜湖市	27	皖 2
浙江省	宁波市	3	浙 1	江苏省	扬州市	28	苏 7
浙江省	杭州市	4	浙 2	山东省	威海市	29	鲁 4
广东省	广州市	5	粤 2	辽宁省	大连市	30	辽 1
山东省	青岛市	6	鲁 1	浙江省	湖州市	31	浙 6
江苏省	无锡市	7	苏 2	湖南省	株洲市	32	湘 2
湖南省	长沙市	8	湘 1	福建省	福州市	33	闽 2
四川省	成都市	9	川 1	福建省	厦门市	34	闽 3
江苏省	南京市	10	苏 3	浙江省	台州市	35	浙 7
湖北省	武汉市	11	鄂 1	湖北省	宜昌市	36	鄂 2
江苏省	常州市	12	苏 4	湖北省	襄阳市	37	鄂 3
广东省	佛山市	13	粤 3	河北省	唐山市	38	冀 1
江苏省	南通市	14	苏 5	山东省	淄博市	39	鲁 5
浙江省	绍兴市	15	浙 3	江苏省	徐州市	40	苏 8
陕西省	西安市	16	陕 1	安徽省	滁州市	41	皖 3
安徽省	合肥市	17	皖 1	河南省	洛阳市	42	豫 2
山东省	烟台市	18	鲁 2	辽宁省	沈阳市	43	辽 2
福建省	泉州市	19	闽 1	江西省	南昌市	44	赣 1
河南省	郑州市	20	豫 1	江苏省	泰州市	45	苏 9
浙江省	温州市	21	浙 4	山东省	潍坊市	46	鲁 6
浙江省	嘉兴市	22	浙 5	浙江省	金华市	47	浙 8
山东省	济南市	23	鲁 3	贵州省	贵阳市	48	黔 1
广东省	东莞市	24	粤 4	江苏省	连云港市	49	苏 10
广东省	珠海市	25	粤 5	吉林省	长春市	50	吉 1

数据来源：中国信息通信研究院。

（一）东部地区领先优势突出，长三角呈集聚效应

从四大区域来看，各区域均有城市入围制造业高质量发展 50 强城市。其中，**东部地区共计有 33 个城市入围**，占东部 86 个地级行政区的比重近四成，制造业高质量发展取得显著成效，在全国处于绝对领先地位，引领带动作用不断增强；**中部地区有 11 个城市入围**，承接产业转移取得突破性进展，在工程机械、光电子信息等特色行业领域基本建成全国先进制造业基地；**西部和东北地区各有 3 个城市入围**，与东、中部地区尚有较大的差距。全国前 10 强城市中，有 8 个位于东部地区，中、西部地区各有 1 个城市入围；全国前 20 强城市中，有 14 个位于东部地区，中、西部地区各有 4 个和 2 个城市入围。制造业高质量发展 50 强城市四大区域分布对比如图 18-1 所示。

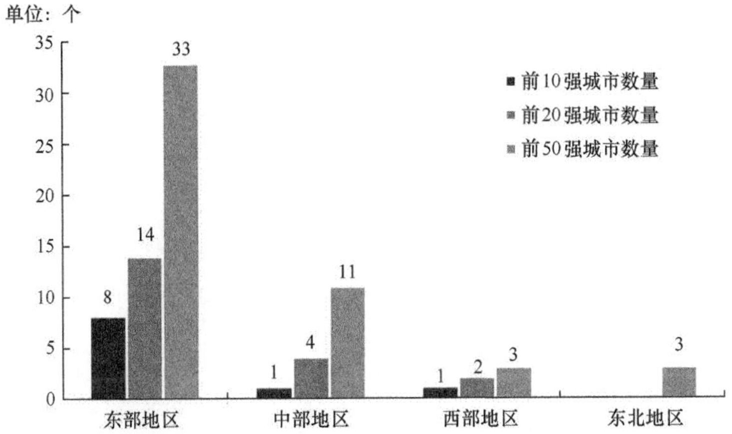

数据来源：中国信息通信研究院。

图 18-1　制造业高质量发展 50 强城市四大区域分布对比

从城市群分布来看，制造业高质量发展50 强城市主要分布在长三角城市群、山东半岛城市群、长江中游城市群及粤港澳大湾区城市群，分别有 21 个、6 个、6 个和 5 个城市入围，累计达 38 个，占全部 50 强的比重达 76%，制造业高质量发展城市集群集聚效应凸显。尤其是长三角城市群，随着近年来一体化建设速度不断加快，协同强化战略科技力量，搭建科技创新合作平台，围绕集成电路、生物医药、人工智能等战略性新兴产业和先进制造业着力打造世界级产业集群，联合开展机器人、新型电力装备、节能与新能源汽车等产业链研究，持续完善产业链供应链跨区域协调机制，各城市制造业发展质量均得到快速提升，

已经成为我国制造业高质量发展的先行示范城市群。江苏省、浙江省和安徽省共计 41 个城市中过半城市（21 个）入围了 50 强，20 强城市中 9 个在此区域；3 省入围 50 强的城市制造业增加值占长三角区域的比重超过 70%，占全国的比重近 1/5，20 个城市 2021 年工业增加值增速超过 10%，五星级和四星级新型工业化示范基地达 22 个，拥有 138 家制造业 500 强企业、176 家民营制造业 500 强企业，累计培育全国近三成的制造业国家级专精特新“小巨人”企业、单项冠军企业和单项冠军产品，为稳定全国工业经济大盘做出了重要贡献。全国主要城市群中 50 强城市入围分布情况如图 18-2 所示。

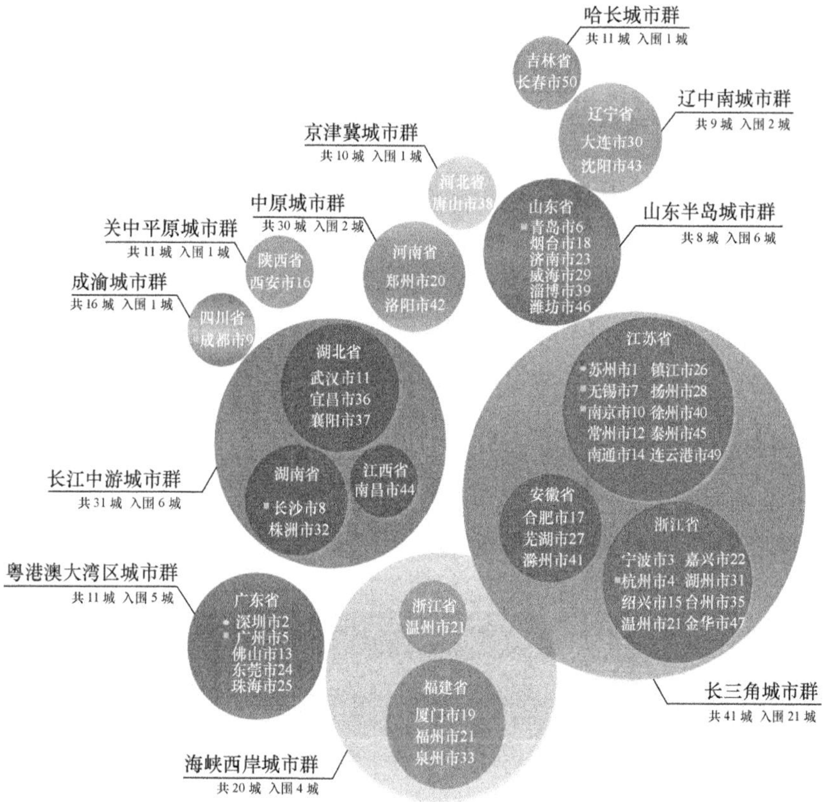

数据来源：中国信息通信研究院。

图 18-2 全国主要城市群中 50 强城市入围分布情况

（二）苏浙鲁粤呈现引领态势，十强表现量质双优

从地区分布来看，制造业高质量发展 50 强城市主要分布在全国 16 个省，分地区制造业高质量发展 50 强城市数量及占比情况如图 18-3 所示。广西、云

南等 11 个省（自治区）尚未有城市入围。苏浙鲁粤城市制造业高质量发展成效显著，进入制造业高质量发展 50 强城市的数量居全国前四，分别有 10 个、8 个、6 个和 5 个城市入围。其中，江苏省、浙江省领先优势突出，入围城市占本省地级行政区的比重分别达 77%、73%。**江苏省城市制造业高质量发展表现最为优秀**，苏州市、无锡市、南京市进入前 10 强，常州市、南通市进入前 20 强，共计 5 个城市进入 20 强，江苏省近四成城市入围 20 强。浙江省的宁波市、杭州市进入前 10 强，绍兴市进入前 20 强，共计 3 个城市进入 20 强；山东省的青岛市进入 10 强，烟台市进入 20 强；广东省的深圳市、广州市进入 10 强，佛山市进入 20 强。

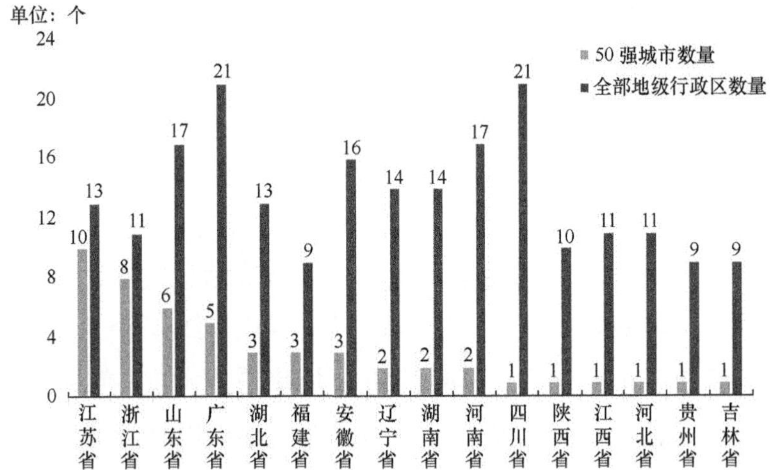

数据来源：中国信息通信研究院。

图 18-3　分地区制造业高质量发展 50 强城市数量及占比情况

（三）规模速度质效齐头并进，压舱石顶梁柱作用凸显

总体来看，制造业高质量发展 50 强城市 2021 年工业增加值、GDP 合计占全国的比重分别达 44.7%、42.8%，平均增速达 11.5%、8.5%，高于全国工业增加值（9.6%）和 GDP（8.1%）的平均增速，35 个城市的工业增加值增速超过全国平均增速，**是支撑我国工业经济实现平稳运行的“压舱石”**；规模以上工业企业营业收入、利润总额和平均用工人数合计占全国的比重分别约为 45%、44%和 49%，**创造了全国四成以上工业效益，解决了全国近半的工业就业**；工业增加值和制造业增加值占 GDP 比重平均超过 34%和 30%，远高于全国 32.6%和 27.4%的平均水平，38 个城市的制造业增加值占比超过全国平均水平（低于全国

平均水平的多数为各省省会城市），**是支撑全国制造业占比基本稳定的“顶梁柱”**。从反映制造业整体水平的人均工业增加值来看，50 强城市平均值达 4.1 万元/人，接近全国平均水平的 2 倍（2.2 万元/人）。

（四）全国创新发展的主阵地，着力提升产业链竞争力

总体来看，城市制造业高质量发展 50 强创新投入和产出均占据全国“半壁江山”。2021 年，50 强城市规模以上工业企业 R&D 支出合计占全国的比重超过 50%，有效发明专利数量占全国的比重超过 55%，技术合同成交额占全国的比重超过 50%。其中，39 个城市工业企业的研发强度超过全国平均水平（1.4%），19 个城市超过 2%。**50 强城市均已建立“链长”工作机制，着力提升特色产业链的综合竞争力**。各地坚持将创新作为产业发展的第一驱动力，近年来纷纷以产业链为依托、以“链长链主”为抓手，聚焦重点产业、统筹调度要素资源，“一链一策”“一企一策”推动产业链高质量发展，稳步推进强链补链延链稳链工作，有效提升了区域产业链自主性，增强了产业链的韧性和稳定性。

从产业链打造来看，50 强城市重点围绕新一代信息技术、新能源汽车、生物医药、高端装备等战略性新兴产业链，以及石化、纺织、工程机械等有优势竞争力的传统产业链布局发展。其中，10 强城市重点发展的产业链聚焦制造业高端化、智能化、绿色化等领域，均提出要发展集成电路产业链和新能源（智能网联）汽车，半数以上 10 强城市提出发展网络通信、新材料、医疗器械等产业链。杭州市以产业链“链长制”为抓手，大力建设智能物联、生物医药、高端装备、新材料和绿色低碳五大产业生态圈，由市领导担任链长，以专班推动区域优势产业谋划和政策落地，通过全力招引项目、培育重点企业、强化科技支撑、加大要素保障等手段，着力打造视觉智能、集成电路、药品、智能装备等重点产业链。同时，杭州创新基金围绕五大产业生态圈设立 13 支产业基金，累计规模突破 627 亿元，发布了专精特新、智能物联、集成电路等产业政策，加快打造全球先进制造业基地。10 强城市的重点发展产业链（制造业）见表 18-3。

表 18-3　10 强城市的重点发展产业链（制造业）

省份	城市	本地区重点发展的产业链（制造业）
江苏省	苏州市	生物医药，医疗器械，光通信，软件，集成电路，智能网联汽车，机器人，高端纺织，钢铁新材料，智能设备制造

续表

省份	城市	本地区重点发展的产业链（制造业）
广东省	深圳市	网络与通信，半导体与集成电路，超高清视频显示，智能终端，智能传感器，软件与信息服务，工业母机，智能机器人，激光与增材制造，精密仪器设备，新能源，安全节能环保，智能网联汽车，新材料，高端医疗器械，生物医药，合成生物，细胞与基因，空天技术，可见光通信与光计算，量子信息
浙江省	宁波市	化工新材料，节能与新能源汽车，特色工艺集成电路，光学电子，机器人，智能成型装备，高端模具，稀土磁性材料，智能家电，时尚服装
浙江省	杭州市	视觉智能，集成电路，云计算大数据，高端软件和人工智能，智能仪表，网络通信，药品，医疗器械，智能装备，汽车及零部件，新材料，光伏，风电，储能，节能环保等
广东省	广州市	智能网联与新能源汽车，绿色石化和新材料，现代高端装备，超高清视频和新型显示，软件和信创，人工智能，半导体和集成电路，生物医药及高端医疗器械，新能源，节能环保和生态，轨道交通
山东省	青岛市	智能家电，轨道交通装备，新能源汽车，高端化工，海洋装备，食品饮料，纺织服装，集成电路，新型显示，虚拟现实，人工智能，生物医药及医疗器械，智能制造装备，先进高分子及金属材料，精密仪器仪表，通用航空，氢能与储能
江苏省	无锡市	物联网，集成电路，高端纺织服装，高端软件，节能环保，汽车及零部件（含新能源汽车），高端装备，特钢，高分子材料，电子元器件，新能源
湖南省	长沙市	工程机械，汽车，先进储能材料，显示功能器件，新一代半导体及集成电路等
江苏省	南京市	软件和信息服务，新能源汽车，新医药与生命健康，集成电路，人工智能，智能电网，轨道交通，智能制造装备
四川省	成都市	集成电路，新型显示，高端软件，创新药，高端医疗器械，航空发动机，工业无人机，轨道交通，新能源汽车，新型材料，大数据产业，人工智能，绿色低碳产业，绿色食品

数据来源：中国信息通信研究院。

（五）数字智能发展的新高地，积极践行绿色低碳理念

总体来看，50 强城市以试点示范为牵引，全力打造制造业数字化智能化发展新高地。50 强城市 2019—2021 年新一代信息技术与制造业融合发展试点示范项目、工业互联网（制造业领域）试点示范项目累计数量分别达 179 项、180 项，占全国比重达 54%、59%；2021 年智能制造试点示范工厂和智能制造优秀场景数量分别有 58 个和 101 个，占全国比重分别达 52.7%和 41.9%；80%左右的 50 强城市均有数字化和智能化试点示范项目入选国家级榜单，江苏省和浙江省两省 50 强城市几乎囊括了本省所有试点示范项目，广东省和山东省两省 50 强城市囊括了本省超过或接近 80%的项目。主要省份 50 强城市转型示范项目分

布情况如图 18-4 所示。**50 强城市积极落实绿色发展理念，高质量建设绿色工厂、打造绿色园区，单位工业能耗远低于全国平均水平。**50 强城市工业能源消费总量占全国比重不到 30%，单位工业增加值能耗平均达 0.59 吨标准煤/万元，比全国平均水平 0.89 吨标准煤/万元低 33%；累计获评国家级绿色工厂 1079 家、绿色园区 70 家，占全国比重达 38.8%、31.3%，50 强城市均有绿色工厂，其中深圳市（62 家）、苏州市（56 家）、宁波市（51 家）均超 50 家，36 个城市有绿色园区，其中长沙市数量最多达 7 家，成都市、湖州市均有 5 家。50 强城市绿色工厂和绿色工业园区数量（截至 2021 年年底）见表 18-4。

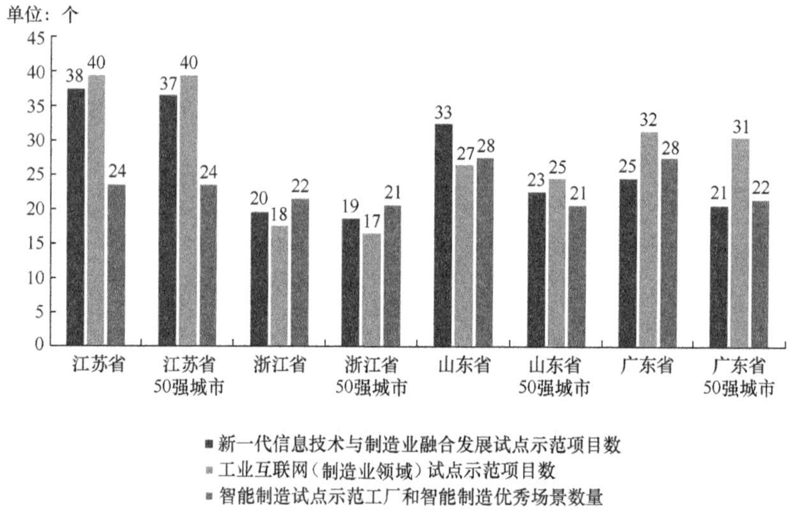

数据来源：工业和信息化部，中国信息通信研究院[1]。

图 18-4 主要省份 50 强城市数字转型示范项目分布情况

表 18-4 50 强城市绿色工厂和绿色工业园区数量（截至 2021 年年底）

排名	地区	城市	绿色工厂数量	绿色园区数量
1	江苏省	苏州市	56	4
2	广东省	深圳市	62	2
3	浙江省	宁波市	51	3
4	浙江省	杭州市	21	2
5	广东省	广州市	36	1
6	山东省	青岛市	30	1

1 本报告试点示范项目、企业等分地区分布的匹配以中数企业库的地理信息为准，如在阅读过程中发现与本地区实际数量上有出入，可联系我们修正。

续表

排名	地区	城市	绿色工厂数量	绿色园区数量
7	江苏省	无锡市	19	1
8	湖南省	长沙市	38	7
9	四川省	成都市	34	5
10	江苏省	南京市	8	3
11	湖北省	武汉市	17	0
12	江苏省	常州市	27	2
13	广东省	佛山市	35	1
14	江苏省	南通市	13	0
15	浙江省	绍兴市	15	1
16	陕西省	西安市	23	2
17	安徽省	合肥市	18	1
18	山东省	烟台市	17	1
19	福建省	泉州市	19	0
20	河南省	郑州市	28	0
21	浙江省	温州市	16	0
22	浙江省	嘉兴市	22	1
23	山东省	济南市	15	1
24	广东省	东莞市	14	0
25	广东省	珠海市	17	1
26	江苏省	镇江市	18	1
27	安徽省	芜湖市	16	2
28	江苏省	扬州市	10	1
29	山东省	威海市	6	1
30	辽宁省	大连市	14	1
31	浙江省	湖州市	48	5
32	湖南省	株洲市	21	0
33	福建省	福州市	25	0
34	福建省	厦门市	33	1
35	浙江省	台州市	13	0
36	湖北省	宜昌市	7	2
37	湖北省	襄阳市	13	0

续表

排名	地区	城市	绿色工厂数量	绿色园区数量
38	河北省	唐山市	30	0
39	山东省	淄博市	19	0
40	江苏省	徐州市	7	2
41	安徽省	滁州市	5	2
42	河南省	洛阳市	13	1
43	辽宁省	沈阳市	25	3
44	江西省	南昌市	13	1
45	江苏省	泰州市	15	1
46	山东省	潍坊市	19	1
47	浙江省	金华市	14	0
48	贵州省	贵阳市	13	3
49	江苏省	连云港市	7	0
50	吉林省	长春市	24	2

数据来源：工业和信息化部，中国信息通信研究院。

（六）优质企业的主要发源地，集群建设取得积极成效

总体来看，50 强城市累计集聚了全国五成以上龙头企业，是全国专精特新企业的主要发源地。2021 年相关榜单显示，50 强城市累计集聚了 276 家制造业 500 强企业和 298 家民营制造业 500 强企业，占全国比重高达 55.2%和 59.6%，恒力、华为、比亚迪等均属于 50 强城市。截至 2021 年年底，50 强城市累计获评 758 家制造业单项冠军企业（产品），3087 家制造业国家级专精特新“小巨人”企业，占全国比重达 65.4%、52.2%，三花智控、海能达、成飞集成等均从 50 强城市孵化成长和发展壮大。江苏省、浙江省 50 强城市占了本省九成以上的龙头企业和优质企业，广东省占了八成以上，山东省占了六成以上；其中，浙江省 50 强城市企业竞争力优势尤为突出，四类企业数量均高居各省首位。同时，**城市作为先进制造业的主要集聚地，高质量建设新型工业化示范基地，星级示范效应不断显现。**截至 2021 年年底，50 强城市累计建成 158 家国家新型工业化示范基地，近八成共计 124 个基地 2021 年获评四星级及以上基地；其中，有 20 个基地获评五星级，占全国比重 71.4%，有 104 个基地获评四星级，占全国比

重 42.9%。江苏省、浙江省、山东省、广东省、湖北省、福建省等地的五星级示范基地均在本省 50 强榜单城市内。

四、推进城市制造业高质量发展的路径展望

（一）大力培育制造业新增长点

城市要坚持扩大内需，优化供给结构，大力发展先进制造业、战略性新兴产业，积极布局未来产业，加快重点领域核心技术突破和产业化，增强制造业竞争新优势。加快传统产业改造升级，提高先进产能比例，有效扩大优质供给，推动制造业向价值链中高端跃升。重点围绕新能源、新材料、新一代信息技术等领域培育形成技术领先、创新活跃的新增长点，促进发展方式从劳动密集、资本密集向技术密集转变，加快构建以科技为引领的现代化产业体系。

（二）坚持制造业创新驱动发展

城市要坚持以技术创新为核心引领，深入实施创新驱动发展战略，开辟发展新领域新赛道，不断塑造制造业发展新动能新优势。强化科技创新制度保障，加强创新投入的连续性与创新规划的引导性，完善创新投入机制、创新激励机制、创新保护机制，优化企业创新生态和激励引导机制，加快建设区域高水平创新平台，打造城市创新高地。围绕重点制造业领域和关键环节，推动龙头企业、高等院校和科研院所按照共担风险、共享收益等方式，协同推进核心零部件、先进基础工艺、关键基础材料和关键装备等的研发突破，打造自主可控产业链。

（三）加快制造业绿色低碳改造

城市要积极落实“碳中和”行动方案，严控能源消耗总量和做好年度间强度调控，着力打造节能降碳领军型企业，引导相关企业面向全行业全社会提供专业化服务。加快构建资源循环型产业体系，完善制造业绿色发展支撑体系，全面推行生产方式绿色化、低碳化，促进企业、行业和园区之间实现链接共生、原料互供、资源共享。着力推动节能降碳重大关键技术创新突破，大力研发绿色产品、低碳技术和低碳装备，加快推进钢铁、石化、建材、有色等高耗能行业节能降碳改造，逐步淘汰能耗高、效率低的企业和产能。

（四）加快制造业数字化智能化转型

城市要以智能制造为主攻方向，以制造业数字化、网络化、智能化发展为牵引，加快推动制造业和新一代信息技术深度融合，培育发展服务型制造新业态新模式，推进产业链中高端迈进。大力发展数字经济，加快 5G 和工业互联网等新兴基础设施建设，推动现有基础设施的数字化改造，加快构建工业互联网、先进算力、空间信息等新一代信息基础设施应用生态，支撑数字产业化和产业数字化发展。鼓励企业在研发设计、生产制造、经营管理和销售服务等全面推进数字化应用，加大对中小企业开展数字化转型的支持力度，持续降低中小企业数字化转型成本。

（五）增强制造业集聚集群发展能力

城市要深入贯彻落实国家区域重大战略和区域协调发展战略，优化区域产业链布局，推动制造业区域协调发展，引导和支持重点产业集聚区转变发展方式、提升发展质量效益。围绕集群培育和发展，积极出台财政、金融、产业、创新、土地、人才等针对性支持政策举措，加强对集群参与重大项目的支持力度，加强集群公共服务体系建设，持续提升集群主导产业的综合竞争优势。建立健全产业集聚区公共服务体系，培育支撑产业集聚区高质量发展的非营利性公共服务机构，支持机构牵头组织开展项目策划、成果转化、供需对接、人才招引、品牌宣传等活动。

（六）壮大制造业优质企业梯队

城市要加快建立和完善优质企业梯度培育体系，构建有利于企业提升核心竞争力的生态环境，针对不同发展阶段的企业特点和需求，分类明确培育要求，强化精准服务。引导大型企业对专精特新中小企业开放技术、市场、标准、人才等创新资源，推动高等院校与专精特新中小企业加强“产、学、研”合作，引导更多企业打造生态圈构建、创新耦合、基地孵化、数据连通等融通创新典型模式。构建由政府公共服务、市场化服务、公益性服务相互协同促进的立体化服务体系，引导各类服务机构加大对制造业优质企业的服务帮扶力度，为企业提供全周期、全方位、多层次的服务。

（作者：中国信息通信研究院　王　慧　卜　越　杨培泽　王玮东）

附　录

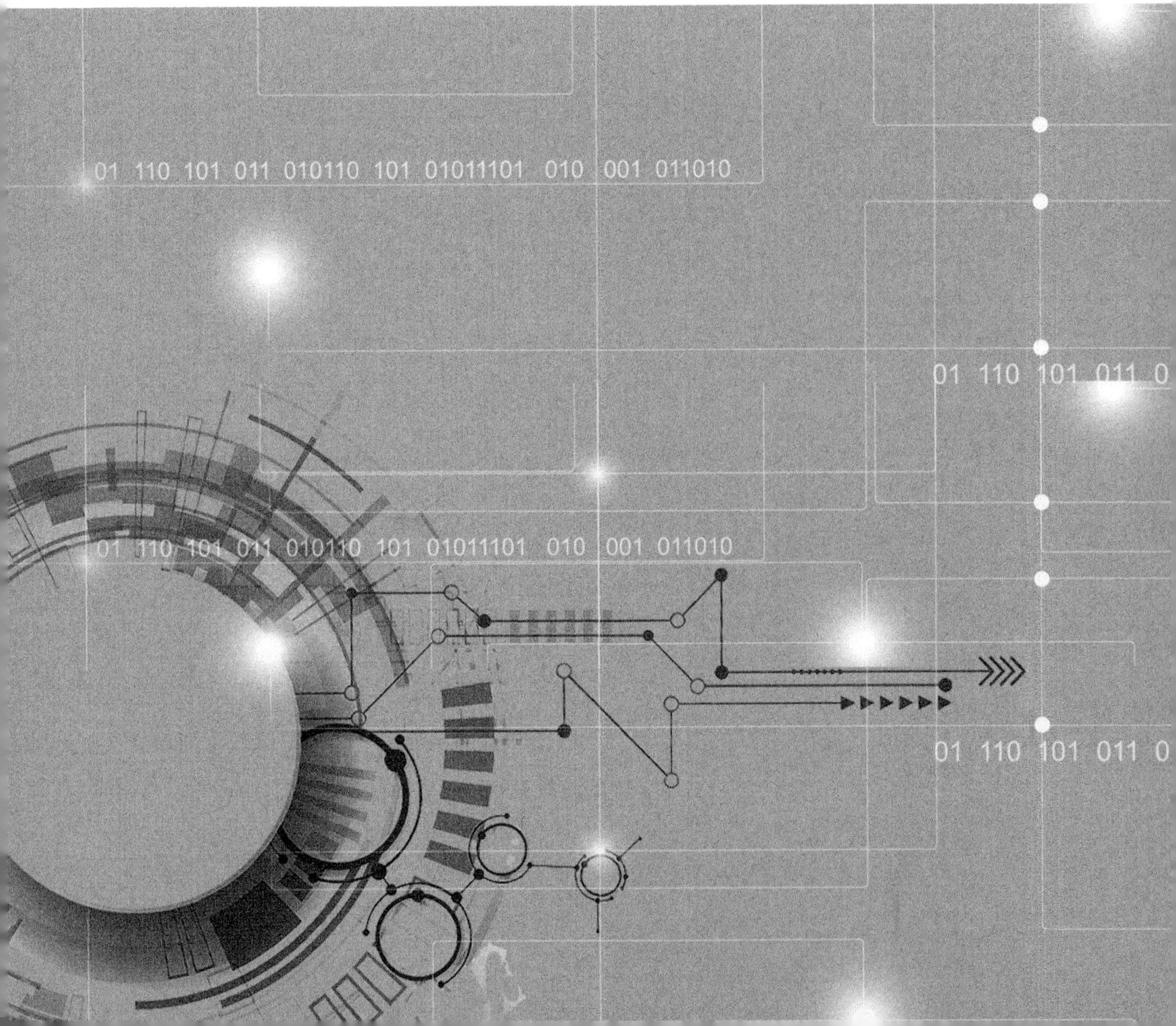
01 110 101 011 010110 101 01011101 010 001 011010
01 110 101 011 0
01 110 101 011 010110 101 01011101 010 001 011010
01 110 101 011 0

党的十九大以来政策索引

党的十九大以来，党中央、国务院始终坚持稳中求进总基调，持续加大对经济工作的政策引导、促进和支持力度，工业作为国民经济的主导力量，是国家经济政策调控的重点领域。围绕保持经济稳定增长、确保产业链供应链安全、推动新旧动能转换、提升实体经济质量效益、实现实体经济转型升级等目标要求，党中央、国务院及国家有关部委着力从促进工业经济稳增长、促进科技创新、发展数字经济、推动绿色低碳转型和加强财税金融保障等 5 个方面，出台相关政策文件，为产业发展构建良好环境。

具体来看，党的十九大以来党中央、国务院及有关国家部委关于促进工业经济增长、高质量发展等方面共出台印发超过 600 部政策文件，内容涉及稳增长（327 部）、支持工业创新发展（52 部）、工业数字化发展（78 部）、绿色低碳转型发展（113 部）、财政金融保障（58 部）等。

在促进工业经济稳增长方面，印发《关于促进工业经济平稳增长的若干政策》《关于振作工业经济运行推动工业高质量发展的实施方案的通知》等政策文件，同时围绕扩大内需、完善市场体系、优化公共服务，支持民营企业、中小企业健康发展，促进外资扩量提质，推进新旧动能转换和区域协同发展等方面加强政策引导。

在促进科技创新方面，着力打造国家自主创新示范区、"双创"示范基地、中小微企业创业创新示范基地等创新载体和平台。推荐国家技术创新示范企业、培育专精特新"小巨人"企业、促进大中小企业融通创新，强化以企业为主体的创新能力培育。印发工业互联网、智能光伏、智能汽车创新发展行动计划、发展战略等，推动产业创新。

在发展数字经济方面，印发数字中国、数字乡村、数字政府整体规划和指导意见，推进工业互联网、国家新型数据中心等数字化工业基础设施建设，扶持新一代人工智能、大数据、软件和信息技术服务等新兴产业加快发展；推动企业数字化建设，推广工业互联网、大数据产业等试点示范项目，促进互联网与制造业融合发展。开展两化融合管理体系贯标、规范平台经济健康发展、电子认证服务合规性专项治理等行动。

在绿色低碳转型方面，推进建材、有色金属、石化等高能耗产业与信息通信业等战略性新兴产业低碳发展。加强长三角、京津冀、黄河流域等重点区域绿色发展，开展生态文明试验区、生态经济区建设，“无废城市”等绿色发展载体试点示范建设。鼓励发展绿色能源、技术、装备，推动生产过程清洁化和产品供给绿色化转型。

在财税金融支持方面，持续深化预算管理制度改革和省以下财政体制改革，调整完善新能源汽车推广应用等高新技术产业补贴政策。进一步减税降费、调整中央与地方收入划分，对重大技术装备进口、创新型企业及服务平台等给予减、免、退税优惠。规范证券市场、推进产融结合，发挥政府性基金对中小企业的支持作用等。

从细分行业来看，2017 年到 2022 年工业分行业调控政策文件共 230 部，其中电子信息行业 12 部、汽车行业和机械行业各 18 部、有色金属 82 部、建材行业 15 部、石化行业 124 项、纺织行业 5 部。

附表：

1. 2017—2022 年工业和信息化领域重点政策

附表 1-1　工业和信息化领域稳增长政策

附表 1-2　工业和信息化领域科技创新政策

附表 1-3　工业和信息化领域数字经济政策

附表 1-4　工业和信息化领域绿色低碳发展政策

附表 1-5　工业和信息化领域财税金融保障政策

2. 2017—2022 年分行业重点政策

附表 2-1　电子信息行业重点政策

附表 2-2　汽车行业重点政策

附表 2-3　机械行业重点政策

附表 2-4　有色金属工业重点政策

附表 2-5　建筑材料行业重点政策

附表 2-6　石油和化工行业重点政策

附表 2-7　纺织行业重点政策

1. 2017—2022 年工业和信息化领域重点政策

附表 1-1　工业和信息化领域稳增长政策

序号	政策名称	发布机构	发布时间
1	扩大内需战略规划纲要（2022—2035 年）	中共中央 国务院	2022/12/14
2	关于加快建设全国统一大市场的意见	中共中央 国务院	2022/3/25
3	关于构建更加完善的要素市场化配置体制机制的意见（中发〔2020〕9 号）	中共中央 国务院	2020/4/9
4	关于营造更好发展环境支持民营企业改革发展的意见（中发〔2019〕49 号）	中共中央 国务院	2019/12/4
5	关于深化石油天然气体制改革的若干意见（中发〔2017〕15 号）	中共中央 国务院	2017/5/21
6	新时期产业工人队伍建设改革方案（中发〔2017〕14 号）	中共中央 国务院	2017/6/19
7	《关于加快建设世界一流企业的指导意见》《推进普惠金融高质量发展的实施意见》《关于加强基础学科人才培养的意见》《关于推进国有企业打造原创技术策源地的指导意见》（第二十四次会议审议通过）	中央全面深化改革委员会	2022/2/28
8	成渝地区双城经济圈建设规划纲要	中共中央办公厅 国务院办公厅	2021/10/20
9	横琴粤澳深度合作区建设总体方案	中共中央办公厅 国务院办公厅	2021/9/5
10	关于新时代推动中部地区高质量发展的意见	中共中央办公厅 国务院办公厅	2021/7/22
11	建设高标准市场体系行动方案	中共中央办公厅 国务院办公厅	2021/1/31
12	深圳建设中国特色社会主义先行示范区综合改革试点实施方案（2020—2025 年）	中共中央办公厅 国务院办公厅	2020/10/11
13	关于加强新时代民营经济统战工作的意见	中共中央办公厅 国务院办公厅	2020/9/15
14	海南自由贸易港建设总体方案	中共中央办公厅 国务院办公厅	2020/6/1
15	关于新时代加快完善社会主义市场经济体制的意见	中共中央办公厅 国务院办公厅	2020/5/11
16	关于新时代推进西部大开发形成新格局的指导意见	中共中央办公厅 国务院办公厅	2020/5/17

续表

序号	政策名称	发布机构	发布时间
17	关于全面加强危险化学品安全生产工作的意见	中共中央办公厅 国务院办公厅	2020/2/26
18	长江三角洲区域一体化发展规划纲要	中共中央办公厅 国务院办公厅	2019/12/1
19	关于促进中小企业健康发展的指导意见（中办发〔2019〕24号）	中共中央办公厅 国务院办公厅	2019/4/7
20	关于加强金融服务民营企业的若干意见	中共中央办公厅 国务院办公厅	2019/2/14
21	关于建立健全基本公共服务标准体系的指导意见	中共中央办公厅 国务院办公厅	2018/12/12
22	关于建立更加有效的区域协调发展新机制的意见	中共中央办公厅 国务院办公厅	2018/11/29
23	关于完善促进消费体制机制 进一步激发居民消费潜力的若干意见	中共中央办公厅 国务院办公厅	2018/9/20
24	关于建立“一带一路”国际商事争端解决机制和机构的意见	中共中央办公厅 国务院办公厅	2018/6/27
25	关于对《河北雄安新区规划纲要》的批复	中共中央办公厅 国务院办公厅	2018/4/20
26	关于支持海南全面深化改革开放的指导意见	中共中央办公厅 国务院办公厅	2018/4/14
27	关于营造企业家健康成长环境弘扬优秀企业家精神更好发挥企业家作用的意见	中共中央办公厅 国务院办公厅	2017/9/25
28	关于同意设立中国—菲律宾经贸创新发展示范园区的批复（国函〔2023〕3号）	国务院	2023/1/19
29	关于同意设立中国—印度尼西亚经贸创新发展示范园区的批复（国函〔2023〕2号）	国务院	2023/1/19
30	关于同意在沈阳等6个城市开展服务业扩大开放综合试点的批复（国函〔2022〕135号）	国务院	2022/12/20
31	国务院关于同意在廊坊等33个城市和地区设立跨境电子商务综合试验区的批复（国函〔2022〕126号）	国务院	2022/11/24
32	关于支持山东深化新旧动能转换推动绿色低碳高质量发展的意见（国发〔2022〕18号）	国务院	2022/9/2
33	关于印发广州南沙深化面向世界的粤港澳全面合作总体方案的通知（国发〔2022〕13号）	国务院	2022/6/14

续表

序号	政策名称	发布机构	发布时间
34	国务院关于“十四五”新型城镇化实施方案的批复（国函〔2022〕52 号）	国务院	2022/6/7
35	关于印发扎实稳住经济一揽子政策措施的通知（国发〔2022〕12 号）	国务院	2022/5/24
36	关于北部湾城市群建设“十四五”实施方案的批复（国函〔2022〕21 号）	国务院	2022/3/23
37	关于长江中游城市群发展“十四五”实施方案的批复（国函〔2022〕12 号）	国务院	2022/2/24
38	关于同意在鄂尔多斯等 27 个城市和地区设立跨境电子商务综合试验区的批复（国函〔2022〕8 号）	国务院	2022/2/8
39	关于印发“十四五”市场监管现代化规划的通知（国发〔2021〕30 号）	国务院	2022/1/27
40	关于在自由贸易试验区暂时调整实施有关行政法规规定的通知（国函〔2020〕8 号）	国务院	2022/1/22
41	关于印发“十四五”节能减排综合工作方案的通知（国发〔2021〕33 号）	国务院	2021/12/28
42	关于“十四五”海洋经济发展规划的批复（国函〔2021〕131 号）	国务院	2021/12/27
43	关于江苏沿海地区发展规划（2021—2025 年）的批复（国函〔2021〕128 号）	国务院	2021/12/17
44	关于“十四五”公共服务规划的批复（国函〔2021〕120 号）	国务院	2021/11/30
45	关于支持北京城市副中心高质量发展的意见（国发〔2021〕15 号）	国务院	2021/11/26
46	关于开展营商环境创新试点工作的意见（国发〔2021〕24 号）	国务院	2021/11/25
47	关于“十四五”对外贸易高质量发展规划的批复（国函〔2021〕112 号）	国务院	2021/11/23
48	关于同意在全面深化服务贸易创新发展试点地区暂时调整实施有关行政法规和国务院文件规定的批复（国函〔2021〕94 号）	国务院	2021/10/9
49	国务院关于推进资源型地区高质量发展“十四五”实施方案的批复（国函〔2021〕93 号）	国务院	2021/9/23
50	关于辽宁沿海经济带高质量发展规划的批复（国函〔2021〕91 号）	国务院	2021/9/18

续表

序号	政策名称	发布机构	发布时间
51	关于东北全面振兴“十四五”实施方案的批复（国函〔2021〕88号）	国务院	2021/9/13
52	关于推进自由贸易试验区贸易投资便利化改革创新若干措施的通知（国发〔2021〕12号）	国务院	2021/9/3
53	中华人民共和国市场主体登记管理条例（国令第746号）	国务院	2021/8/24
54	关于深化“证照分离”改革进一步激发市场主体发展活力的通知（国发〔2021〕7号）	国务院	2021/6/3
55	关于同意在河南省开展跨境电子商务零售进口药品试点的批复（国函〔2021〕51号）	国务院	2021/5/12
56	关于国家基本公共服务标准（2021年版）的批复（国函〔2021〕20号）	国务院	2021/2/18
57	关于印发北京、湖南、安徽自由贸易试验区总体方案及浙江自由贸易试验区扩展区域方案的通知（国发〔2020〕10号）	国务院	2020/9/21
58	关于深化北京市新一轮服务业扩大开放综合试点建设国家服务业扩大开放综合示范区工作方案的批复（国函〔2020〕123号）	国务院	2020/9/7
59	关于同意全面深化服务贸易创新发展试点的批复（国函〔2020〕111号）	国务院	2020/8/11
60	新时期促进集成电路产业和软件产业高质量发展的若干政策（国发〔2020〕8号）	国务院	2020/8/1
61	关于做好自由贸易试验区第六批改革试点经验复制推广工作的通知（国函〔2020〕96号）	国务院	2020/7/7
62	关于同意在雄安新区等46个城市和地区设立跨境电子商务综合试验区的批复（国函〔2020〕47号）	国务院	2020/5/6
63	关于中韩（长春）国际合作示范区总体方案的批复（国函〔2020〕45号）	国务院	2020/4/27
64	关于同意设立江西内陆开放型经济试验区的批复（国函〔2020〕36号）	国务院	2020/4/13
65	关于支持中国（浙江）自由贸易试验区油气全产业链开放发展若干措施的批复（国函〔2020〕32号）	国务院	2020/3/31
66	中华人民共和国外商投资法实施条例	国务院	2019/12/31
67	关于同意在石家庄等24个城市设立跨境电子商务综合试验区的批复（国函〔2019〕137号）	国务院	2019/12/24

续表

序号	政策名称	发布机构	发布时间
68	关于在自由贸易试验区开展“证照分离”改革全覆盖试点的通知（国发〔2019〕25 号）	国务院	2019/11/15
69	关于进一步做好利用外资工作的意见（国发〔2019〕23 号）	国务院	2019/11/7
70	优化营商环境条例（国令第 722 号）	国务院	2019/10/22
71	关于中国—上海合作组织地方经贸合作示范区建设总体方案的批复（国函〔2019〕87 号）	国务院	2019/10/8
72	关于印发 6 个新设自由贸易试验区总体方案的通知（国发〔2019〕16 号）	国务院	2019/8/26
73	关于印发中国（上海）自由贸易试验区临港新片区总体方案的通知（国发〔2019〕15 号）	国务院	2019/8/6
74	关于做好自由贸易试验区第五批改革试点经验复制推广工作的通知（国函〔2019〕38 号）	国务院	2019/4/30
75	关于全面推进北京市服务业扩大开放综合试点工作方案的批复（国函〔2019〕16 号）	国务院	2019/2/22
76	生产安全事故应急条例（国令第 708 号）	国务院	2019/2/17
77	关于在市场监管领域全面推行部门联合“双随机、一公开”监管的意见（国发〔2019〕5 号）	国务院	2019/2/15
78	关于促进综合保税区高水平开放高质量发展的若干意见（国发〔2019〕3 号）	国务院	2019/1/25
79	关于河北雄安新区总体规划（2018—2035 年）的批复（国函〔2018〕159 号）	国务院	2019/1/2
80	关于加快推进农业机械化和农机装备产业转型升级的指导意见（国发〔2018〕42 号）	国务院	2018/12/29
81	关于做好当前和今后一个时期促进就业工作的若干意见（国发〔2018〕39 号）	国务院	2018/12/5
82	关于支持自由贸易试验区深化改革创新若干措施的通知（国发〔2018〕38 号）	国务院	2018/11/23
83	关于印发优化口岸营商环境促进跨境贸易便利化工作方案的通知（国发〔2018〕37 号）	国务院	2018/10/19
84	关于印发中国（海南）自由贸易试验区总体方案的通知（国发〔2018〕34 号）	国务院	2018/10/16
85	关于同意设立中国（海南）自由贸易试验区的批复（国函〔2018〕119 号）	国务院	2018/10/16
86	关于在全国推开“证照分离”改革的通知（国发〔2018〕35 号）	国务院	2018/10/10

续表

序号	政策名称	发布机构	发布时间
87	关于进一步压减工业产品生产许可证管理目录和简化审批程序的决定（国发〔2018〕33号）	国务院	2018/9/23
88	关于促进天然气协调稳定发展的若干意见（国发〔2018〕31号）	国务院	2018/9/5
89	关于同意在北京等 22 个城市设立跨境电子商务综合试验区的批复（国函〔2018〕93号）	国务院	2018/8/7
90	关于积极有效利用外资推动经济高质量发展若干措施的通知（国发〔2018〕19号）	国务院	2018/6/15
91	关于印发进一步深化中国（广东）自由贸易试验区改革开放方案的通知（国发〔2018〕13号）	国务院	2018/5/24
92	关于印发进一步深化中国（福建）自由贸易试验区改革开放方案的通知（国发〔2018〕15号）	国务院	2018/5/24
93	关于印发进一步深化中国（天津）自由贸易试验区改革开放方案的通知（国发〔2018〕14号）	国务院	2018/5/24
94	关于做好自由贸易试验区第四批改革试点经验复制推广工作的通知（国发〔2018〕12号）	国务院	2018/5/23
95	关于兰州—西宁城市群发展规划的批复（国函〔2018〕38号）	国务院	2018/3/1
96	关于呼包鄂榆城市群发展规划的批复（国函〔2018〕16号）	国务院	2018/2/12
97	关于同意撤销深圳经济特区管理线的批复（国函〔2018〕3号）	国务院	2018/1/15
98	关于关中平原城市群发展规划的批复（国函〔2018〕6号）	国务院	2018/1/15
99	关于山东新旧动能转换综合试验区建设总体方案的批复（国函〔2018〕1号）	国务院	2018/1/10
100	关于在自由贸易试验区暂时调整有关行政法规、国务院文件和经国务院批准的部门规章规定的决定（国发〔2017〕57号）	国务院	2018/1/9
101	关于同意设立中韩产业园的批复（国函〔2017〕142号）	国务院	2017/12/15
102	关于完善进出口商品质量安全风险预警和快速反应监管体系切实保护消费者权益的意见（国发〔2017〕43号）	国务院	2017/9/27
103	关于支持山西省进一步深化改革促进资源型经济转型发展的意见（国发〔2017〕42号）	国务院	2017/9/11

续表

序号	政策名称	发布机构	发布时间
104	关于进一步扩大和升级信息消费持续释放内需潜力的指导意见（国发〔2017〕40 号）	国务院	2017/8/24
105	关于促进外资增长若干措施的通知（国发〔2017〕39 号）	国务院	2017/8/16
106	关于“十三五”国家政务信息化工程建设规划的批复（国函〔2017〕93 号）	国务院	2017/7/28
107	关于深化改革推进北京市服务业扩大开放综合试点工作方案的批复（国函〔2017〕86 号）	国务院	2017/7/11
108	关于做好当前和今后一段时期就业创业工作的意见（国发〔2017〕28 号）	国务院	2017/4/19
109	批转国家发展和改革委员会关于 2017 年深化经济体制改革重点工作意见的通知（国发〔2017〕27 号）	国务院	2017/4/18
110	关于印发矿产资源权益金制度改革方案的通知（国发〔2017〕29 号）	国务院	2017/4/13
111	关于印发中国（辽宁）自由贸易试验区总体方案的通知（国发〔2017〕15 号）	国务院	2017/3/31
112	关于印发中国（浙江）自由贸易试验区总体方案的通知（国发〔2017〕16 号）	国务院	2017/3/31
113	关于印发中国（河南）自由贸易试验区总体方案的通知（国发〔2017〕17 号）	国务院	2017/3/31
114	关于印发中国（湖北）自由贸易试验区总体方案的通知（国发〔2017〕18 号）	国务院	2017/3/31
115	关于印发中国（重庆）自由贸易试验区总体方案的通知（国发〔2017〕19 号）	国务院	2017/3/31
116	关于印发中国（四川）自由贸易试验区总体方案的通知（国发〔2017〕20 号）	国务院	2017/3/31
117	关于印发中国（陕西）自由贸易试验区总体方案的通知（国发〔2017〕21 号）	国务院	2017/3/31
118	关于印发全面深化中国（上海）自由贸易试验区改革开放方案的通知（国发〔2017〕23 号）	国务院	2017/3/31
119	关于新形势下加强打击侵犯知识产权和制售假冒伪劣商品工作的意见（国发〔2017〕14 号）	国务院	2017/3/22
120	关于北部湾城市群发展规划的批复（国函〔2017〕6 号）	国务院	2017/2/3
121	关于扩大对外开放积极利用外资若干措施的通知（国发〔2017〕5 号）	国务院	2017/1/17

续表

序号	政策名称	发布机构	发布时间
122	关于印发《“十四五”国家安全生产规划》的通知（安委〔2022〕7号）	国务院安全生产委员会	2022/4/12
123	关于印发加力帮扶中小微企业纾困解难若干措施的通知（工信部企业函〔2022〕103号）	国务院促进中小企业发展工作领导小组办公室	2022/5/9
124	关于印发企事业单位复工复产疫情防控措施指南的通知（国发明电〔2020〕4号）	国务院应对新型冠状病毒感染的肺炎疫情联防联控工作机制	2020/2/21
125	关于切实加强疫情科学防控 有序做好企业复工复产工作的通知	国务院应对新型冠状病毒感染的肺炎疫情联防联控工作机制	2020/2/8
126	关于市场监督管理综合行政执法有关事项的通知（国办函〔2022〕94号）	国务院办公厅	2022/10/31
127	关于进一步优化营商环境降低市场主体制度性交易成本的意见（国办发〔2022〕30号）	国务院办公厅	2022/9/7
128	转发国家发展和改革委员会关于在重点工程项目中大力实施以工代赈促进当地群众就业增收工作方案的通知（国办函〔2022〕58号）	国务院办公厅	2022/7/12
129	关于推动外贸保稳提质的意见（国办发〔2022〕18号）	国务院办公厅	2022/5/17
130	关于进一步盘活存量资产扩大有效投资的意见（国办发〔2022〕19号）	国务院办公厅	2022/5/25
131	转发国家发展和改革委员会 国家能源局关于促进新时代新能源高质量发展实施方案的通知（国办函〔2022〕39号）	国务院办公厅	2022/5/14
132	关于进一步释放消费潜力促进消费持续恢复的意见（国办发〔2022〕9号）	国务院办公厅	2022/4/20
133	关于促进内外贸一体化发展的意见（国办发〔2021〕59号）	国务院办公厅	2022/1/19
134	关于做好跨周期调节进一步稳外贸的意见（国办发〔2021〕57号）	国务院办公厅	2022/1/11
135	关于印发要素市场化配置综合改革试点总体方案的通知（国办发〔2021〕51号）	国务院办公厅	2022/1/6
136	关于印发加强信用信息共享应用促进中小微企业融资实施方案的通知（国办发〔2021〕52号）	国务院办公厅	2021/12/22
137	关于新形势下进一步加强督查激励的通知（国办发〔2021〕49号）	国务院办公厅	2021/12/20
138	关于进一步加大对中小企业纾困帮扶力度的通知（国办发〔2021〕45号）	国务院办公厅	2021/11/22

续表

序号	政策名称	发布机构	发布时间
139	关于印发全国深化“放管服”改革着力培育和激发市场主体活力电视电话会议重点任务分工方案的通知（国办发〔2021〕25 号）	国务院办公厅	2021/7/20
140	关于加快发展外贸新业态新模式的意见（国办发〔2021〕24 号）	国务院办公厅	2021/7/9
141	关于同意将 α-苯乙酰乙酸甲酯等 6 种物质列入易制毒化学品品种目录的函（国办函〔2021〕58 号）	国务院办公厅	2021/5/28
142	关于服务“六稳”“六保”进一步做好“放管服”改革有关工作的意见（国办发〔2021〕10 号）	国务院办公厅	2021/4/7
143	关于印发全国深化“放管服”改革优化营商环境电视电话会议重点任务分工方案的通知（国办发〔2020〕43 号）	国务院办公厅	2020/11/10
144	关于推进对外贸易创新发展的实施意见（国办发〔2020〕40 号）	国务院办公厅	2020/11/9
145	关于以新业态新模式引领新型消费加快发展的意见（国办发〔2020〕32 号）	国务院办公厅	2020/9/21
146	关于深化商事制度改革进一步为企业松绑减负激发企业活力的通知（国办发〔2020〕29 号）	国务院办公厅	2020/9/10
147	关于进一步做好稳外贸稳外资工作的意见（国办发〔2020〕28 号）	国务院办公厅	2020/8/5
148	关于同意建立国务院推进贸易高质量发展部际联席会议制度的函（国办函〔2020〕58 号）	国务院办公厅	2020/7/27
149	关于进一步优化营商环境 更好服务市场主体的实施意见 （国办发〔2020〕24 号）	国务院办公厅	2020/7/15
150	关于进一步规范行业协会商会收费的通知（国办发〔2020〕21 号）	国务院办公厅	2020/7/10
151	关于支持出口产品转内销的实施意见（国办发〔2020〕16 号）	国务院办公厅	2020/6/22
152	转发国家发展和改革委员会 交通运输部关于进一步降低物流成本实施意见的通知（国办发〔2020〕10 号）	国务院办公厅	2020/5/20
153	关于支持国家级新区深化改革创新加快推动高质量发展的指导意见（国办发〔2019〕58 号）	国务院办公厅	2020/1/17
154	关于做好优化营商环境改革举措复制推广借鉴工作的通知（国办函〔2019〕89 号）	国务院办公厅	2019/9/19
155	关于加快发展流通促进商业消费的意见（国办发〔2019〕42 号）	国务院办公厅	2019/8/27

续表

序号	政策名称	发布机构	发布时间
156	关于印发全国深化“放管服”改革优化营商环境电视电话会议重点任务分工方案的通知（国办发〔2019〕39号）	国务院办公厅	2019/8/12
157	关于印发降低社会保险费率综合方案的通知（国办发〔2019〕13号）	国务院办公厅	2019/4/4
158	关于深入开展消费扶贫助力打赢脱贫攻坚战的指导意见（国办发〔2018〕129号）	国务院办公厅	2019/1/14
159	关于聚焦企业关切进一步推动优化营商环境政策落实的通知（国办发〔2018〕104号）	国务院办公厅	2018/11/8
160	关于印发完善促进消费体制机制实施方案（2018—2020年）的通知（国办发〔2018〕93号）	国务院办公厅	2018/10/11
161	关于同意调整完善危险化学品安全生产监管部际联席会议制度的函 （国办函〔2018〕58号）	国务院办公厅	2018/9/4
162	关于部分地方优化营商环境典型做法的通报（国办函〔2018〕46号）	国务院办公厅	2018/8/3
163	转发商务部等部门关于扩大进口促进对外贸易平衡发展意见的通知（国办发〔2018〕53号）	国务院办公厅	2018/7/9
164	关于进一步激发民间有效投资活力促进经济持续健康发展的指导意见（国办发〔2017〕79号）	国务院办公厅	2017/9/15
165	关于加快推进农业供给侧结构性改革大力发展粮食产业经济的意见（国办发〔2017〕78号）	国务院办公厅	2017/9/8
166	转发国家发展和改革委员会 商务部 中国人民银行 外交部关于进一步引导和规范境外投资方向指导意见的通知（国办发〔2017〕74号）	国务院办公厅	2017/8/18
167	关于进一步推进物流降本增效促进实体经济发展的意见（国办发〔2017〕73号）	国务院办公厅	2017/8/17
168	关于印发自由贸易试验区外商投资准入特别管理措施（负面清单）（2017年版）的通知（国办发〔2017〕51号）	国务院办公厅	2017/6/16
169	关于进一步激发社会领域投资活力的意见（国办发〔2017〕21号）	国务院办公厅	2017/3/16
170	关于印发安全生产“十三五”规划的通知（国办发〔2017〕3号）	国务院办公厅	2017/2/3
171	关于创新管理优化服务培育壮大经济发展新动能加快新旧动能接续转换的意见（国办发〔2017〕4号）	国务院办公厅	2017/1/20

续表

序号	政策名称	发布机构	发布时间
172	关于石化产业调结构促转型增效益的指导意见（国办发〔2016〕57 号）	国务院办公厅	2016/7/23
173	关于进一步做好原料用能不纳入能源消费总量控制有关工作的通知（发改环资〔2022〕803 号）	国家发展和改革委员会 国家统计局	2022/10/27
174	《鼓励外商投资产业目录（2022 年版）》（国家发展和改革委员会 商务部 令第 52 号）	国家发展和改革委员会 商务部	2022/10/26
175	关于修订印发《国家化肥商业储备管理办法》的通知（发改经贸规〔2022〕1320 号）	国家发展和改革委员会 财政部	2022/8/22
176	关于印发《市场准入负面清单（2022 年版）》的通知（发改体改规〔2022〕397 号）	国家发展和改革委员会 商务部	2022/3/12
177	关于印发促进工业经济平稳增长的若干政策的通知（发改产业〔2022〕273 号）	国家发展和改革委员会 工业和信息化部 财政部 生态环境部 交通运输部 农业农村部 商务部 国务院国有资产监督管理委员会 海关总署 国家市场监督管理总局 国家能源局 中华全国供销合作社 中国国家铁路集团有限公司	2022/2/18
178	关于印发《“十四五”现代能源体系规划》的通知（发改能源〔2022〕210 号）	国家发展和改革委员会 国家能源局	2022/1/29
179	关于振作工业经济运行 推动工业高质量发展的实施方案的通知（发改产业〔2021〕1780 号）	国家发展和改革委员会 工业和信息化部	2021/12/8
180	关于做好今后一段时间国内化肥保供稳价工作的通知（发改经贸〔2021〕1351 号）	国家发展和改革委员会 工业和信息化部 财政部 生态环境部 交通运输部 农业农村部 商务部 国务院国有资产监督管理委员会 海关总署	2021/9/22

续表

序号	政策名称	发布机构	发布时间
180	关于做好今后一段时间国内化肥保供稳价工作的通知（发改经贸〔2021〕1351号）	国家市场监督管理总局 国家能源局 中华全国供销合作社 中国国家铁路集团有限公司	2021/9/22
181	关于做好 2021 年春耕化肥生产供应和发改电价格稳定工作的通知（〔2021〕64号）	国家发展和改革委员会 工业和信息化部 公安部 财政部 人力资源和社会保障部 交通运输部 农业农村部 海关总署 国家市场监督管理总局 国家能源局 中华全国供销合作社 中国国家铁路集团有限公司	2021/2/7
182	关于印发《推动物流业制造业深度融合创新发展实施方案》的通知（发改经贸〔2020〕1315号）	国家发展和改革委员会 工业和信息化部 公安部 财政部 自然资源部 交通运输部 农业农村部 商务部 国家市场监督管理总局 中国保险监督管理委员会 国家铁路局 国家民航局 国家邮政局 中国国家铁路集团有限公司	2020/9/9
183	关于印发《国家化肥商业储备管理办法》的通知（发改经贸规〔2020〕1251号）	国家发展和改革委员会 财政部	2020/7/31
184	关于做好 2020 年能源安全保障工作的指导意见（发改运行〔2020〕900号）	国家发展和改革委员会 国家能源局	2020/6/12
185	关于加快推进天然气储备能力建设的实施意见（发改价格〔2020〕567号）	国家发展和改革委员会 财政部 自然资源部 住房和城乡建设部 国家能源局	2020/4/10

续表

序号	政策名称	发布机构	发布时间
186	关于促进消费扩容提质加快形成强大国内市场的实施意见（发改就业〔2020〕293 号）	国家发展和改革委员会 工业和信息化部等 23 个部门	2020/3/1
187	关于新冠肺炎疫情防控下做好 2020 年春耕化肥生产供应工作的通知（发改电〔2020〕394 号）	国家发展和改革委员会 工业和信息化部 公安部 财政部 人力资源和社会保障部 交通运输部 农业农村部 商务部 国家卫生健康委员会 中国人民银行 海关总署 国家市场监督管理总局 国家能源局 中华全国供销合作社 中国国家铁路集团有限公司 中国农业发展银行	2020/2/17
188	关于进一步推进产业转型升级示范区建设的通知（发改振兴〔2019〕1405 号）	国家发展和改革委员会 科学技术部 工业和信息化部 自然资源部 国家开发银行	2019/8/26
189	关于印发《油气管网设施公平开放监管办法》的通知（发改能源规〔2019〕916 号）	国家发展和改革委员会 国家能源局 住房和城乡建设部 国家市场监督管理总局	2019/5/24
190	进一步优化供给推动消费平稳增长促进形成强大国内市场的实施方案（2019）（发改综合〔2019〕181 号）	国家发展和改革委员会等 10 部委	2019/1/29
191	印发《关于加快储气设施建设和完善储气调峰辅助服务市场机制的意见》的通知（发改能源规〔2018〕637 号）	国家发展和改革委员会 国家能源局	2018/4/26
192	关于印发《中长期油气管网规划》的通知（发改基础〔2017〕965 号）	国家发展和改革委员会 国家能源局	2017/5/19
193	中西部地区外商投资优势产业目录（2017 年修订）	国家发展和改革委员会 商务部	2017/2/1

续表

序号	政策名称	发布机构	发布时间
194	关于印发浙江、安徽、湖北、四川等省深化投资项目审批制度改革促进投资高质量发展典型经验的通知（发改办投资〔2022〕977号）	国家发展和改革委员会	2022/12/27
195	“十四五”扩大内需战略实施方案	国家发展和改革委员会	2022/12/15
196	关于进一步完善政策环境加大力度支持民间投资发展的意见（发改投资〔2022〕1652号）	国家发展和改革委员会	2022/11/7
197	关于发布《鼓励外商投资产业目录（2022年版）》的令 2022年第52号	国家发展和改革委员会	2022/10/28
198	印发《关于以制造业为重点促进外资扩增量稳存量提质量的若干政策措施》的通知（发改外资〔2022〕1586号）	国家发展和改革委员会	2022/10/25
199	关于印发长三角国际一流营商环境建设三年行动方案的通知（发改法规〔2022〕1562号）	国家发展和改革委员会	2022/10/8
200	关于印发《关中平原城市群建设“十四五”实施方案》的通知（发改规划〔2022〕979号）	国家发展和改革委员会	2022/7/22
201	关于推广疫情防控保险 助力做好保市场主体保就业保民生工作的通知（发改办财金〔2022〕598号）	国家发展和改革委员会	2022/7/1
202	关于做好盘活存量资产扩大有效投资有关工作的通知（发改办投资〔2022〕561号）	国家发展和改革委员会	2022/7/1
203	关于完善进口液化天然气接收站气化服务定价机制的指导意见（发改价格〔2022〕768号）	国家发展和改革委员会	2022/5/20
204	关于做好2022年降成本重点工作的通知（发改运行〔2022〕672号）	国家发展和改革委员会	2022/5/10
205	关于明确煤炭领域经营者哄抬价格行为的公告（2022年第4号）	国家发展和改革委员会	2022/4/30
206	关于印发北部湾城市群建设“十四五”实施方案的通知（发改规划〔2022〕482号）	国家发展和改革委员会	2022/4/7
207	关于进一步发挥行业协会商会自律作用坚决杜绝乱收费行为的通知（发改办体改〔2022〕245号）	国家发展和改革委员会	2022/4/2
208	关于进一步做好社会资本投融资合作对接有关工作的通知（发改办投资〔2022〕233号）	国家发展和改革委员会	2022/3/28
209	关于同意西安都市圈发展规划的复函（发改规划〔2022〕298号）	国家发展和改革委员会	2022/3/21
210	关于推动长江三角洲区域公共资源交易一体化发展的意见发改法规（〔2022〕355号）	国家发展和改革委员会	2022/3/18

续表

序号	政策名称	发布机构	发布时间
211	关于印发长江中游城市群发展“十四五”实施方案的通知（发改规划〔2022〕266 号）	国家发展和改革委员会	2022/3/15
212	关于同意长株潭都市圈发展规划的复函（发改规划〔2022〕199 号）	国家发展和改革委员会	2022/2/24
213	关于做好近期促进消费工作的通知（发改就业〔2022〕77 号）	国家发展和改革委员会	2022/1/17
214	关于印发国家对外开放口岸查验基础设施建设专项管理办法的通知（发改投资规〔2021〕1810 号）	国家发展和改革委员会	2022/1/10
215	关于修改《产业结构调整指导目录（2019 年本）》的决定（发放令第 49 号）	国家发展和改革委员会	2021/12/30
216	关于印发《江苏沿海地区发展规划 2021—2025 年）》的通知（发改地区〔2021〕1862 号）	国家发展和改革委员会	2021/12/27
217	关于印发《“十四五”支持老工业城市和资源型城市产业转型升级示范区高质量发展实施方案》的通知（发改振兴〔2021〕1618 号）	国家发展和改革委员会	2021/11/30
218	关于同意成都都市圈发展规划的复函（发改规划〔2021〕1661 号）	国家发展和改革委员会	2021/11/26
219	“十四五”特殊类型地区振兴发展规划	国家发展和改革委员会	2021/11/26
220	关于印发第三轮中欧区域政策合作中方案例地区名单的通知（发改办地区〔2021〕873 号）	国家发展和改革委员会	2021/11/16
221	关于印发《辽宁沿海经济带高质量发展规划》的通知（发改地区〔2021〕1382 号）	国家发展和改革委员会	2021/10/26
222	关于推广“十三五”时期产业转型升级示范区典型经验做法的通知（发改振兴〔2021〕1454 号）	国家发展和改革委员会	2021/10/19
223	关于推广地方支持民营企业改革发展典型做法的通知（发改办体改〔2021〕763 号）	国家发展和改革委员会	2021/10/11
224	关于推广支持农民工等人员返乡创业试点经验的通知（发改办就业〔2021〕721 号）	国家发展和改革委员会	2021/9/18
225	关于印发《完善能源消费强度和总量双控制度方案》的通知（发改环资〔2021〕1310 号）	国家发展和改革委员会	2021/9/11
226	关于缓释肥料等执行农用化肥铁路优惠运价政策的通知（发改价格〔2021〕1285 号）	国家发展和改革委员会	2021/9/3
227	关于同意福州都市圈发展规划的复函（发改规划〔2021〕727 号）	国家发展和改革委员会	2021/6/23
228	关于印发《成渝地区双城经济圈综合交通运输发展规划》的通知（发改基础〔2021〕829 号）	国家发展和改革委员会	2021/6/21

续表

序号	政策名称	发布机构	发布时间
229	关于印发《天然气管道运输价格管理办法（暂行）》和《天然气管道运输定价成本监审办法（暂行）》的通知（发改价格规〔2021〕818号）	国家发展和改革委员会	2021/6/7
230	关于“十四五”时期深化价格机制改革行动方案的通知（发改价格〔2021〕689号）	国家发展和改革委员会	2021/5/25
231	关于做好2021年降成本重点工作的通知（发改运行〔2021〕602号）	国家发展和改革委员会	2021/5/10
232	关于印发《粤港澳大湾区建设、长江三角洲区域一体化发展中央预算内投资专项管理办法》的通知（发改地区规〔2021〕466号）	国家发展和改革委员会	2021/4/19
233	关于修订印发《重大区域发展战略建设长江经济带绿色发展方向）中央预算内投资专项管理办法》的通知（发改基础规〔2021〕505号）	国家发展和改革委员会	2021/4/19
234	关于支持海南自由贸易港建设放宽市场准入若干特别措施的意见（发改体改〔2021〕479号）	国家发展和改革委员会	2021/4/8
235	关于推广借鉴上海浦东新区有关创新举措和经验做法的通知（发改地区〔2021〕345号）	国家发展和改革委员会	2021/4/7
236	关于印发重大区域发展战略建设（黄河流域生态保护和高质量发展方向）中央预算内投资专项管理办法的通知（发改地区规〔2021〕422号）	国家发展和改革委员会	2021/3/31
237	关于印发《加快培育新型消费实施方案》的通知（发改就业〔2021〕396号）	国家发展和改革委员会	2021/3/25
238	关于印发《农村产业融合发展示范园建设中央预算内投资管理办法》的通知（发改农经规〔2021〕397号）	国家发展和改革委员会	2021/3/24
239	中华人民共和国国民经济和社会发展第十四个五年规划和2035年远景目标纲要	国家发展和改革委员会	2021/3/23
240	关于加快推动制造服务业高质量发展的意见（发改产业〔2021〕372号）	国家发展和改革委员会	2021/3/23
241	关于优化办理外商投资项目《国家鼓励发展的内外资项目确认书》的通知（发改外资〔2021〕368号）	国家发展和改革委员会	2021/3/22
242	关于印发《引导社会资本参与盘活国有存量资产中央预算内投资示范专项管理办法》的通知（发改投资规〔2021〕252号）	国家发展和改革委员会	2021/2/26
243	关于推动和保障管理人在破产程序中依法履职进一步优化营商环境的意见（发改财金规〔2021〕274号）	国家发展和改革委员会	2021/2/26

续表

序号	政策名称	发布机构	发布时间
244	关于建立健全招标投标领域优化营商环境长效机制的通知（发改法规〔2021〕240 号）	国家发展和改革委员会	2021/2/25
245	关于同意南京都市圈发展规划的复函（发改规划〔2021〕174 号）	国家发展和改革委员会	2021/2/8
246	关于国家城乡融合发展试验区实施方案的复函（发改办规划〔2021〕135 号）	国家发展和改革委员会	2021/2/8
247	关于印发重大区域发展战略建设（推进海南全面深化改革开放方向）中央预算内投资专项管理办法的通知（发改地区规〔2021〕111 号）	国家发展和改革委员会	2021/2/1
248	关于印发《海南自由贸易港鼓励类产业目录 2020 年本)》的通知（发改地区规〔2021〕120 号）	国家发展和改革委员会	2021/1/29
249	产业结构调整指导目录（2019 年本）（2019 年第 29 号令）	国家发展和改革委员会	2019/10/30
250	汽车产业投资管理规定（第 22 号）	国家发展和改革委员会	2018/12/18
251	增强制造业核心竞争力三年行动计划（2018—2020 年）的通知（发改产业〔2017〕2000 号）	国家发展和改革委员会	2017/11/1
252	关于降低非居民用天然气基准门站价格的通知（发改价格规〔2017〕1582 号）	国家发展和改革委员会	2017/8/29
253	关于印发清理整顿电解铝行业违法违规项目行动工作方案的通知（发改委办〔2017〕656 号）	国家发展和改革委员会	2017/4/1
254	战略性新兴产业重点产品和服务指导目录（2016 版）（国家发改委 2017 年第 1 号公告）	国家发展和改革委员会	2017/1/25
255	西部大开发“十三五”规划（发改西部〔2017〕89 号）	国家发展和改革委员会	2017/1/23
256	矿业权出让收益征收管理暂行办法（财综〔2017〕35 号）	财政部 国土资源部	2017/6/1
257	关于建立化肥生产协调保障工作专班 稳定今冬明春化肥生产的通知（发改办经贸〔2021〕950 号）	国家发展和改革委员会办公厅 工业和信息化部办公厅 生态环境部办公厅 交通运输部办公厅 中国国家铁路集团有限公司办公厅	2021/12/1
258	关于做好化肥生产用煤用电用气保障工作的通知（发改办运行〔2021〕892 号）	国家发展和改革委员会办公厅	2021/11/17
259	关于巩固回升向好趋势加力振作工业经济的通知（工信部联运行〔2022〕160 号）	工业和信息化部 国家发展和改革委员会 国务院国有资产监督管理委员会	2022/11/29

续表

序号	政策名称	发布机构	发布时间
260	五部门关于推动轻工业高质量发展的指导意见（工信部联消费〔2022〕68 号）	工业和信息化部等	2022/6/8
261	《工业和信息化部 国家发展和改革委员会关于产业用纺织品行业高质量发展的指导意见》（工信部联消费〔2022〕44 号）	工业和信息化部 国家发展和改革委员会	2022/4/21
262	关于化纤工业高质量发展的指导意见（工信部联消费〔2022〕43 号）	工业和信息化部 国家发展和改革委员会	2022/4/21
263	关于“十四五”推动石化化工行业高质量发展的指导意见（工信部联原〔2022〕34 号）	工业和信息化部 国家发展和改革委员会 科学技术部 生态环境部 应急管理部 国家能源局	2022/3/28
264	智能光伏产业创新发展行动计划（2021—2025年）（工信部联电子〔2021〕226 号）	工业和信息化部 住房和城乡建设部 交通运输部 农业农村部 国家能源局	2022/1/4
265	十部门关于促进制造业有序转移的指导意见（工信部联政法〔2021〕215 号）	工业和信息化部等	2021/12/25
266	关于印发“十四五”原材料工业发展规划的通知（工信部联规〔2021〕212 号）	工业和信息化部 科学技术部 自然资源部	2021/12/21
267	关于印发“十四五”促进中小企业发展规划的通知（工信部联规〔2021〕200 号）	工业和信息化部 国家发展和改革委员会 科学技术部 财政部 人力资源和社会保障部 农业农村部 商务部 文化和旅游部 中国人民银行 海关总署 国家税务总局 国家市场监督管理总局 国家统计局	2021/12/17

续表

序号	政策名称	发布机构	发布时间
267	关于印发“十四五”促进中小企业发展规划的通知（工信部联规〔2021〕200 号）	中国保险监督管理委员会 中国证券监督管理委员会 国家知识产权局 中国国际贸易促进委员会 中华全国工商业联合会 国家开发银行	2021/12/17
268	六部门关于加快培育发展制造业优质企业的指导意见（工信部联政法〔2021〕70 号）	工业和信息化部等	2021/6/1
269	关于印发《“工业互联网+安全生产”行动计划（2021—2023 年）》的通知（工信部联信发〔2020〕157 号）	工业和信息化部 应急管理部	2020/10/10
270	关于健全支持中小企业发展制度的若干意见（工信部联企业〔2020〕108 号）	工业和信息化部 国家发展和改革委员会 科学技术部 财政部 人力资源和社会保障部 生态环境部 农业农村部 商务部 文化和旅游部 中国人民银行 海关总署 国家税务总局 国家市场监督管理总局 国家统计局 中国保险监督管理委员会 中国证券监督管理委员会 国家知识产权局	2020/7/24
271	十五部门关于进一步促进服务型制造发展的指导意见（工信部联政法〔2020〕101 号）	工业和信息化部 国家发展和改革委员会 教育部 科学技术部 财政部 人力资源和社会保障部 自然资源部 生态环境部 商务部 中国人民银行 国家市场监督管理总局 国家统计局	2020/7/15

续表

序号	政策名称	发布机构	发布时间
271	十五部门关于进一步促进服务型制造发展的指导意见（工信部联政法〔2020〕101 号）	中国保险监督管理委员会 中国证券监督管理委员会 国家知识产权局	2020/7/15
272	关于开展深入推进宽带网络提速降费 支撑经济高质量发展 2019 专项行动的通知（工信部联通信〔2019〕94 号）	工业和信息化部 国务院国有资产监督管理委员会	2019/5/8
273	超高清视频产业发展行动计划（2019—2022 年）（工信部联电子〔2019〕56 号）	工业和信息化部 广播电视总局 中央广播电视总台	2019/2/1
274	关于印发《促进大中小企业融通发展三年行动计划》的通知（工信部联企业〔2018〕248 号）	工业和信息化部 广播电视总局 中央广播电视总台 国家发展和改革委员会 财政部 国务院国有资产监督管理委员会	2018/11/21
275	原材料工业质量提升三年行动方案（2018—2020 年）的通知（工信部联科〔2018〕198 号）	工业和信息化部 科学技术部 商务部 国家市场监督管理总局	2018/10/16
276	扩大和升级信息消费三年行动计划（2018—2020 年）（工信部联信软〔2018〕140 号）	工业和信息化部 国家发展和改革委员会	2018/8/1
277	工业和信息化部 国务院国有资产监督管理委员会关于深入推进网络提速降费加快培育经济发展新动能 2018 专项行动的实施意见（工信部联通信〔2018〕87 号）	工业和信息化部 国务院国有资产监督管理委员会	2018/5/17
278	关于印发发挥民间投资作用推进实施制造强国战略指导意见的通知（工信部联规〔2017〕243 号）	工业和信息化部 国家发展和改革委员会 科学技术部 财政部 环境保护部 商务部 中国人民银行 国家工商行政管理总局 国家质量监督检验检疫总局 国家知识产权局 中国工程院 中国银行业监督管理委员会 中国证券监督管理委员会 中国保险监督管理委员会 国家国防科技工业局 中华全国工商业联合会	2017/11/23

续表

序号	政策名称	发布机构	发布时间
279	关于深入推进信息化和工业化融合管理体系的指导意见（工信部联信软〔2017〕155 号）	工业和信息化部 国务院国有资产监督管理委员会 国家标准化管理委员会	2017/7/7
280	关于加强长江经济带工业绿色发展的指导意见（工信部联节〔2017〕178 号）	工业和信息化部 国家发展和改革委员会 科学技术部 财政部 环境保护部	2017/6/1
281	关于发布《重点新材料首批次应用示范指导目录（2021 年版）》的通告 （工信部原函〔2021〕384 号）	工业和信息化部	2021/12/31
282	关于加强智能网联汽车生产企业及产品准入管理的意见（工业和信息化部通装〔2021〕103 号）	工业和信息化部	2021/7/31
283	基础电子元器件产业发展行动计划（2021—2023 年）（工信部电子〔2021〕5 号）	工业和信息化部	2021/1/1
284	关于加强外商投资电信企业事中事后监管的通知（工信部通信函〔2020〕248 号）	工业和信息化部	2020/10/20
285	关于进一步加强工业行业安全生产管理的指导意见（工信部安全〔2020〕83 号）	工业和信息化部	2020/6/9
286	各类监控化学品名录（工业和信息化部令第 52 号）	工业和信息化部	2020/6/3
287	关于有序推动工业通信业企业复工复产的指导意见 （工信部政法〔2020〕29 号）	工业和信息化部	2020/2/24
288	铝行业规范条件（公告 2020 第 6 号）	工业和信息化部	2020/2/1
289	铅锌行业规范条件（公告 2020 第 7 号）	工业和信息化部	2020/2/1
290	镁行业规范条件（公告 2020 第 8 号）	工业和信息化部	2020/2/1
291	关于自由贸易试验区“证照分离”改革试点工作的通告（工信部政函〔2019〕383 号）	工业和信息化部	2019/12/2
292	关于原材料工业行业规范（准入）条件管理相关文件废止的公告（磷铵、合成氨、电石、轮胎等 26 个行业规范准入条件废止）（工业和信息化部公告 2019 年第 50 号）	工业和信息化部	2019/11/15
293	关于加快培育共享制造新模式新业态 促进制造业高质量发展的指导意见（工信部产业〔2019〕226 号）	工业和信息化部	2019/10/29
294	关于公布 2019 年度国家小型微型企业创业创新示范基地名单的通告（工信部企业函〔2019〕303 号）	工业和信息化部	2019/10/18
295	关于促进制造业产品和服务质量提升的实施意见（工信部科〔2019〕188 号）	工业和信息化部	2019/8/29

续表

序号	政策名称	发布机构	发布时间
296	原材料工业行业规范（准入）条件管理相关废止文件公告（黄磷、氟化氢等33个行业规范准入条件废止）（工业和信息化部公告2019年第30号）	工业和信息化部	2019/8/14
297	中华人民共和国工业和信息化部《产业发展与转移指导目录（2018年本）》公告（2018年第66号）	工业和信息化部	2018/12/29
298	关于印发《重点新材料首批次应用示范指导目录（2018年版）》的通告（工信部原〔2018〕262号）	工业和信息化部	2018/12/26
299	《产业发展与转移指导目录（2018 年本）》公告（工业和信息化部公告2018年第66号）	工业和信息化部	2018/12/20
300	产业发展与转移指导目录（2018年本）	工业和信息化部	2018/12/1
301	关于建立稀土矿山、冶炼分离企业定期公示制度的通知（工信厅原〔2018〕62号）	工业和信息化部	2018/9/1
302	《中华人民共和国监控化学品管理条例》实施细则（工业和信息化部令第48号）	工业和信息化部	2018/7/2
303	关于印发《工业固体废物资源综合利用评价管理暂行办法》和《国家工业固体废物资源综合利用产品目录》的公告（工业和信息化部公告 2018年第26号）	工业和信息化部	2018/5/15
304	关于提升水泥质量保障能力的通知（工信部原〔2017〕290号）	工业和信息化部	2017/12/1
305	《〈印染行业规范条件（2017版）〉和〈印染企业规范公告管理暂行办法〉发布》（2017年第37号）	工业和信息化部	2017/9/13
306	工业和信息化部办公厅关于企业集团内部电解铝产能跨省置换工作的通知（工信厅原〔2017〕101号）	工业和信息化部	2017/9/1
307	《〈粘胶纤维行业规范条件（2017 版）〉和〈粘胶纤维行业规范条件公告管理暂行办法〉发布》（2017年第34号）	工业和信息化部	2017/8/9
308	十六部门关于利用综合标准依法依规推动落后产能退出的指导意见（工信部联产业〔2017〕30号）	工业和信息化部	2017/2/1
309	关于印发原材料工业“三品”实施方案的通知（工信厅联原〔2022〕24号）	工业和信息化部办公厅 国务院国有资产监督管理委员会办公厅 国家市场监督管理总局办公厅 国家知识产权局办公室	2022/8/17
310	关于开展志愿服务促进中小企业发展的指导意见（工信厅联企业〔2020〕12号）	工业和信息化部办公厅 民政部办公厅	2020/3/30

续表

序号	政策名称	发布机构	发布时间
311	关于“2+26”城市部分工业行业 2017—2018 年秋冬开展错峰生产的通知（工信厅联原函〔2017〕602 号）	工业和信息化部办公厅 环境保护部办公厅	2017/11/1
312	三部门关于促进光伏产业链供应链协同发展的通知（工信厅联电子函〔2022〕205 号）	工业和信息化部办公厅	2022/8/17
313	关于开展“一起益企”中小企业服务行动的通知（工信厅企业函〔2022〕58 号）	工业和信息化部办公厅	2022/3/25
314	关于组织申报 2020 年工业稳增长和转型升级成效明显市（州）的通知（工信厅规函〔2021〕8 号）	工业和信息化部办公厅	2021/1/19
315	工业和信息化部办公厅关于开展 2020 年度中小企业发展环境第三方评估工作的通知（工信厅企业〔2020〕623 号）	工业和信息化部办公厅	2020/7/31
316	关于开展 2020 年中小企业公共服务体系助力复工复产重点服务活动的通知（工信厅企业函〔2020〕72 号）	工业和信息化部办公厅	2020/4/10
317	关于开展产业链固链行动 推动产业链协同复工复产的通知（工信厅政法函〔2020〕54 号）	工业和信息化部办公厅	2020/3/23
318	关于开展 2019 年度中小企业公共服务体系重点服务活动的通知（工信厅企业函〔2019〕81 号）	工业和信息化部办公厅	2019/4/12
319	关于开展专精特新“小巨人”企业培育工作的通知（工信厅企业函〔2018〕381 号）	工业和信息化部办公厅	2018/11/26
320	关于开展 2018 年度中小企业公共服务体系重点服务活动的通知（工信厅企业函〔2018〕190 号）	工业和信息化部办公厅	2018/6/5
321	关于搞活汽车流通 扩大汽车消费措施的通知（〔2022〕92 号）	商务部等 17 部门	2022/7/5
322	关于取消加工贸易企业经营状况及生产能力证明的公告（公告 2018 年第 109 号）	商务部	2018/12
323	进一步规范稀土矿钨矿矿业权审批管理的通知（自然资规〔2018〕16 号）	自然资源部	2018/12
324	关于调整矿业权交易规则有关规定的通知（自然资发〔2018〕175 号）	自然资源部	2018/12
325	农业农村部关于印发“十四五”全国农业机械化发展规划的通知（农机发〔2021〕2 号）	农业农村部	2021/12/27
326	家用汽车产品修理更换退货责任规定（总局令第 43 号）	交通运输部 国家发展和改革委员会等多部门	2021/7/22

续表

序号	政策名称	发布机构	发布时间
327	关于进一步深化跨境贸易便利化改革优化口岸营商环境的通知（署岸发〔2021〕85号）	海关总署 国家发展和改革委员会 财政部 交通运输部 商务部 国家卫生健康委员会 国家税务总局 国家市场监督管理总局 国家铁路局 国家民航局	2021/8/31

附表 1-2　工业和信息化领域科技创新政策

序号	政策名称	发布机构	发布时间
1	关于促进国家高新技术产业开发区高质量发展的若干意见（国发〔2020〕7号）	国务院	2020/7/17
2	关于同意南昌、新余、景德镇、鹰潭、抚州、吉安、赣州高新技术产业开发区建设国家自主创新示范区的批复（国函〔2019〕77号）	国务院	2019/9/5
3	关于推进国家级经济技术开发区创新提升打造改革开放新高地的意见（国发〔2019〕11号）	国务院	2019/5/28
4	关于同意乌鲁木齐、昌吉、石河子高新技术产业开发区建设国家自主创新示范区的批复（国函〔2018〕145号）	国务院	2018/11/28
5	关于推动创新创业高质量发展打造“双创”升级版的意见（国发〔2018〕32号）	国务院	2018/9/26
6	关于强化实施创新驱动发展战略进一步推进大众创业万众创新深入发展的意见（国发〔2017〕37号）	国务院	2017/7/27
7	国务院办公厅转发商务部 科学技术部关于进一步鼓励外商投资设立研发中心若干措施的通知（国办函〔2023〕7号）	国务院办公厅	2023/1/18
8	转发国家发展和改革委员会 国家能源局关于促进新时代新能源高质量发展实施方案的通知（国办函〔2022〕39号）	国务院办公厅	2022/5/14
9	关于印发新能源汽车产业发展规划（2021—2035年）的通知（国办发〔2020〕39号）	国务院办公厅	2020/10/20
10	关于提升大众创业万众创新示范基地带动作用进一步促改革稳就业强动能的实施意见（国办发〔2020〕26号）	国务院办公厅	2020/7/30

续表

序号	政策名称	发布机构	发布时间
11	关于推广第三批支持创新相关改革举措的通知（国办发〔2020〕3 号）	国务院办公厅	2020/2/21
12	关于推广第二批支持创新相关改革举措的通知（国办发〔2018〕126 号）	国务院办公厅	2019/1/8
13	关于推广支持创新相关改革举措的通知（国办发〔2017〕80 号）	国务院办公厅	2017/9/14
14	关于建设第二批大众创业万众创新示范基地的实施意见（国办发〔2017〕54 号）	国务院办公厅	2017/6/21
15	关于县域创新驱动发展的若干意见（国办发〔2017〕43 号）	国务院办公厅	2017/5/24
16	关于促进开发区改革和创新发展的若干意见（国办发〔2017〕7 号）	国务院办公厅	2017/2/6
17	关于加快推动新型储能发展的指导意见（发改能源规〔2021〕1051 号）	国家发展和改革委员会 国家能源局	2021/7/15
18	上海市建设具有全球影响力的科技创新中心“十四五”规划	国家发展和改革委员会	2021/9/10
19	关于深入推进全面创新改革工作的通知（发改高技〔2021〕484 号）	国家发展和改革委员会	2021/4/9
20	智能汽车创新发展战略（发改产业〔2020〕202 号）	国家发展和改革委员会	2020/2/10
21	加强“从 0 到 1”基础研究工作方案（国科发基〔2020〕46 号）	科学技术部等	2020/1/21
22	十一部门关于开展“携手行动” 促进大中小企业融通创新（2022—2025 年）的通知（工信部联企业〔2022〕54 号）	工业和信息化部 国家发展和改革委员会 科学技术部 财政部 人力资源和社会保障部 中国人民银行 国务院国有资产监督管理委员会 国家市场监督管理总局 中国保险监督管理委员会 知识产权局 中华全国工商业联合会	2022/5/16
23	关于印发《智能光伏产业创新发展行动计划（2021—2025 年）》的通知（工信部联电子〔2021〕226 号）	工业和信息化部 住房和城乡建设部 交通运输部 农业农村部 国家能源局	2022/1/4

续表

序号	政策名称	发布机构	发布时间
24	关于在部分地区开展甲醇汽车应用的指导意见（工信部联节〔2019〕61 号）	工业和信息化部 国家发展和改革委员会 科学技术部 公安部 生态环境部 交通运输部 国家卫生健康委员会 国家市场监督管理总局	2019/3/12
25	关于公布 2018 年国家技术创新示范企业名单的通知（工信部联科函〔2018〕420 号）	工业和信息化部 财政部	2018/12/3
26	国家新材料产业资源共享平台建设方案（工信部联原〔2018〕78 号）	工业和信息化部 财政部	2018/4/1
27	关于公布 2017 年国家技术创新示范企业名单的通知（工信部联科〔2017〕269 号）	工业和信息化部 财政部	2017/11/23
28	增材制造产业发展行动计划（2017—2020 年）（工信部联装〔2017〕311 号）	工业和信息化部 国家发展和改革委员会等 12 个部门	2017/11/1
29	关于开展重点新材料首批次应用保险补偿机制试点工作的通知（工信部联原〔2017〕222 号）	工业和信息化部 财政部 中国保险监督管理委员会	2017/9/1
30	关于发布《重点新材料首批次应用示范指导目录（2021 年版）》的通告（工信部原函〔2021〕384 号）	工业和信息化部	2021/12/31
31	关于公布 2021 年度国家小型微型企业创业创新示范基地名单的通告（工信部企业函〔2021〕336 号）	工业和信息化部	2021/12/7
32	关于发布重点新材料首批次应用示范指导目录（2021 年版）的通告（工信部原函〔2021〕384 号）	工业和信息化部	2021/12/1
33	关于印发《工业互联网创新发展行动计划（2021—2023 年）》的通知（工信部信管〔2020〕197 号）	工业和信息化部	2021/1/13
34	关于公布 2020 年度国家小型微型企业创业创新示范基地名单的通告（工信部企业函〔2020〕260 号）	工业和信息化部	2020/10/30
35	关于印发重点新材料首批次应用示范指导目录（2019 年版）的通告（工信部原〔2019〕254 号）	工业和信息化部	2019/11/1
36	关于公布 2019 年度国家小型微型企业创业创新示范基地名单的通告（工信部企业函〔2019〕303 号）	工业和信息化部	2019/10/18
37	关于印发《重点新材料首批次应用示范指导目录（2018 年版）》的通告（工信部原〔2018〕262 号）	工业和信息化部	2018/12/26

续表

序号	政策名称	发布机构	发布时间
38	关于印发《制造业“双创”平台培育三年行动计划》的通知 （工信部信软〔2017〕194 号）	工业和信息化部	2017/8/1
39	关于发布支持打造大中小企业融通型和专业资本集聚型创新创业特色载体工作指南的通知（工信厅联企业函〔2019〕92 号）	工业和信息化部办公厅 中国保险监督管理委员会办公厅 财政部办公厅	2019/4/28
40	关于开展 2018 年度重点新材料首批次应用保险补偿机制试点工作的通知（工信厅联原函〔2018〕423 号）	工业和信息化部办公厅 中国保险监督管理委员会办公厅	2018/12/28
41	关于组织推荐 2021 年国家技术创新示范企业的通知（工信厅科函〔2021〕149 号）	工业和信息化部办公厅	2021/6/18
42	关于开展第三批专精特新“小巨人”企业培育工作的通知（工信厅企业函〔2021〕79 号）	工业和信息化部办公厅	2021/4/21
43	关于公布 2020—2021 年度物联网关键技术与平台创新类、集成创新与融合应用类示范项目名单的通知（工信厅科函〔2021〕44 号）	工业和信息化部办公厅	2021/3/24
44	关于开展第二批专精特新“小巨人”企业培育工作的通知（工信厅企业函〔2020〕159 号）	工业和信息化部办公厅	2020/7/8
45	关于公布 2019—2020 年度物联网关键技术与平台创新类、集成创新与融合应用类示范项目名单的通知（工信厅科函〔2020〕151 号）	工业和信息化部办公厅	2020/7/7
46	关于组织推荐 2020 年国家技术创新示范企业的通知（工信厅科函〔2020〕73 号）	工业和信息化部办公厅	2020/4/17
47	关于组织推荐 2020 年度国家小型微型企业创业创新示范基地的通知（工信厅企业函〔2020〕43 号）	工业和信息化部办公厅	2020/3/19
48	关于 2019 年开展国家技术创新示范企业复核评价工作的通知（工信厅科函〔2019〕68 号）	工业和信息化部办公厅	2019/4/15
49	关于开展专精特新“小巨人”企业培育工作的通知（工信厅企业函〔2018〕381 号）	工业和信息化部办公厅	2018/11/26
50	关于组织开展 2018 年制造业“双创”平台试点示范项目申报工作的通知（工信厅信软函〔2018〕221 号）	工业和信息化部办公厅	2018/7/12
51	关于开展 2018 年物联网集成创新与融合应用项目征集工作的通知（工信厅科函〔2018〕217 号）	工业和信息化部办公厅	2018/6/28
52	关于印发“十四五”全国农业机械化发展规划的通知（农机发〔2021〕2 号）	农业农村部	2021/12/27

附表 1–3 工业和信息化领域数字经济政策

序号	政策名称	发布机构	发布时间
1	数字中国建设整体布局规划	中共中央办公厅 国务院办公厅	2023/2/27
2	关于构建数据基础制度更好发挥数据要素作用的意见	中共中央办公厅 国务院办公厅	2022/12/2
3	数字乡村发展战略纲要	中共中央办公厅 国务院办公厅	2019/5/16
4	推进互联网协议第六版（IPv6 规模部署行动计划）	中共中央办公厅 国务院办公厅	2017/11/26
5	关于印发“十四五”现代物流发展规划的通知（国办发〔2022〕17 号）	国务院	2022/12/15
6	关于加强数字政府建设的指导意见（国发〔2022〕14 号）	国务院	2022/6/23
7	关于印发“十四五”数字经济发展规划的通知（国发〔2021〕29 号）	国务院	2022/1/12
8	关键信息基础设施安全保护条例（国令第 745 号）	国务院	2021/8/17
9	关于同意深化服务贸易创新发展试点的批复（国函〔2018〕79 号）	国务院	2018/6/1
10	关于深化“互联网+先进制造业”发展工业互联网的指导意见（国发〔2017〕50 号）	国务院	2017/11/27
11	关于印发新一代人工智能发展规划的通知（国发〔2017〕35 号）	国务院	2017/7/20
12	关于同意建立数字经济发展部际联席会议制度的函（国办函〔2022〕63 号）	国务院办公厅	2022/7/25
13	关于加快推进电子证照扩大应用领域和全国互通互认的意见（国办发〔2022〕3 号）	国务院办公厅	2022/2/22
14	关于印发进一步深化“互联网+政务服务”推进政务服务“一网、一门、一次”改革实施方案的通知（国办发〔2018〕45 号）	国务院办公厅	2018/6/22
15	关于促进“互联网+医疗健康”发展的意见（国办发〔2018〕26 号）	国务院办公厅	2018/4/28
16	关于印发科学数据管理办法的通知（国办发〔2018〕17 号）	国务院办公厅	2018/4/2
17	关于推进电子商务与快递物流协同发展的意见（国办发〔2018〕1 号）	国务院办公厅	2018/1/23
18	关于印发“互联网+政务服务”技术体系建设指南的通知（国办函〔2016〕108 号）	国务院办公厅	2017/1/12

续表

序号	政策名称	发布机构	发布时间
19	智能汽车创新发展战略（发改产业〔2020〕202号）	国家发展和改革委员会 工业和信息化部 科学技术部等 11 部委	2020/2/10
20	关于推动平台经济规范健康持续发展的若干意见（发改高技〔2021〕1872 号）	国家发展和改革委员会	2022/1/18
21	关于印发《“十四五”推进国家政务信息化规划》的通知（发改高技〔2021〕1898 号）	国家发展和改革委员会	2022/1/6
22	关于加强投资数据资源共享持续深化投资审批“一网通办”的指导意见（发改投资〔2021〕1119号）	国家发展和改革委员会	2021/8/10
23	关于印发《能源领域 5G 应用实施方案》的通知（发改能源〔2021〕807 号）	国家发展和改革委员会	2021/6/11
24	关于印发《全国一体化大数据中心协同创新体系算力枢纽实施方案》的通知（发改高技〔2021〕709 号）	国家发展和改革委员会	2021/5/26
25	关于印发浙江、北京等 6 省市投资项目在线审批监管平台创新应用典型经验的通知（发改办投资〔2020〕982 号）	国家发展和改革委员会	2021/1/6
26	智能光伏产业创新发展行动计划（2021—2025年）（工信部联电子〔2021〕226 号）	工业和信息化部 住房和城乡建设部 交通运输部 农业农村部 国家能源局	2022/1/1
27	十五部门关于印发“十四五”机器人产业发展规划的通知（工信部联规〔2021〕206 号）	工业和信息化部等	2021/12/21
28	关于印发“十四五”智能制造发展规划的通知（工信部联规〔2021〕207 号）	工业和信息化部 国家发展和改革委员会 教育部 科学技术部 财政部 人力资源和社会保障部 国家市场监督管理总局 国务院国有资产监督管理委员会	2021/12/21
29	智能网联汽车道路测试管理规范（试行）（工业和信息化部联通装〔2021〕97 号）	工业和信息化部 公安部 交通运输部	2021/7/27
30	工业和信息化部 中央网络安全和信息化委员会办公室关于加快推动区块链技术应用和产业发展的指导意见（工信部联信发〔2021〕62 号）	工业和信息化部 中央网络安全和信息化委员会办公室	2021/6/7

续表

序号	政策名称	发布机构	发布时间
31	关于印发《"工业互联网+安全生产"行动计划（2021—2023年）》的通知（工信部联信发〔2020〕157号）	工业和信息化部 应急管理部	2020/10/10
32	关于印发《工业互联网综合标准化体系建设指南》的通知（工信部联科〔2019〕32号）	工业和信息化部 国家标准化管理委员会	2019/3/8
33	超高清视频产业发展行动计划（2019—2022年）（工信部联电子〔2019〕56号）	工业和信息化部 广播电视总局 中央广播电视总台	2019/2/1
34	关于印发《扩大和升级信息消费三年行动计划（2018—2020年）》的通知（工信部联信软〔2018〕140号）	工业和信息化部 国家发展和改革委员会	2018/8/10
35	关于深入推进信息化和工业化融合管理体系的指导意见（工信部联信软〔2017〕155号）	工业和信息化部 国务院国有资产监督管理委员会 国家标准化管理委员会	2017/7/7
36	关于大众消费领域北斗推广应用的若干意见（工信部电子〔2022〕5号）	工业和信息化部	2022/1/28
37	关于印发"十四五"大数据产业发展规划的通知（工信部规〔2021〕179号）	工业和信息化部	2021/11/30
38	关于印发"十四五"软件和信息技术服务业发展规划的通知（工信部规〔2021〕180号）	工业和信息化部	2021/11/30
39	关于印发"十四五"信息化和工业化深度融合发展规划的通知（工信部规〔2021〕182号）	工业和信息化部	2021/11/30
40	关于印发"十四五"信息通信行业发展规划的通知（工信部规〔2021〕164号）	工业和信息化部	2021/11/16
41	关于加强智能网联汽车生产企业及产品准入管理的意见（工业和信息化部通装〔2021〕103号）	工业和信息化部	2021/7/31
42	关于印发《新型数据中心发展三年行动计划（2021—2023年）》的通知（工信部通信〔2021〕76号）	工业和信息化部	2021/7/14
43	关于工业大数据发展的指导意见（工信部信发〔2020〕67号）	工业和信息化部	2020/4/28
44	关于印发《信息消费示范城市建设管理办法（试行）的通知》（工信部信软〔2019〕63号）	工业和信息化部	2019/4/3
45	关于印发《工业互联网网络建设及推广指南》的通知（工信部信管〔2018〕301号）	工业和信息化部	2019/1/18
46	车联网（智能网联汽车）产业发展行动计划（工业和信息化部科〔2018〕283号）	工业和信息化部	2018/12/25

续表

序号	政策名称	发布机构	发布时间
47	关于公布 2018 年物联网集成创新与融合应用项目名单的通知（工信部科函〔2018〕470 号）	工业和信息化部	2018/12/21
48	关于公布 2018 年人工智能与实体经济深度融合创新项目名单的通知（工信部科函〔2018〕327 号）	工业和信息化部	2018/9/14
49	关于印发《推动企业上云实施指南（2018—2020 年）》的通知（工信部信软〔2018〕135 号）	工业和信息化部	2018/8/10
50	关于深化宽带接入网业务开放试点的通告（工信部通信函〔2018〕220 号）	工业和信息化部	2018/6/26
51	关于贯彻落实《推进互联网协议第六版（IPv6 规模部署行动计划》的通知（工信部通信〔2018〕77 号）	工业和信息化部	2018/5/2
52	关于开展财政支持中小企业数字化转型试点工作的通知（工信厅联企业〔2022〕22 号）	工业和信息化部办公厅 财政部办公厅	2022/8/17
53	关于促进云网融合 加快中小城市信息基础设施建设的通知（工信厅联通信〔2022〕1 号）	工业和信息化部办公厅 国家发展和改革委员会办公厅	2022/1/27
54	关于组织开展 2021 年国家绿色数据中心推荐工作的通知（工信厅联节函 〔2021〕 281 号）	工业和信息化部办公厅 国家发展和改革委员会办公厅 商务部办公厅 国家机关事务管理局办公室 中国保险监督管理委员会办公厅 国家能源局综合司	2021/11/30
55	关于发布中小企业数字化水平评测指标（2022 年版）的通知（工信厅企业〔2022〕32 号）	工业和信息化部办公厅	2022/11/8
56	关于印发中小企业数字化转型指南的通知（工信厅信发〔2022〕33 号）	工业和信息化部办公厅	2022/11/8
57	关于组织开展 2022 年新一代信息技术与制造业融合发展试点示范申报工作的通知（工信厅信发函 〔2022〕196 号）	工业和信息化部办公厅	2022/8/11
58	关于开展电子认证服务合规性专项整治工作的通知（工信厅信发函〔2022〕183 号）	工业和信息化部办公厅	2022/8/2
59	关于公布国家新型数据中心典型案例名单的通知（工信厅通信函〔2022〕46 号）	工业和信息化部办公厅	2022/3/28
60	关于公布 2021 年大数据产业发展试点示范项目名单的通知（工信厅信发函〔2021〕232 号）	工业和信息化部办公厅	2021/10/11
61	关于公布 2020 年企业上云典型案例名单的通知（工信厅信发函〔2021〕150 号）	工业和信息化部办公厅	2021/6/25

续表

序号	政策名称	发布机构	发布时间
62	关于组织开展 2021 年新一代信息技术与制造业融合发展试点示范工作的通知（工信厅信发函〔2021〕87 号）	工业和信息化部办公厅	2021/5/7
63	关于公布 2020 年制造业与互联网融合发展试点示范名单的通知（工信厅信发函〔2020〕307 号）	工业和信息化部办公厅	2021/1/27
64	关于组织开展 2020 年制造业与互联网融合发展试点示范项目申报工作的通知（工信厅信发函〔2020〕240 号）	工业和信息化部办公厅	2020/10/19
65	关于印发《建材工业智能制造数字转型行动计划（2021—2023）》的通知（工信厅原〔2020〕39 号）	工业和信息化部办公厅	2020/9/16
66	关于深入推进移动物联网全面发展的通知（工信厅通信〔2020〕25 号）	工业和信息化部办公厅	2020/5/7
67	关于推动工业互联网加快发展的通知（工信厅信管〔2020〕8 号）	工业和信息化部办公厅	2020/3/20
68	关于印发“5G+工业互联网”512 工程推进方案的通知（工信厅信管〔2019〕78 号）	工业和信息化部办公厅	2019/11/19
69	关于组织开展 2020 年大数据产业发展试点示范项目申报工作的通知（工信厅信软函〔2019〕243 号）	工业和信息化部办公厅	2019/11/12
70	关于组织开展 2019 年制造业与互联网融合发展试点示范工作的通知（工信厅信软函〔2019〕169 号）	工业和信息化部办公厅	2019/8/9
71	关于公布 2018 年工业互联网试点示范项目的通知（工信厅信管函〔2018〕410 号）	工业和信息化部办公厅	2018/12/25
72	关于公布 2018 年大数据产业发展试点示范项目的通知（工信厅信软函〔2018〕339 号）	工业和信息化部办公厅	2018/10/31
73	关于开展 2018 年工业互联网试点示范项目推荐的通知（工信厅信管函〔2018〕306 号）	工业和信息化部办公厅	2018/9/28
74	关于公布 2018 年制造业与互联网融合发展试点示范项目名单的通知（工信厅信软函〔2018〕279 号）	工业和信息化部办公厅	2018/9/26
75	关于公布 2018 年两化融合管理体系贯标试点企业名单的通知（工信厅信软函〔2018〕281 号）	工业和信息化部办公厅	2018/9/20
76	关于开展 2018 年电信和互联网行业网络安全检查工作的通知（工信厅网安函〔2018〕261 号）	工业和信息化部办公厅	2018/8/13
77	关于深入推进互联网网络接入服务市场清理规范工作的通知（工信厅信管函〔2018〕161 号）	工业和信息化部办公厅	2018/5/10
78	关于组织申报 2018 年跨行业跨领域工业互联网平台的通知（工信厅信软函〔2018〕139 号）	工业和信息化部办公厅	2018/4/23

附表 1–4　工业和信息化领域绿色低碳发展政策

序号	政策名称	发布机构	发布时间
1	关于完整准确全面贯彻新发展理念做好碳达峰碳中和工作的意见（中发〔2021〕36 号）	中共中央 国务院	2021/9/22
2	关于全面加强生态环境保护　坚决打好污染防治攻坚战的意见	中共中央 国务院	2018/6/1
3	印发《关于加强新时代水土保持工作的意见》	中共中央办公厅 国务院办公厅	2023/1/3
4	关于深入打好污染防治攻坚战的意见	中共中央办公厅 国务院办公厅	2021/11/2
5	印发《关于推动城乡建设绿色发展的意见》	中共中央办公厅 国务院办公厅	2021/10/21
6	印发《黄河流域生态保护和高质量发展规划纲要》	中共中央办公厅 国务院办公厅	2021/10/8
7	关于完整准确全面贯彻新发展理念做好碳达峰碳中和工作的意见	中共中央办公厅 国务院办公厅	2021/9/22
8	印发《国家生态文明试验区（海南）实施方案》	中共中央办公厅 国务院办公厅	2019/5/12
9	关于全面加强生态环境保护　坚决打好污染防治攻坚战的意见	中共中央办公厅 国务院办公厅	2018/6/24
10	印发《国家生态文明试验区（江西）实施方案》和《国家生态文明试验区（贵州）实施方案》	中共中央办公厅 国务院办公厅	2017/10/2
11	关于建立资源环境承载能力监测预警长效机制的若干意见	中共中央办公厅 国务院办公厅	2017/9/20
12	关于《长三角生态绿色一体化发展示范区国土空间总体规划（2021—2035 年）》的批复（国函〔2023〕12 号）	国务院	2023/2/21
13	关于新时代洞庭湖生态经济区规划的批复（国函〔2023〕9 号）	国务院	2023/2/2
14	关于国家公园空间布局方案的批复（国函〔2022〕101 号）	国务院	2022/11/8
15	关于支持山东深化新旧动能转换推动绿色低碳高质量发展的意见（国发〔2022〕18 号）	国务院	2022/9/2
16	关于印发“十四五”节能减排降碳综合工作方案的通知（国发〔2021〕33 号）	国务院	2022/1/24
17	关于印发 2030 年前碳达峰行动方案的通知（国发〔2021〕23 号）	国务院	2021/10/24

续表

序号	政策名称	发布机构	发布时间
18	关于加快建立健全绿色低碳循环发展经济体系的指导意见（国发〔2021〕4号）	国务院	2021/2/2
19	新能源汽车产业发展规划（2021—2035）（国办发〔2020〕39号）	国务院	2020/10/20
20	关于长三角生态绿色一体化发展示范区总体方案的批复（国函〔2019〕99号）	国务院	2019/10/29
21	关于淮河生态经济带发展规划的批复（国函〔2018〕126号）	国务院	2018/10/18
22	关于汉江生态经济带发展规划的批复（国函〔2018〕127号）	国务院	2018/10/18
23	关于印发打赢蓝天保卫战三年行动计划的通知（国发〔2018〕22号）	国务院	2018/7/3
24	禁止洋垃圾入境推进固体废物进口管理制度改革实施方案（国办发〔2017〕70号）	国务院	2017/7/1
25	关于印发“十三五”节能减排降碳综合工作方案的通知（国发〔2016〕74号）	国务院	2017/1/5
26	关于印发“十三五”节能减排综合工作方案的通知（国发〔2016〕74号）	国务院	2017/1/5
27	转发国家发展和改革委员会 国家能源局关于促进新时代新能源高质量发展实施方案的通知（国办函〔2022〕39号）	国务院办公厅	2022/5/30
28	转发国家发展和改革委员会等部门关于加快推进城镇环境基础设施建设指导意见的通知（国办函〔2022〕7号）	国务院办公厅	2022/2/9
29	关于鼓励和支持社会资本参与生态保护修复的意见（国办发〔2021〕40号）	国务院办公厅	2021/11/10
30	关于同意将α-苯乙酰乙酸甲酯等6种物质列入易制毒化学品品种目录的函（国办函〔2021〕58号）	国务院办公厅	2021/5/28
31	关于印发新能源汽车产业发展规划（2021—2035年）的通知（国办发〔2020〕39号）	国务院办公厅	2020/11/2
32	关于印发“无废城市”建设试点工作方案的通知（国办发〔2018〕128号）	国务院办公厅	2019/1/21
33	关于同意调整完善危险化学品安全生产监管部际联席会议制度的函 （国办函〔2018〕58号）	国务院办公厅	2018/9/4
34	关于进一步做好原料用能不纳入能源消费总量控制有关工作的通知（发改环资〔2022〕803号）	国家发展和改革委员会 国家统计局	2022/10/27

续表

序号	政策名称	发布机构	发布时间
35	《高耗能行业重点领域节能降碳改造升级实施指南（2022年版）》（发改产业〔2022〕200号）	国家发展和改革委员会 工业和信息化部 生态环境部 国家能源局	2022/2/11
36	关于发布《高耗能行业重点领域能效标杆水平和基准水平（2021年版）》的通知（发改产业〔2021〕1609号）	国家发展和改革委员会 工业和信息化部 生态环境部 国家市场监督管理总局 国家能源局	2021/11/15
37	关于印发《"十四五"全国清洁生产推行方案》的通知（发改环资〔2021〕1524号）	国家发展和改革委员会 生态环境部 工业和信息化部 科学技术部 财政部 住房和城乡建设部 交通运输部 农业农村部 商务部 国家市场监督管理总局	2021/10/29
38	关于严格能效约束推动重点领域节能降碳的若干意见附件 2.石化化工重点行业严格能效约束推动节能降碳行动方案（2021—2025 年）（发改产业〔2021〕1464号）	国家发展和改革委员会 工业和信息化部 生态环境部 国家市场监督管理总局 国家能源局	2021/10/18
39	关于印发"十四五"塑料污染治理行动方案的通知（发改环资〔2021〕1298号）	国家发展和改革委员会 生态环境部	2021/9/8
40	关于"十四五"大宗固体废弃物综合利用的指导意见（发改环资〔2021〕381号）	国家发展和改革委员会 科学技术部 工业和信息化部 财政部 自然资源部 生态环境部 住房和城乡建设部 农业农村部 国家市场监督管理总局 国家机关事务管理局	2021/3/18
41	关于推进污水资源化利用的指导意见（发改环资〔2021〕13号）	国家发展和改革委员会 科学技术部 工业和信息化部	2021/1/4

续表

序号	政策名称	发布机构	发布时间
41	关于推进污水资源化利用的指导意见（发改环资〔2021〕13 号）	财政部 自然资源部 生态环境部 住房和城乡建设部 水利部 农业农村部 国家市场监督管理总局	2021/1/4
42	关于印发化学原料药等 6 项行业清洁生产评价指标体系的通知（发改环资规〔2020〕1983 号）	国家发展和改革委员会 生态环境部 工业和信息化部	2020/12/31
43	关于促进石化产业绿色发展的指导意见（发改产业〔2017〕2105 号）	国家发展和改革委员会 工业和信息化部	2017/12/5
44	关于组织开展绿色产业示范基地建设的通知（发改办环资〔2020〕519 号）	国家发展和改革委员会办公厅	2020/7/7
45	关于印发有色金属行业碳达峰实施方案的通知（工信部联原〔2022〕153 号）	工业和信息化部 国家发展和改革委员会 生态环境部	2022/11/15
46	关于印发建材行业碳达峰实施方案的通知（工信部联原〔2022〕149 号）	工业和信息化部 国家发展和改革委员会 生态环境部 住房和城乡建设部	2022/11/7
47	关于印发加快电力装备绿色低碳创新发展行动计划的通知（工信部联重装〔2022〕105 号）	工业和信息化部 财政部 商务部 国务院国有资产监督管理委员会 国家市场监督管理总局	2022/8/29
48	关于印发信息通信行业绿色低碳发展行动计划（2022—2025 年）的通知（工信部联通信〔2022〕103 号）	工业和信息化部 国家发展和改革委员会 财政部 生态环境部 住房和城乡建设部 国务院国有资产监督管理委员会 国家能源局	2022/8/25
49	关于印发工业领域碳达峰实施方案的通知（工信部联节〔2022〕88 号）	工业和信息化部 国家发展和改革委员会 生态环境部	2022/8/1
50	关于印发工业能效提升行动计划的通知（工信部联节〔2022〕76 号）	工业和信息化部 国家发展和改革委员会	2022/6/23

续表

序号	政策名称	发布机构	发布时间
50	关于印发工业能效提升行动计划的通知（工信部联节〔2022〕76 号）	财政部 生态环境部 国务院国有资产监督管理委员会 国家市场监督管理总局	2022/6/23
51	关于印发工业水效提升行动计划的通知（工信部联节〔2022〕72 号）	工业和信息化部 水利部 国家发展和改革委员会 财政部 住房和城乡建设部 国家市场监督管理总局	2022/6/21
52	关于印发工业废水循环利用实施方案的通知（工信部联节〔2021〕213 号）	工业和信息化部 国家发展和改革委员会 科学技术部 生态环境部 住房和城乡建设部 水利部	2021/12/29
53	国家发展和改革委员会 商务部 国家机关事务管理局 中国保险监督管理委员会 国家能源局公告（2021 年第 2 号）	工业和信息化部 国家发展和改革委员会 商务部 国家机关事务管理局 中国保险监督管理委员会 国家能源局	2021/1/27
54	关于印发《京津冀工业节水行动计划》的通知（工信部联节〔2019〕197 号）	工业和信息化部 水利部 科学技术部 财政部	2019/9/17
55	关于加强绿色数据中心建设的指导意见（工信部联节〔2019〕24 号）	工业和信息化部 国家机关事务管理局 国家能源局	2019/2/12
56	关于加快烧结砖瓦行业转型发展的若干意见（工信部联原〔2017〕279 号）	工业和信息化部 环境保护部 国家安全生产监督管理总局	2017/11/23
57	关于加强长江经济带工业绿色发展的指导意见（工信部联节〔2017〕178 号）	工业和信息化部 国家发展和改革委员会 科学技术部 财政部 环境保护部	2017/6/30

续表

序号	政策名称	发布机构	发布时间
58	印发工业水效提升行动计划（工信部联节〔2022〕72号）	工业和信息化部	2022/6/1
59	印发工业能效提升行动计划（工信部联节〔2022〕76号）	工业和信息化部	2022/6/1
60	关于印发加快推动工业资源综合利用实施方案的通知（工信部联原〔2022〕9号）	工业和信息化部	2022/1/1
61	关于印发“十四五”工业绿色发展规划的通知（工信部规〔2021〕178号）	工业和信息化部	2021/12/3
62	限期淘汰产生严重污染环境的工业固体废物的落后生产工艺设备名录（工业和信息化部公告2021年第25号）	工业和信息化部	2021/9/1
63	《国家工业节能技术装备推荐目录（2020）》《“能效之星”产品目录（2020）》《国家绿色数据中心先进适用技术产品目录（2020）》中华人民共和国工业和信息化部公告（2020年第40号）	工业和信息化部	2020/11/5
64	《废旧轮胎综合利用行业规范条件（2020 年本）》《废旧轮胎综合利用行业规范公告管理暂行办法（2020年本）》（工业和信息化部公告2020年第21号）	工业和信息化部	2020/5/7
65	绿色数据中心先进适用技术产品目录（2019年版）工业和信息化部公告（2019年第44号）	工业和信息化部	2019/11/8
66	关于印发《印染行业绿色发展技术指南（2019版）》的通知（工信部消费〔2019〕229号）	工业和信息化部	2019/11/4
67	关于印发《工业节能诊断服务行动计划》的通知（工信部节函〔2019〕101号）	工业和信息化部	2019/5/23
68	关于印发《2019年工业节能监察重点工作计划》的通知（工信部节函〔2019〕77号）	工业和信息化部	2019/4/3
69	公告（2019年第4号）：1.机械行业绿色供应链管理企业评价指标体系；2.汽车行业绿色供应链管理企业评价指标体系；3.电子电器行业绿色供应链管理企业评价指标体系工业和信息化部公告	工业和信息化部	2019/1/17
70	关于印发坚决打好工业和通信业污染防治攻坚战三年行动计划的通知（工信部节〔2018〕136号）	工业和信息化部	2018/7/25
71	关于印发《工业固体废物资源综合利用评价管理暂行办法》和《国家工业固体废物资源综合利用产品目录》的公告（工业和信息化部公告2018年第26号）	工业和信息化部	2018/5/15

续表

序号	政策名称	发布机构	发布时间
72	关于公布工业节能与绿色发展评价中心名单（第二批）的通告（工信部节函〔2017〕590 号）	工业和信息化部	2017/12/29
73	关于印发《高端智能再制造行动计划（2018—2020年）》的通知（工信部节〔2017〕265 号）	工业和信息化部	2017/11/9
74	国家涉重金属重点行业清洁生产先进适用技术推荐目录（公告 2017 年第 45 号）	工业和信息化部	2017/10/1
75	《〈印染行业规范条件（2017 版）〉和〈印染企业规范公告管理暂行办法〉发布》（2017 年第 37 号）	工业和信息化部	2017/9/13
76	工业节能与绿色标准化行动计划（2017—2019 年）（工信部节〔2017〕110 号）	工业和信息化部	2017/5/1
77	关于组织开展 2022 年度国家绿色数据中心推荐工作的通知（工信厅联节函〔2022〕299 号）	工业和信息化部办公厅 国家发展和改革委员会办公厅 商务部办公厅 国家机关事务管理局办公室 中国保险监督管理委员会办公厅 国家能源局综合司	2022/11/16
78	关于开展 2022 年绿色建材下乡活动的通知（工信厅联原〔2022〕7 号）	工业和信息化部办公厅 住房和城乡建设部办公厅 农业农村部办公厅 商务部办公厅 国家市场监督管理总局办公厅 国家乡村振兴局综合司	2022/3/14
79	关于组织开展国家绿色数据中心（2020 年）推荐工作的通知（工信厅联节函〔2020〕183 号）	工业和信息化部办公厅 国家发展和改革委员会办公厅 商务部办公厅 国家机关事务管理局办公室 中国保险监督管理委员会办公厅 国家能源局综合司	2020/8/6
80	关于加快推进工业节能与绿色发展的通知（工信厅联节〔2019〕16 号）	工业和信息化部办公厅 国家开发银行办公厅	2019/3/29
81	关于开展 2022 年工业废水循环利用试点工作的通知（工信厅节函〔2022〕259 号）	工业和信息化部办公厅	2022/10/13
82	关于开展 2022 年工业节能监察工作的通知（工信厅节函〔2022〕192 号）	工业和信息化部办公厅	2022/8/2

续表

序号	政策名称	发布机构	发布时间
83	关于公布2021年度绿色制造名单的通知（工信厅节函〔2022〕7号）	工业和信息化部办公厅	2022/1/21
84	关于印发2021年碳达峰碳中和专项行业标准制修订项目计划的通知（工信厅科函〔2021〕291号）	工业和信息化部办公厅	2021/12/22
85	关于开展2021年度绿色制造名单推荐工作的通知（工信厅节函〔2021〕130号）	工业和信息化部办公厅	2021/5/28
86	关于推荐第四批绿色制造名单的通知（工信厅节函〔2019〕45号）	工业和信息化部办公厅	2019/3/12
87	关于公布第三批绿色制造名单的通知（工信厅节函〔2018〕341号）	工业和信息化部办公厅	2018/11/6
88	关于公布第二批绿色制造名单的通知（工信厅节函〔2018〕60号）	工业和信息化部办公厅	2018/2/23
89	关于推荐2017年第二批绿色制造体系建设示范名单的通知（工信厅节函〔2017〕564号）	工业和信息化部办公厅	2017/10/20
90	关于做好已公告再生资源规范企业事中事后监管的通知（工信厅节函〔2017〕434号）	工业和信息化部	2017/7/1
91	关于实施重型柴油车国六排放标准有关事宜的公告（2021年第14号）	生态环境部 工业和信息化部 海关总署	2021/4/25
92	国家危险废物名录（2021版）（部令 第15号）	生态环境部 国家发展和改革委员会 公安部 交通运输部 国家卫生健康委员会	2020/11/1
93	关于全面禁止进口固体废物有关事项的公告（公告 2020年 第53号）	生态环境部 商务部 国家发展和改革委员会 海关总署	2020/11/1
94	关于印发《"十三五"挥发性有机物污染防治工作方案》的通知（环大气〔2017〕121号）	环境保护部 国家发展和改革委员会 财政部 交通运输部 国家市场监督管理总局 国家能源局	2017/9/13
95	关于印发减污降碳协同增效实施方案的通知（环综合〔2022〕42号）	生态环境部	2022/6/1

续表

序号	政策名称	发布机构	发布时间
96	排污单位自行监测技术指南 稀有稀土金属冶炼等 13 项国家生态环境标准(公告 2022 年第 7 号)	生态环境部	2022/5/1
97	“十四五”环境影响评价与排污许可工作实施方案（环环评〔2022〕26 号）	生态环境部	2022/4/1
98	关于进一步加强重金属污染防控的意见（环固体〔2022〕17 号）	生态环境部	2022/3/1
99	关于开展工业固体废物排污许可管理工作的通知（环办环评〔2021〕26 号）	生态环境部	2021/12/1
100	关于发布碳排放权登记管理规则（试行）碳排放权交易管理规则（试行）和碳排放权结算管理规则(试行)的公告(生态环境部公告 2021 第 21 号)	生态环境部	2021/5/1
101	碳排放权交易管理办法（试行）(生态环境部令第 19 号）	生态环境部	2021/2/1
102	关于加强重污染天气应对夯实应急减排措施的指导意见（环办大气函〔2019〕648 号）	生态环境部	2019/7/1
103	工矿用地土壤环境管理办法(试行)(部令第 3 号)	生态环境部	2018/5/1
104	关于加强涉重金属行业污染防控的意见（环土壤〔2018〕22 号）	生态环境部	2018/4/1
105	排污许可管理办法（试行）(部令 第 48 号）	环境保护部	2018/1/1
106	固定污染源排污许可分类管理名录（2017 年版）	环境保护部	2017/7/1
107	京津冀及周边地区 2017 年大气污染防治工作方案（环大气〔2017〕29 号）	环境保护部	2017/2/1
108	镁、铌、钽、硅质原料、膨润土和芒硝等矿产资源合理开发利用“三率”最低指标要求（试行）(公告 2017 年第 43 号）	国土资源部	2017/12/1
109	阴极铜加工贸易单耗标准（海关总署 国家发展和改革委员会公告 2018 年第 16 号）	海关总署 国家发展和改革委员会	2018/1/1
110	机动车排放召回管理规定（第 40 号）	市场监督管理总局 生态环境部	2021/7/1
111	关于加快推进绿色建材产品认证及生产应用的通知（市监认证〔2020〕89 号）	国家市场监督管理总局办公厅 住房和城乡建设部办公厅 工业和信息化部办公厅	2020/8/3
112	关于调整部分进口矿产品监管方式的公告（公告〔2018〕134 号 ）	海关总署	2018/10/1
113	进口可用作原料的固体废物装运前检验监督管理实施细则（公告〔2018〕48 号 ）	海关总署	2018/5/1

附表 1-5　工业和信息化领域财税金融保障政策

序号	政策名称	发布机构	发布时间
1	关于推进社会信用体系建设高质量发展促进形成新发展格局的意见	中共中央办公厅 国务院办公厅	2022/3/29
2	关于进一步深化税收征管改革的意见	中共中央办公厅 国务院办公厅	2021/3/24
3	国税地税征管体制改革方案	中共中央办公厅 国务院办公厅	2018/7/20
4	关于完善国有金融资本管理的指导意见	中共中央办公厅 国务院办公厅	2018/7/8
5	关于进一步推进省以下财政体制改革工作的指导意见（国办发〔2022〕20 号）	国务院办公厅	2022/6/13
6	关于有效发挥政府性融资担保基金作用切实支持小微企业和“三农”发展的指导意见（国办发〔2019〕6 号）	国务院办公厅	2019/2/14
7	转发证监会关于开展创新企业境内发行股票或存托凭证试点若干意见的通知（国办发〔2018〕21 号）	国务院办公厅	2018/3/30
8	关于印发中央企业公司制改制工作实施方案的通知（国办发〔2017〕69 号）	国务院办公厅	2017/7/26
9	关于规范发展区域性股权市场的通知（国办发〔2017〕11 号）	国务院办公厅	2017/1/26
10	关于进一步深化预算管理制度改革的意见（国发〔2021〕5 号）	国务院	2021/4/13
11	关于进一步提高上市公司质量的意见（国发〔2020〕14 号）	国务院	2020/10/9
12	关于印发实施更大规模减税降费后调整中央与地方收入划分改革推进方案的通知（国发〔2019〕21 号）	国务院	2019/10/9
13	关于印发个人所得税专项附加扣除暂行办法的通知（国发〔2018〕41 号）	国务院	2018/12/22
14	中华人民共和国个人所得税法实施条例（国令第 707 号）	国务院	2018/12/22
15	关于环境保护税收入归属问题的通知（国发〔2017〕56 号）	国务院	2017/12/27
16	关于 2022 年粮食棉花进口关税配额申请和分配细则的公告（2021 年第 7 号）	国家发展和改革委员会	2021/9/26
17	关于 2023 年粮食棉花进口关税配额申请和分配细则的 公告（2022 年第 8 号）	国家发展和改革委员会	2022/10/10

续表

序号	政策名称	发布机构	发布时间
18	关于公布 2021 年度企业债券主承销商和信用评级机构信用评价结果的通知（发改办财金〔2022〕703 号）	国家发展和改革委员会	2022/8/15
19	关于重点开展“征信修复”问题专项治理的通知（发改办财金〔2022〕209 号）	国家发展和改革委员会	2022/3/30
20	关于做好 2022 年享受税收优惠政策的集成电路企业或项目、软件企业清单制定工作有关要求的通知发改高技〔2022〕390 号）	国家发展和改革委员会	2022/3/15
21	关于 2022 年第一批棉花关税配额外优惠关税税率进口配额申请有关事项的公告 （2022 年第 2 号）	国家发展和改革委员会	2022/3/11
22	关于开展 2022 年度企业债券本息兑付风险排查和存续期监管有关工作的通知（发改办财金〔2021〕1035 号）	国家发展和改革委员会	2021/12/31
23	关于 2021 年棉花关税配额外优惠关税税率进口配额申请有关事项的公告 （2021 年第 4 号）	国家发展和改革委员会	2021/4/30
24	关于做好享受税收优惠政策的集成电路企业或项目、软件企业清单制定工作有关要求的通知（发改高技〔2021〕413 号）	国家发展和改革委员会	2021/3/30
25	关于引导加大金融支持力度 促进风电和光伏发电等行业健康有序发展的通知（发改运行〔2021〕266 号）	国家发展和改革委员会	2021/3/12
26	《关于 2018 年棉花关税配额外优惠关税税率进口配额申请有关事项的公告》（2018 年第 7 号）	国家发展和改革委员会	2018/6/12
27	关于延续新能源汽车免征车辆购置税政策的公告	财政部 国家税务总局 工业和信息化部	2022/9/26
28	关于促进集成电路产业和软件产业高质量发展企业所得税政策的公告	财政部 国家税务总局 国家发展和改革委员会 工业和信息化部	2020/12/21
29	关于资源税有关问题执行口径的公告（财政部 国家税务总局公告 2020 年第 34 号）	财政部 国家税务总局	2020/6/28
30	关于完善新能源汽车推广应用补贴政策的通知（财建〔2020〕86 号）	财政部 工业和信息化部 科学技术部 国家发展和改革委员会	2020/4/23
31	关于取消海洋石油（天然气）开采项目免税进口额度管理的通知 （财关税〔2020〕5 号）	财政部 海关总署 国家税务总局	2020/3/20

续表

序号	政策名称	发布机构	发布时间
32	关于取消陆上特定地区石油（天然气）开采项目免税进口额度管理的通知（财关税〔2020〕6 号）	财政部　海关总署 国家税务总局	2020/3/20
33	关于调整部分项目可享受返税政策进口天然气数量的通知（财关税〔2019〕12 号）	财政部 海关总署 国家税务总局	2019/3/21
34	关于对废矿物油再生油品免征消费税的通知（财税〔2013〕105 号）	财政部 国家税务总局	2018/12/7
35	调整天然气进口税收优惠政策有关问题的通知（财关税〔2017〕41 号）	财政部 海关总署 国家税务总局	2018/10/17
36	关于调整享受税收优惠政策天然气进口项目的通知 （财关税〔2018〕35 号）	财政部 海关总署 国家税务总局	2018/10/17
37	关于调整完善新能源汽车推广应用财政补贴政策的通知	财政部 工业和信息化部 科学技术部 国家发展和改革委员会	2018/2/14
38	矿业权出让收益征收管理暂行办法（财综〔2017〕35 号）	财政部 国土资源部	2017/6/1
39	关于印发《油价调控风险准备金征收管理办法》的通知（财税〔2016〕137 号）	财政部 国家发展和改革委员会	2016/12/15
40	财政支持做好碳达峰碳中和工作的意见（财资环〔2022〕53 号）	财政部	2022/5/25
41	关于完善资源综合利用增值税政策的公告（财政部 国家税务总局公告 2021 年第 40 号）	财政部	2021/12/1
42	关于提前下达 2019 年中央对地方成品油价格和税费改革转移支付的通知（财预〔2018〕156 号）	财政部	2018/10/25
43	关于对部分涉企保证金实施缓缴等政策的公告（工业和信息化部 发展和改革委员会 财政部公告 2022 年第 22 号）	工业和信息化部 国家发展和改革委员会 财政部	2022/9/30
44	关于公布享受支持科技创新进口税收政策的国家中小企业公共服务示范平台（技术类）（2019 年批次及 2017 年批次复审合格）名单的通知（工信厅联企业〔2019〕77 号）	工业和信息化部办公厅 财政部办公厅 海关总署办公厅 国家税务总局办公厅	2019/12/18
45	关于公布享受支持科技创新进口税收政策的国家中小企业公共服务示范平台（技术类）（2018 年批次）名单的通知（工信厅联企业〔2018〕64 号）	工业和信息化部办公厅 财政部办公厅 海关总署办公厅 国家税务总局办公厅	2018/9/21

续表

序号	政策名称	发布机构	发布时间
46	工业和信息化部办公厅关于引入政府性融资担保工具支持产业基础能力提升的通知（工信厅规〔2021〕21 号）	工业和信息化部办公厅	2021/2/5
47	工业和信息化部办公厅关于组织开展重大技术装备进口税收政策有关目录修订意见征集工作的通知（工信厅装函〔2018〕62 号）	工业和信息化部办公厅	2018/2/13
48	关于 2020 年第四季度油价调控风险准备金征收标准有关事项的公告（国家税务总局公告 2021 年第 1 号）	国家税务总局	2021/1/25
49	关于公布享受支持科技创新进口税收政策的国家中小企业公共服务示范平台（技术类）（2020 年批次及 2018 年批次复审合格）名单的通知（工信厅联企业函〔2020〕296 号）	工业和信息化部办公厅 财政部办公厅 海关总署办公厅 国家税务总局办公厅	2020/12/28
50	关于同意北京市朝阳区等 51 个城市（区）列为国家产融合作试点城市的通知（工信部联财函〔2020〕340 号）	工业和信息化部 财政部 中国人民银行 中国保险监督管理委员会 中国证券监督管理委员会	2020/12/18
51	关于调整重大技术装备进口税收政策有关目录的通知（工信部联重装〔2021〕198 号）	工业和信息化部 财政部 海关总署 国家税务总局 国家能源局	2021/12/13
52	关于印发重大技术装备进口税收政策管理办法实施细则的通知（工信部联财〔2020〕118 号）	工业和信息化部 财政部 海关总署 国家税务总局 国家能源局	2020/7/29
53	关于推进金融支持县域工业绿色发展工作的通知（工信部联节〔2018〕247 号）	工业和信息化部 中国农业银行	2018/11/28
54	工业和信息化部 财政部 中国人民银行 中国保险监督管理委员会中国证券监督管理委员会关于组织申报第二批产融合作试点城市的通知（工信部联财函〔2020〕161 号）	工业和信息化部 财政部 中国人民银行 中国保险监督管理委员会 中国证券监督管理委员会	2020/7/24
55	关于加强产融合作推动工业绿色发展的指导意见（工信部联财〔2021〕159 号）	工业和信息化部 中国人民银行 中国保险监督管理委员会 中国证券监督管理委员会	2021/11/5

续表

序号	政策名称	发布机构	发布时间
56	关于资源税征收管理若干问题的公告（国家税务总局公告 2020 年第 14 号）	国家税务总局	2020/8/28
57	资源税征收管理规程（公告 2018 年第 13 号）	国家税务总局	2018/3/1
58	关于落实资源税改革优惠政策若干事项的公告（2017 年第 2 号）	国家税务总局	2017/1/1

2. 2017—2022 年行业重点政策

附表 2-1　电子信息行业重点政策

序号	政策名称	签发部门	发布时间
1	“十四五”数字经济发展规划（国发〔2021〕29 号）	国务院	2022/1/12
2	新时期促进集成电路产业和软件产业高质量发展的若干政策（国发〔2020〕8 号）	国务院	2020/8/1
3	新一代人工智能发展规划（国发〔2017〕35 号）	国务院	2017/7/1
4	关于促进消费扩容提质加快形成强大国内市场的实施意见（发改就业〔2020〕293 号）	国家发展和改革委员会 工业和信息化部等 23 个部门	2020/3/1
5	超高清视频产业发展行动计划（2019—2022 年）（工信部联电子〔2019〕56 号）	工业和信息化部 广播电视总局 中央广播电视总台	2019/2/1
6	扩大和升级信息消费三年行动计划（2018—2020 年）（工信部联信软〔2018〕140 号）	工业和信息化部 国家发展和改革委员会	2018/8/1
7	信息产业发展指南（工信部联规〔2016〕453 号）	工业和信息化部 国家发展和改革委员会	2017/1/1
8	智能光伏产业创新发展行动计划（2021—2025 年）（工信部联电子〔2021〕226 号）	工业和信息化部 住房和城乡建设部 交通运输部 农业农村部 国家能源局	2022/1/1
9	“十四五”软件和信息技术服务业发展规划（工信部规〔2021〕180 号）	工业和信息化部	2021/11/1
10	“十四五”大数据产业发展规划（工信部规〔2021〕179 号）	工业和信息化部	2021/11/1
11	“十四五”信息通信行业发展规划（工信部规〔2021〕164 号）	工业和信息化部	2021/11/1
12	基础电子元器件产业发展行动计划（2021—2023 年）（工信部电子〔2021〕5 号）	工业和信息化部	2021/1/1

附表 2-2　汽车行业重点政策

序号	政策名称	签发部门	发布时间
1	2030 年前碳达峰行动方案（国发〔2021〕23 号）	国务院	2021/10/24
2	新能源汽车产业发展规划（2021—2035）（国办发〔2020〕39 号）	国务院	2020/10/20
3	关于加快发展流通促进商业消费的意见（国办发〔2019〕42 号）	国务院办公厅	2019/8/27
4	智能汽车创新发展战略（发改产业〔2020〕202 号）	国家发展和改革委员会 工业和信息化部 科学技术部等 11 部委	2020/2/10
5	进一步优化供给推动消费平稳增长促进形成强大国内市场的实施方案（2019）（发改综合〔2019〕181 号）	国家发展和改革委员会 等 10 部委	2019/1/29
6	汽车产业投资管理规定（第 22 号）	国家发展和改革委员会	2018/12/18
7	财政支持做好碳达峰碳中和工作的意见（财资环〔2022〕53 号）	财政部	2022/5/25
8	关于完善新能源汽车推广应用补贴政策的通知（财建〔2020〕86 号）	财政部 工业和信息化部 科学技术部 国家发展和改革委员会	2020/4/23
9	智能网联汽车道路测试管理规范（试行）（工业和信息化部联通装〔2021〕97 号）	工业和信息化部 公安部 交通运输部	2021/7/27
10	关于在部分地区开展甲醇汽车应用的指导意见（工业和信息化部联节〔2019〕61 号）	工业和信息化部等 8 部委	2019/3/12
11	关于加强智能网联汽车生产企业及产品准入管理的意见（工业和信息化部通装〔2021〕103 号）	工业和信息化部	2021/7/31
12	车联网（智能网联汽车）产业发展行动计划（工业和信息化部科〔2018〕283 号）	工业和信息化部	2018/12/25
13	道路机动车辆生产企业及产品准入管理办法（中华人民共和国工业和信息化部令第 50 号）	工业和信息化部	2018/12/6
14	关于搞活汽车流通 扩大汽车消费措施的通知（商消费发〔2022〕92 号）	商务部等 17 个部门	2022/7/5
15	家用汽车产品修理更换退货责任规定（总局令第 43 号）	交通运输部 国家发展和改革委员会 等多部门	2021/7/22
16	关于促进道路交通自动驾驶技术发展和应用的指导意见（交科技发〔2020〕124 号）	交通运输部	2020/12/10

续表

序号	政策名称	签发部门	发布时间
17	关于实施重型柴油车国六排放标准有关事宜的公告（2021 年第 14 号）	生态环境部 工业和信息化部 海关总署	2021/4/25
18	机动车排放召回管理规定（第 40 号）	国家市场监督管理总局 生态环境部	2021/7/1

附表 2-3　机械行业重点政策

序号	政策名称	签发部门	发布时间
1	国务院关于印发 2030 年前碳达峰行动方案的通知（国发〔2021〕23 号）	国务院	2021/10/24
2	国务院关于加快推进农业机械化和农机装备产业转型升级的指导意见（国发〔2018〕42 号）	国务院	2018/12/29
3	国务院关于深化“互联网+先进制造业”发展工业互联网的指导意见	国务院	2017/11/27
4	国务院办公厅转发国家发展和改革委员会 国家能源局关于促进新时代新能源高质量发展实施方案的通知（国办函〔2022〕39 号）	国务院办公厅	2022/5/14
5	关于印发新能源汽车产业发展规划（2021—2035年）的通知（国办发〔2020〕39 号）	国务院办公厅	2020/10/20
6	发改委 公司部关于振作工业经济运行 推动工业高质量发展的实施方案的通知（发改产业〔2021〕1780 号）	国家发展和改革委员会 工业和信息化部	2021/12/8
7	国家发展和改革委员会 国家能源局关于加快推动新型储能发展的指导意见（发改能源规〔2021〕1051 号）	国家发展和改革委员会 国家能源局	2021/7/15
8	关于化纤工业高质量发展的指导意见（工信部联消费〔2022〕43 号）	工业和信息化部 国家发展和改革委员会	2022/4/12
9	五部门关于推动轻工业高质量发展的指导意见（工信部联消费〔2022〕68 号）	工业和信息化部等	2022/6/8
10	六部门联合印发关于“十四五”推动石化化工行业高质量发展的指导意见（工信部联原〔2022〕34 号）	工业和信息化部等	2022/3/28
11	十部门关于促进制造业有序转移的指导意见（工信部联政法〔2021〕215 号）	工业和信息化部等	2021/12/25
12	十五部门关于印发“十四五”机器人产业发展规划的通知（工信部联规〔2021〕206 号）	工业和信息化部等	2021/12/21

续表

序号	政策名称	签发部门	发布时间
13	八部门关于印发“十四五”智能制造发展规划的通知（工信部联规〔2021〕207 号）	工业和信息化部等	2021/12/21
14	关于工业大数据发展的指导意见（工信部信发〔2020〕67 号）	工业和信息化部	2020/4/28
15	六部门关于加快培育发展制造业优质企业的指导意见（工信部联政法〔2021〕70 号）	工业和信息化部等	2021/6/1
16	三部门关于促进光伏产业链供应链协同发展的通知（工信厅联电子函〔2022〕205 号）	工业和信息化部办公厅	2022/8/17
17	加强“从 0 到 1”基础研究工作方案（国科发基〔2020〕46 号）	科学技术部等	2020/1/21
18	农业农村部关于印发“十四五”全国农业机械化发展规划的通知（农机发〔2021〕2 号）	农业农村部	2021/12/27

附表 2–4　有色金属工业重点政策

序号	文件名称	发布单位	发布时间
1	关于全面加强生态环境保护　坚决打好污染防治攻坚战的意见	中共中央 国务院	2018/6/1
2	国务院印发“十四五”节能减排综合工作方案（国发〔2021〕33 号）	国务院	2022/1/1
3	关于印发“十四五”节能减排综合工作方案的通知（国发〔2021〕33 号）	国务院	2021/12/28
4	关于加快建立健全绿色低碳循环发展经济体系的指导意见（国发〔2021〕4 号）	国务院	2021/2/2
5	打赢蓝天保卫战三年行动计划（国发〔2018〕22 号）	国务院	2018/6/1
6	禁止洋垃圾入境推进固体废物进口管理制度改革实施方案（国办发〔2017〕70 号）	国务院	2017/7/1
7	中西部地区外商投资优势产业目录（2017 年修订）	国家发展和改革委员会 商务部	2017/2/1
8	高耗能行业重点领域节能降碳改造升级实施指南（2022 年版）（发改产业〔2022〕200 号）	国家发展和改革委员会	2022/2/1
9	关于振作工业经济运行　推动工业高质量发展的实施方案的通知（发改产业〔2021〕1780 号）	国家发展和改革委员会	2021/12/1
10	关于发布高耗能行业重点领域能效标杆水平和基准水平（2021 年版）的通知（发改产业〔2021〕1609 号）	国家发展和改革委员会	2021/11/1

续表

序号	文件名称	发布单位	发布时间
11	关于严格能效约束推动重点领域节能降碳的若干意见（发改产业〔2021〕1464号）	国家发展和改革委员会	2021/10/1
12	关于印发2030年前碳达峰行动方案的通知（国发〔2021〕23号）	国家发展和改革委员会	2021/10/1
13	关于印发完善能源消费强度和总量双控制度方案的通知（发改环资〔2021〕1310号）	国家发展和改革委员会	2021/9/1
14	关于完善电解铝行业阶梯电价政策的通知（发改价格〔2021〕1239号）	国家发展和改革委员会	2021/8/1
15	国家发展和改革委员会关于阶段性降低企业用电成本支持企业复工复产的通知（发改价格〔2020〕258号）	国家发展和改革委员会	2020/2/1
16	产业结构调整指导目录（2019年本）（2019年第29号令）	国家发展和改革委员会	2019/10/30
17	绿色产业指导目录（2019）（发改环资〔2019〕293号）	国家发展和改革委员会	2019/2/1
18	市场准入负面清单（2018年版）（发改经体〔2018〕1892号）	国家发展和改革委员会	2018/12/1
19	国家重点节能低碳技术推广目录（2017年本，节能部分）（公告2018年第3号）	国家发展和改革委员会	2018/3/1
20	增强制造业核心竞争力三年行动计划（2018—2020年）的通知（发改产业〔2017〕2000号）	国家发展和改革委员会	2017/11/1
21	关于印发清理整顿电解铝行业违法违规项目行动工作方案的通知（发改委办〔2017〕656号）	国家发展和改革委员会	2017/4/1
22	战略性新兴产业重点产品和服务指导目录（2016版）（国家发改委2017年第1号公告）	国家发展和改革委员会	2017/1/25
23	西部大开发“十三五”规划（发改西部〔2017〕89号）	国家发展和改革委员会	2017/1/1
24	关于完善资源综合利用增值税政策的公告（财政部 国家税务总局公告2021年第40号）	财政部	2021/12/1
25	矿业权出让收益征收管理暂行办法（财综〔2017〕35号）	财政部 国土资源部	2017/6/1
26	原材料工业质量提升三年行动方案（2018—2020年）（工信部联科〔2018〕198号）	工业和信息化部 科学技术部 商务部 国家市场监督管理总局	2018/10/16
27	国家新材料产业资源共享平台建设方案（工信部联原〔2018〕78号）	工业和信息化部 财政部	2018/4/1

续表

序号	文件名称	发布单位	发布时间
28	增材制造产业发展行动计划（2017—2020 年）（工信部联装〔2017〕311 号）	工业和信息化部 国家发展和改革委员会 等 12 部门	2017/11/1
29	关于加强长江经济带工业绿色发展的指导意见（工信部联节〔2017〕178 号）	工业和信息化部 国家发展和改革委员会 科学技术部 财政部 环境保护部	2017/6/1
30	关于开展重点新材料首批次应用保险补偿机制试点工作的通知（工信部联原〔2017〕222 号）	工业和信息化部 财政部 中国保险监督管理委员会	2017/9/1
31	工信部等四部门关于印发原材料工业“三品”实施方案的通知（工信厅联原〔2022〕24 号）	工业和信息化部	2022/9/1
32	工业和信息化部等三部门印发工业领域碳达峰实施方案（工信部联节〔2022〕88 号）	工业和信息化部	2022/8/1
33	工业和信息化部等六部门印发工业水效提升行动计划（工信部联节〔2022〕72 号）	工业和信息化部	2022/6/1
34	工业和信息化部等六部门印发工业能效提升行动计划（工信部联节〔2022〕76 号）	工业和信息化部	2022/6/1
35	关于印发加快推动工业资源综合利用实施方案的通知（工信部联原〔2022〕9 号）	工业和信息化部	2022/1/1
36	关于下达 2022 年第一批稀土开采、冶炼分离总量控制指标的通知（工信部联节〔2022〕10 号）	工业和信息化部	2022/1/1
37	关于发布重点新材料首批次应用示范指导目录（2021 年版）的通告（工信部原函〔2021〕384 号）	工业和信息化部	2021/12/1
38	关于印发“十四五”原材料工业发展规划的通知（工信部联规〔2021〕212 号）	工业和信息化部	2021/12/21
39	关于印发“十四五”工业绿色发展规划的通知（工信部规〔2021〕178 号）	工业和信息化部	2021/11/1
40	限期淘汰产生严重污染环境的工业固体废物的落后生产工艺设备名录（工业和信息化部公告 2021 年第 25 号）	工业和信息化部	2021/9/1
41	铝行业规范条件（公告 2020 第 6 号）	工业和信息化部	2020/2/1
42	铅锌行业规范条件（公告 2020 第 7 号）	工业和信息化部	2020/2/1
43	镁行业规范条件（公告 2020 第 8 号）	工业和信息化部	2020/2/1
44	关于印发重点新材料首批次应用示范指导目录（2019 年版）的通告（工信部原〔2019〕254 号）	工业和信息化部	2019/11/1
45	产业发展与转移指导目录（2018 年本）	工业和信息化部	2018/12/1

续表

序号	文件名称	发布单位	发布时间
46	关于持续加强稀土行业秩序整顿的通知（工信部联原〔2018〕265号）	工业和信息化部	2018/12/1
47	关于开展2018年度重点新材料首批次应用保险补偿机制试点工作的通知（工信厅联原函〔2018〕423号）	工业和信息化部	2018/12/1
48	重点新材料首批次应用示范指导目录（2018年版）的通告（工信部原〔2018〕262号）	工业和信息化部	2018/12/1
49	关于建立稀土矿山、冶炼分离企业定期公示制度的通知（工信厅原〔2018〕62号）	工业和信息化部	2018/9/1
50	工业固体废物资源综合利用评价管理暂行办法和国家工业固体废物资源综合利用产品目录（公告26号）	工业和信息化部	2018/5/1
51	国家涉重金属重点行业清洁生产先进适用技术推荐目录（公告2017年第45号）	工业和信息化部	2017/10/1
52	工业和信息化部办公厅关于企业集团内部电解铝产能跨省置换工作的通知（工信厅原〔2017〕101号）	工业和信息化部	2017/9/1
53	工业和信息化部办公厅关于做好已公告再生资源规范企业事中事后监管的通知（工信厅节函〔2017〕434号）	工业和信息化部	2017/7/1
54	工业节能与绿色标准化行动计划（2017—2019年）（工信部节〔2017〕110号）	工业和信息化部	2017/5/1
55	十六部门关于利用综合标准依法依规推动落后产能退出的指导意见（工信部联产业〔2017〕30号）	工业和信息化部	2017/2/1
56	关于取消加工贸易企业经营状况及生产能力证明的公告（公告2018年第109号）	商务部	2018/12/1
57	进一步规范稀土矿钨矿矿业权审批管理的通知（自然资规〔2018〕16号）	自然资源部	2018/12/1
58	关于调整矿业权交易规则有关规定的通知（自然资发〔2018〕175号）	自然资源部	2018/12
59	镁、铌、钽、硅质原料、膨润土和芒硝等矿产资源合理开发利用“三率”最低指标要求（试行）（公告2017年第43号）	国土资源部	2017/12/1
60	国家危险废物名录（2021年版）（部令 第15号）	生态环境部 国家发展和改革委员会 公安部 交通运输部 国家卫生健康委员会	2020/11/1

续表

序号	文件名称	发布单位	发布时间
61	关于全面禁止进口固体废物有关事项的公告（公告 2020 年 第 53 号）	生态环境部 商务部 国家发展和改革委员会 海关总署	2020/11/1
62	关于规范再生黄铜原料、再生铜原料和再生铸造铝合金原料进口管理有关事项的公告（公告 2020 年第 43 号）	生态环境部 海关总署 商务部 工业和信息化部	2020/10/1
63	关于印发减污降碳协同增效实施方案的通知（环综合〔2022〕42 号）	生态环境部	2022/6/1
64	生态环境部发布排污单位自行监测技术指南 稀有稀土金属冶炼等 13 项国家生态环境标准（公告 2022 年第 7 号）	生态环境部	2022/5/1
65	“十四五”环境影响评价与排污许可工作实施方案（环环评〔2022〕26 号）	生态环境部	2022/4/1
66	关于进一步加强重金属污染防控的意见（环固体〔2022〕17 号）	生态环境部	2022/3/1
67	关于开展工业固体废物排污许可管理工作的通知（环办环评〔2021〕26 号）	生态环境部	2021/12/1
68	关于发布碳排放权登记管理规则（试行）碳排放权交易管理规则（试行）和碳排放权结算管理规则（试行）的公告（生态环境部公告 2021 第 21 号）	生态环境部	2021/5/1
69	碳排放权交易管理办法（试行）（生态环境部令第 19 号）	生态环境部	2021/2/1
70	关于加强重污染天气应对夯实应急减排措施的指导意见（环办大气函〔2019〕648 号）	生态环境部	2019/7/1
71	工矿用地土壤环境管理办法（试行）（部令 第 3 号）	生态环境部	2018/5/1
72	关于加强涉重金属行业污染防控的意见（环土壤〔2018〕22 号）	生态环境部	2018/4/1
73	排污许可管理办法（试行）（部令 第 48 号）	环境保护部	2018/1/1
74	固定污染源排污许可分类管理名录（2017 年版）	环境保护部	2017/7/1
75	京津冀及周边地区 2017 年大气污染防治工作方案（环大气〔2017〕29 号）	环境保护部	2017/2/1
76	关于调整部分进口矿产品监管方式的公告（公告〔2018〕134 号）	海关总署	2018/10/1

续表

序号	文件名称	发布单位	发布时间
77	关于加工贸易监管有关事宜的公告（公告〔2018〕104 号）	海关总署	2018/8/1
78	进口可用作原料的固体废物装运前检验监督管理实施细则（公告〔2018〕48 号）	海关总署	2018/5/1
79	阴极铜加工贸易单耗标准（海关总署 国家发展和改革委员会公告 2018 年第 16 号）	海关总署 国家发展和改革委员会	2018/1/1
80	资源税征收管理规程（公告 2018 年第 13 号）	国家税务总局	2018/3/1
81	关于落实资源税改革优惠政策若干事项的公告（2017 年第 2 号）	国家税务总局	2017/1/1
82	新材料标准领航行动计划（2018—2020 年）（国质检标联〔2018〕77 号）	国家市场监督管理总局 工业和信息化部 科学技术部 国家发展和改革委员会 国家国防科技工业局 中国科学院 中国工程院 国家认证认可监督管理委员会 国家标准化管理委员会	2018/3/1

附表 2-5　建筑材料行业重点政策

序号	政策名称	签发部门	发布时间
1	高耗能行业重点领域能效标杆水平和基准水平（2021 年版）（发改产业〔2021〕1609 号）	国家发展和改革委员会 工业和信息化部 生态环境部 国家市场监督管理总局 国家能源局	2021/11/15
2	关于严格能效约束推动重点领域节能降碳的若干意见（发改产业〔2021〕1464 号）	国家发展和改革委员会 工业和信息化部 生态环境部 国家市场监督管理总局 国家能源局	2021/10/18
3	高耗能行业重点领域节能降碳改造升级实施指南（2022 年版）》（发改产业〔2022〕200 号）	国家发展和改革委员会 工业和信息化部 生态环境部 国家能源局	2022/2/11
4	产业结构调整指导目录（2019 年本）	国家发展和改革委员会办公厅	2019/10/30

续表

序号	政策名称	签发部门	发布时间
5	《“十四五”原材料工业发展规划》（工信部联规〔2021〕212 号）	工业和信息化部 科学技术部 自然资源部	2021/12/29
6	三部门关于加快烧结砖瓦行业转型发展的若干意见（工信部联原〔2017〕279 号）	工业和信息化部 环境保护部 国家安全监管总局	2017/11/23
7	关于印发水泥玻璃行业产能置换实施办法的通知（工信部原〔2021〕80 号）	工业和信息化部	2021/7/20
8	中华人民共和国工业和信息化部《产业发展与转移指导目录（2018 年本）》公告（2018 年第 66 号）	工业和信息化部	2018/12/29
9	关于印发钢铁水泥玻璃行业产能置换实施办法的通知（工信部原〔2017〕337 号）	工业和信息化部	2018/1/8
10	关于提升水泥质量保障能力的通知（工信部原〔2017〕290 号）	工业和信息化部	2017/12/1
11	两部门关于加快推进工业节能与绿色发展的通知（工信厅联节〔2019〕16 号）	工业和信息化部办公厅 国家开发银行办公厅	2019/3/29
12	工业和信息化部办公厅 中国保险监督管理委员会办公厅关于开展 2018 年度重点新材料首批次应用保险补偿机制试点工作的通知（工信厅联原函〔2018〕423 号）	工业和信息化部办公厅 中国保险监督管理委员会办公厅	2018/12/28
13	关于“2+26”城市部分工业行业 2017—2018 年秋冬开展错峰生产的通知（工信厅联原函〔2017〕602 号）	工业和信息化部办公厅 环境保护部办公厅	2017/11/1
14	关于印发《建材工业智能制造数字转型行动计划（2021—2023）》的通知（工信厅原〔2020〕39 号）	工业和信息化部办公厅	2020/9/16
15	关于加快推进绿色建材产品认证及生产应用的通知（市监认证〔2020〕89 号）	国家市场监督管理总局办公厅 住房和城乡建设部办公厅 工业和信息化部办公厅	2020/8/3

附表 2-6　石油和化工行业重点政策

序号	政策名称	签发部门	发布时间
1	《关于加快建设世界一流企业的指导意见》《推进普惠金融高质量发展的实施意见》《关于加强基础学科人才培养的意见》《关于推进国有企业打造原创技术策源地的指导意见》	中央全面深化改革委员会	2022/2/28
2	关于加快建设全国统一大市场的意见	中共中央 国务院	2022/3/25

续表

序号	政策名称	签发部门	发布时间
3	关于完整准确全面贯彻新发展理念做好碳达峰碳中和工作的意见 （中发〔2021〕36号）	中共中央 国务院	2021/9/22
4	关于构建更加完善的要素市场化配置体制机制的意见 （中发〔2020〕9号）	中共中央 国务院	2020/3/30
5	关于营造更好发展环境支持民营企业改革发展的意见	中共中央 国务院	2019/12/4
6	关于深化石油天然气体制改革的若干意见（中发〔2017〕15号）	中共中央 国务院	2017/5/21
7	新时期产业工人队伍建设改革方案（中发〔2017〕14号）	中共中央 国务院	2017/6/19
8	关于全面加强危险化学品安全生产工作的意见	中共中央办公厅 国务院办公厅	2020/2/26
9	关于促进中小企业健康发展的指导意见（中办发〔2019〕24号）	中共中央办公厅 国务院办公厅	2019/4/7
10	关于建立资源环境承载能力监测预警长效机制的若干意见	中共中央办公厅 国务院办公厅	2017/9/20
11	关于支持山东深化新旧动能转换推动绿色低碳高质量发展的意见（国发〔2022〕18号）	国务院	2022/8/25
12	关于印发扎实稳住经济一揽子政策措施的通知（国发〔2022〕12号）	国务院	2022/5/24
13	关于印发“十四五”节能减排综合工作方案的通知（国发〔2021〕33号）	国务院	2021/12/28
14	关于印发2030年前碳达峰行动方案的通知（国发〔2021〕23号）	国务院	2021/10/24
15	关于加快建立健全绿色低碳循环发展经济体系的指导意见（国发〔2021〕4号）	国务院	2021/2/2
16	优化营商环境条例（国令第722号）	国务院	2019/10/22
17	生产安全事故应急条例（国令第708号）	国务院	2019/2/17
18	关于进一步压减工业产品生产许可证管理目录和简化审批程序的决定（国发〔2018〕33号）	国务院	2018/9/23
19	关于促进天然气协调稳定发展的若干意见 （国发〔2018〕31号）	国务院	2018/9/5
20	关于深化“互联网+先进制造业”发展工业互联网的指导意见（ 国发〔2017〕50号）	国务院	2017/11/27

续表

序号	政策名称	签发部门	发布时间
49	关于印发《“十四五”全国清洁生产推行方案》的通知（发改环资〔2021〕1524 号）	财政部 住房和城乡建设部 交通运输部 农业农村部 商务部 国家市场监督管理总局	2021/10/29
50	关于严格能效约束推动重点领域节能降碳的若干意见（发改产业〔2021〕1464 号）附件 2.石化化工重点行业严格能效约束推动节能降碳行动方案（2021—2025 年）	国家发展和改革委员会 工业和信息化部 生态环境部 国家市场监督管理总局 国家能源局	2021/10/18
51	关于做好今后一段时间国内化肥保供稳价工作的通知（发改经贸〔2021〕1351 号）	国家发展和改革委员会 工业和信息化部 财政部 生态环境部 交通运输部 农业农村部 商务部 国务院国有资产监督管理委员会 海关总署 国家市场监督管理总局 国家能源局 中华全国供销合作社 中国国家铁路集团有限公司	2021/9/22
52	关于印发“十四五”塑料污染治理行动方案的通知（发改环资〔2021〕1298 号）	国家发展和改革委员会 生态环境部	2021/9/8
53	关于“十四五”大宗固体废弃物综合利用的指导意见（发改环资〔2021〕381 号）	国家发展和改革委员会 科学技术部 工业和信息化部 财政部 自然资源部 生态环境部 住房和城乡建设部 农业农村部 国家市场监督管理总局 国家机关事务管理局	2021/3/18
54	关于做好 2021 年春耕化肥生产供应和价格稳定工作的通知（发改电〔2021〕64 号）	国家发展和改革委员会 工业和信息化部 公安部 财政部 人力资源和社会保障部 交通运输部 农业农村部 海关总署 国家市场监督管理总局 国家能源局 中华全国供销合作社 中国国家铁路集团有限公司	2021/2/7

续表

序号	政策名称	签发部门	发布时间
55	关于推进污水资源化利用的指导意见（发改环资〔2021〕13号）	国家发展和改革委员会 科学技术部 工业和信息化部 财政部 自然资源部 生态环境部 住房和城乡建设部 水利部 农业农村部 国家市场监督管理总局	2021/1/4
56	关于印发化学原料药等 6 项行业清洁生产评价指标体系的通知（发改环资规〔2020〕1983号）	国家发展和改革委员会 生态环境部 工业和信息化部	2020/12/31
57	关于印发《国家化肥商业储备管理办法》的通知（发改经贸规〔2020〕1251号）	国家发展和改革委员会 财政部	2020/7/31
58	关于做好 2020 年能源安全保障工作的指导意见（发改运行〔2020〕900号）	国家发展和改革委员会 国家能源局	2020/6/12
59	关于加快推进天然气储备能力建设的实施意见（发改价格〔2020〕567号）	国家发展和改革委员会 财政部 自然资源部 住房和城乡建设部 国家能源局	2020/4/10
60	关于新冠肺炎疫情防控下做好 2020 年春耕化肥生产供应工作的通知（发改电〔2020〕394号）	国家发展和改革委员会 工业和信息化部 公安部 财政部 人力资源和社会保障部 交通运输部 农业农村部 商务部 国家卫生健康委员会 中国人民银行 海关总署 国家市场监督管理总局 国家能源局 中华全国供销合作社 中国国家铁路集团有限公司 中国农业发展银行	2020/2/17
61	关于进一步推进产业转型升级示范区建设的通知（发改振兴〔2019〕1405号）	国家发展和改革委员会 科学技术部 工业和信息化部 自然资源部 国家开发银行	2019/8/26
62	关于印发《油气管网设施公平开放监管办法》的通知（发改能源规〔2019〕916号）	国家发展和改革委员会 国家能源局 住房和城乡建设部 国家市场监督管理总局	2019/5/24

续表

序号	政策名称	签发部门	发布时间
63	印发《关于加快储气设施建设和完善储气调峰辅助服务市场机制的意见》的通知（发改能源规〔2018〕637 号）	国家发展和改革委员会 国家能源局	2018/4/26
64	关于促进石化产业绿色发展的指导意见（发改产业〔2017〕2105 号）	国家发展和改革委员会 工业和信息化部	2017/12/5
65	关于印发《中长期油气管网规划》的通知（发改基础〔2017〕965 号）	国家发展和改革委员会 国家能源局	2017/5/19
66	关于完善进口液化天然气接收站气化服务定价机制的指导意见（发改价格〔2022〕768 号）	国家发展和改革委员会	2022/5/20
67	关于修改《产业结构调整指导目录（2019 年本）》的决定（国家发展和改革委员会令第 49 号）	国家发展和改革委员会	2021/12/30
68	关于印发《完善能源消费强度和总量双控制度方案》的通知（发改环资〔2021〕1310 号）	国家发展和改革委员会	2021/9/11
69	关于缓释肥料等执行农用化肥铁路优惠运价政策的通知（发改价格〔2021〕1285 号）	国家发展和改革委员会	2021/9/3
70	关于印发《天然气管道运输价格管理办法（暂行）》和《天然气管道运输定价成本监审办法（暂行）》的通知（发改价格规〔2021〕818 号）	国家发展和改革委员会	2021/6/7
71	关于降低非居民用天然气基准门站价格的通知（发改价格规〔2017〕1582 号）	国家发展和改革委员会	2017/8/29
72	关于建立化肥生产协调保障工作专班 稳定今冬明春化肥生产的通知（发改办经贸〔2021〕950 号）	国家发展和改革委员会办公厅 工业和信息化部办公厅 生态环境部办公厅 交通运输部办公厅 中国国家铁路集团有限公司办公厅	2021/12/1
73	关于做好化肥生产用煤用电用气保障工作的通知（发改办运行〔2021〕892 号）	国家发展和改革委员会办公厅	2021/11/17
74	关于组织开展绿色产业示范基地建设的通知（发改办环资〔2020〕519 号）	国家发展和改革委员会办公厅	2020/7/7
75	关于取消海洋石油（天然气）开采项目免税进口额度管理的通知（财关税〔2020〕5 号）	财政部 海关总署 国家税务总局	2020/3/20
76	关于取消陆上特定地区石油（天然气）开采项目免税进口额度管理的通知（财关税〔2020〕6 号）	财政部 海关总署 国家税务总局	2020/3/20
77	关于资源税有关问题执行口径的公告（财政部 国家税务总局公告 2020 年第 34 号）	财政部 国家税务总局	2020/6/28

续表

序号	政策名称	签发部门	发布时间
78	关于调整部分项目可享受返税政策进口天然气数量的通知（财关税〔2019〕12 号）	财政部 海关总署 国家税务总局	2019/3/21
79	关于对废矿物油再生油品免征消费税的通知（财税〔2013〕105 号）	财政部 国家税务总局	2018/12/7
80	调整天然气进口税收优惠政策有关问题的通知（财关税〔2017〕41 号）	财政部 海关总署 国家税务总局	2018/10/17
81	关于调整享受税收优惠政策天然气进口项目的通知（财关税〔2018〕35 号）	财政部 海关总署 国家税务总局	2018/10/17
82	关于印发《油价调控风险准备金征收管理办法》的通知（财税〔2016〕137 号）	财政部 国家发展和改革委员会	2016/12/15
83	关于提前下达 2019 年中央对地方成品油价格和税费改革转移支付的通知（财预〔2018〕156 号）	财政部	2018/10/25
84	关于印发工业领域碳达峰实施方案的通知（工信部联节〔2022〕88 号）	工业和信息化部 国家发展和改革委员会 生态环境部	2022/7/7
85	关于印发工业能效提升行动计划的通知（工信部联节〔2022〕76 号）	工业和信息化部 国家发展和改革委员会 财政部 生态环境部 国务院国有资产监督管理委员会 国家市场监督管理总局	2022/6/23
86	关于印发工业水效提升行动计划的通知（工信部联节〔2022〕72 号）	工业和信息化部 水利部 国家发展和改革委员会 财政部 住房和城乡建设部 国家市场监督管理总局	2022/6/20
87	关于“十四五”推动石化化工行业高质量发展的指导意见（工信部联原〔2022〕34 号）	工业和信息化部 国家发展和改革委员会 科学技术部 生态环境部 应急管理部 国家能源局	2022/3/28
88	关于印发加快推动工业资源综合利用实施方案的通知（工信部联节〔2022〕9 号）	工业和信息化部 国家发展和改革委员会 科学技术部 财政部 自然资源部 生态环境部 商务部 国家税务总局	2022/1/27

续表

序号	政策名称	签发部门	发布时间
89	关于印发《化工园区建设标准和认定管理办法（试行）》的通知（工信部联原〔2021〕220 号）	工业和信息化部 自然资源部　生态环境部 住房和城乡建设部 交通运输部　应急管理部	2021/12/28
90	关于印发工业废水循环利用实施方案的通知（工信部联节〔2021〕213 号）	工业和信息化部 国家发展和改革委员会 科学技术部　生态环境部 住房和城乡建设部　水利部	2021/12/29
91	关于印发“十四五”原材料工业发展规划的通知（工信部联规〔2021〕212 号）	工业和信息化部 科学技术部　自然资源部	2021/12/21
92	关于印发“十四五”智能制造发展规划的通知（工信部联规〔2021〕207 号）	工业和信息化部 国家发展和改革委员会 教育部　科学技术部　财政部 人力资源和社会保障部 国家市场监督管理总局 国务院国有资产监督管理委员会	2021/12/21
93	关于印发《“工业互联网+安全生产”行动计划（2021—2023 年）》的通知（工信部联信发〔2020〕157 号）	工业和信息化部 应急管理部	2020/10/10
94	关于在部分地区开展甲醇汽车应用的指导意见（工信部联节〔2019〕61 号）	工业和信息化部 国家发展和改革委员会 科学技术部　公安部 生态环境部　交通运输部 国家卫生健康委员会 国家市场监督管理总局	2019/3/12
95	关于印发《促进大中小企业融通发展三年行动计划》的通知（工信部联企业〔2018〕248 号）	工业和信息化部 国家发展和改革委员会 财政部　国务院国有资产监督管理委员会	2018/11/21
96	关于印发《原材料工业质量提升三年行动方案（2018—2020 年）》的通知（工信部联科〔2018〕198 号）	工业和信息化部　科学技术部 商务部 国家市场监督管理总局	2018/10/16
97	关于深入推进信息化和工业化融合管理体系的指导意见（工信部联信软〔2017〕155 号）	工业和信息化部 国务院国有资产监督管理委员会　国家标准化管理委员会	2017/7/7

续表

序号	政策名称	签发部门	发布时间
98	关于加强长江经济带工业绿色发展的指导意见（工信部联节〔2017〕178号）	工业和信息化部 国家发展和改革委员会 科学技术部　财政部 环境保护部	2017/6/30
99	关于发布《重点新材料首批次应用示范指导目录（2021年版）》的通告 （工信部原函〔2021〕384号）	工业和信息化部	2021/12/31
100	关于印发《“十四五”工业绿色发展规划》的通知（工信部规〔2021〕178号）	工业和信息化部	2021/12/3
101	关于进一步加强工业行业安全生产管理的指导意见（工信部安全〔2020〕83号）	工业和信息化部	2020/6/9
102	各类监控化学品名录 （工业和信息化部令第 52号）	工业和信息化部	2020/6/3
103	《废旧轮胎综合利用行业规范条件（2020年本）》《废旧轮胎综合利用行业规范公告管理暂行办法（2020年本）》（工业和信息化部公告2020年第21号）	工业和信息化部	2020/5/7
104	关于工业大数据发展的指导意见（工信部信发〔2020〕67号）	工业和信息化部	2020/4/28
105	关于有序推动工业通信业企业复工复产的指导意见 （工信部政法〔2020〕29号）	工业和信息化部	2020/2/24
106	关于原材料工业行业规范（准入）条件管理相关文件废止的公告（磷铵、合成氨、电石、轮胎等26个行业规范准入条件废止）（工业和信息化部公告2019年第50号）	工业和信息化部	2019/11/15
107	关于加快培育共享制造新模式新业态 促进制造业高质量发展的指导意见（工信部产业〔2019〕226号）	工业和信息化部	2019/10/29
108	关于促进制造业产品和服务质量提升的实施意见（工信部科〔2019〕188号）	工业和信息化部	2019/8/29
109	原材料工业行业规范（准入）条件管理相关废止文件公告（黄磷、氟化氢等33个行业规范准入条件废止）（工业和信息化部公告2019年第30号）	工业和信息化部	2019/8/14
110	关于印发《重点新材料首批次应用示范指导目录（2018年版）》的通告（工信部原〔2018〕262号）	工业和信息化部	2018/12/26
111	《产业发展与转移指导目录（2018年本）》公告（工业和信息化部公告2018年第66号）	工业和信息化部	2018/12/20

续表

序号	政策名称	签发部门	发布时间
112	关于印发《坚决打好工业和通信业污染防治攻坚战三年行动计划》的通知（工信部节〔2018〕136 号）	工业和信息化部	2018/7/23
113	《中华人民共和国监控化学品管理条例》实施细则（工业和信息化部令第 48 号）	工业和信息化部	2018/7/2
114	关于印发《工业固体废物资源综合利用评价管理暂行办法》和《国家工业固体废物资源综合利用产品目录》的公告（工业和信息化部公告 2018 年第 26 号）	工业和信息化部	2018/5/15
115	关于印发《制造业“双创”平台培育三年行动计划》的通知 （工信部信软〔2017〕194 号）	工业和信息化部	2017/8/1
116	关于印发原材料工业“三品”实施方案的通知（工信厅联原〔2022〕24 号）	工业和信息化部办公厅 国务院国有资产监督管理委员会办公厅 国家市场监督管理总局办公厅 知识产权局办公室	2022/8/17
117	关于开展产业链固链行动 推动产业链协同复工复产的通知（工信厅政法函〔2020〕54 号）	工业和信息化部办公厅	2020/3/23
118	关于印发“5G+工业互联网”512 工程推进方案的通知（工信厅信管〔2019〕78 号）	工业和信息化部办公厅	2019/11/19
119	关于开展专精特新“小巨人”企业培育工作的通知（工信厅企业函〔2018〕381 号）	工业和信息化部办公厅	2018/11/26
120	关于实施重型柴油车国六排放标准有关事宜的公告（生态环境部 工业和信息化部 海关总署公告 2021 年第 14 号）	生态环境部 工业和信息化部 海关总署	2021/4/25
121	关于印发《“十三五”挥发性有机物污染防治工作方案》的通知（环大气〔2017〕121 号）	环境保护部 国家发展和改革委员会 财政部 交通运输部 国家市场监督管理总局 国家能源局	2017/9/13
122	关于印发页岩气发展规划（2016—2020 年）的通知（国能油气〔2016〕255 号）	国家能源局	2016/9/14
123	关于 2020 年第四季度油价调控风险准备金征收标准有关事项的公告（国家税务总局公告 2021 年第 1 号）	国家税务总局	2021/1/25
124	关于资源税征收管理若干问题的公告（国家税务总局公告 2020 年第 14 号）	国家税务总局	2020/8/28

附表 2–7 纺织行业重点政策

序号	政策名称	签发部门	发布时间
1	关于2018年棉花关税配额外优惠关税税率进口配额申请有关事项的公告（2018年第7号）	国家发展和改革委员会	2018/6/12
2	关于产业用纺织品行业高质量发展的指导意见（工信部联消费〔2022〕44号）	工业和信息化部 国家发展和改革委员会	2022/4/21
3	工业和信息化部 国家发展和改革委员会关于化纤工业高质量发展的指导意见（工信部联消费〔2022〕43号）	工业和信息化部 国家发展和改革委员会	2022/4/21
4	《〈印染行业规范条件（2017版）〉和〈印染企业规范公告管理暂行办法〉发布》（2017年第37号）	工业和信息化部	2017/9/13
5	《〈粘胶纤维行业规范条件（2017版）〉和〈粘胶纤维行业规范条件公告管理暂行办法〉发布》（2017年第34号）	工业和信息化部	2017/8/9

（作者：中国信息通信研究院　赵天缨）